Marie-Édith Laval
DIE TEMPEL VON SHIKOKU

Marie-Édith Laval

DIE TEMPEL VON SHIKOKU

Meine Pilgerreise auf Japans heiligem Weg

Aus dem Französischen von
Barbara Neeb und Bettina Müller Renzoni

Mit 18 farbigen Fotos, sechs Schwarz-Weiß-Abbildungen,
zwei Illustrationen und einer Karte

MALIK

Mehr über unsere Autoren und Bücher:
www.malik.de

Die französische Originalausgabe erschien 2015
unter dem Titel »Comme une feuille de thé à Shikoku«
bei Le Passeur Editeur, Paris.

   MIX
Papier aus verantwor-
tungsvollen Quellen
FSC   FSC® C083411
www.fsc.org

ISBN 978-3-89029-473-5
© Le Passeur Editeur, 2015. All rights reserved
© der deutschsprachigen Ausgabe: Piper Verlag GmbH,
München / Berlin 2016
Fotos: Marie-Édith Laval
Karte: Dörte Rehberg, nach einer Vorlage aus *Shikoku, les 88 temples de la Sagesse* von Léo Gantelet, © Éditions de l'Astronome
Illustrationen: aus *Carte guide pour le pèlerinage des 88 temples*, © Organisation pour la promotion du tourisme à Shikoku
Satz: Satz für Satz, Wangen im Allgäu
Gesetzt aus der Sabon Next LT Pro
Litho: Lorenz & Zeller, Inning am Ammersee
Druck und Bindung: CPI books GmbH, Leck
Printed in Germany

Für das Leben und das Wunder, lebendig zu sein.
Für meine Eltern, Fährleute des Lebens.

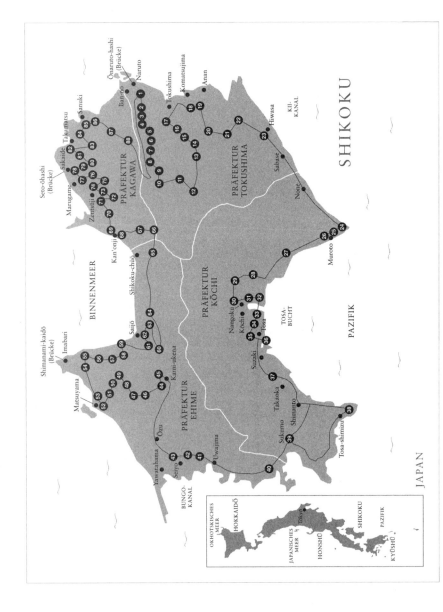

Inhalt

Auftakt – Los geht's! 9

Erster Teil
  Der Schlüssel zur Freiheit
  Tempel 1 bis 23 – Der Weg des Erwachens 19
  1 Jenseits der Schwelle 21
  2 Licht Asiens 25
  3 Mit beiden Beinen auf der Erde 50
  4 Einfach bezaubernd 72

Zweiter Teil
  Der Schlüssel zur Leichtigkeit
  Tempel 24 bis 39 – Der Weg der Disziplin 95
  5 Schule unter freiem Himmel 97
  6 Das Leben in Bewegung 113
  7 Die Welt, ein fantastisches Schauspiel 120
  8 Brücken zum Licht 136

Dritter Teil
  Der Schlüssel zur Harmonie
  Tempel 40 bis 65 – Der Weg der Erleuchtung 149
  9 Geschmack des Seins 151
  10 Der Pfad des Loslassens 158
  11 Fragmente von Weisheit 168
  12 Gesang des Lebens 176

Vierter Teil
  Der Schlüssel zum Paradies
  Tempel 66 bis 88 – Der Weg des Nirwana 187
  13 Der wundersame Faden 189
  14 Erbeben des Absoluten 203
  15 Feier des Unendlichen 209

Fünfter Teil
  »Ultreia et Suseia!«
  Immer weiter, immer höher! 223
  16 Über meine Schritte hinaus 225
  17 Schlussstein 235
  18 Ein Initiationsweg, Schlüssel zur Verwandlung 243

Epilog – Versprechen der Ewigkeit 247

Anhang
  Glossar 251
  Praktische Hinweise 253
  Bibliografie 278
  Danksagung 281

 **Auftakt**

Los geht's!

*Hut auf, den Mantel vom Haken,
Fäuste in die Taschen – und los.*

Arthur Rimbaud

»Es gibt keine Zufälle, es gibt nur Begegnungen«, sagte Paul Éluard. Und das Leben hat mir wirklich eine ganz wunderbare Begegnung beschert.

Im August 2012 habe ich auf dem Jakobsweg in Spanien, wenige Kilometer vor der Stadt Melide, »zufällig« einen japanischen Pilger kennengelernt. Diese Begegnung war ausschlaggebend dafür, dass ich im folgenden Sommer ganz allein, nur mit einem Rucksack bepackt, aufgebrochen bin, um auf dem 1200 Kilometer langen Shikoku-Pilgerweg zu wandern, auf den Spuren eines gewissen Kūkai, von dessen Existenz ich bis dahin noch nie etwas gehört hatte. Manchmal führt eine spontane Wendung in einer angeregten Unterhaltung mit einem Unbekannten von einem Pilgerweg zum nächsten, von einem Kontinent zum anderen. An jenem Tag habe ich von diesem buddhistischen Pilgerweg erfahren, der Shikoku, die kleinste der vier Hauptinseln des japanischen Archipels, umrundet. Was mein vorübergehender Wegbegleiter mir damals erzählte (ihm sei hiermit von Herzen gedankt!), weckte mein Interesse, und ich nahm mir vor, das Thema zu vertiefen, sobald ich wieder zu Hause in Paris wäre.

Nach den 1600 Kilometern zu Fuß auf dem Jakobsweg von Le Puy-en-Velay bis Kap Finisterre – das Kap in Galicien bildet traditionell die Verlängerung des Pilgerwegs bis ans »Ende der Welt« an der Atlantikküste – und der Heimreise mit dem Schiff nach Frankreich musste ich feststellen, dass das Leben nach einer Pilgerschaft keineswegs ein Spaziergang ist. Die Rückkehr von einer Reise hat für mich seit jeher einen bitteren Beigeschmack: Kaum zu Hause, träume ich schon wieder mit einer Weltkarte vor den Augen von neuen Ländern und berausche mich an Erzählungen aus der Ferne und dem Zauber fremdländischer Namen.

Während ich nach meiner Wanderung auf dem Jakobsweg gegen die Trägheit steifer Glieder und die Routine des Alltags ankämpfte, der im krassen Gegensatz stand zu den erfüllten und genussvoll erlebten Augenblicken beim Pilgern, stieg der Ruf des fernen Shikoku mit vehementer Kraft in mir auf. Eine ebenso unwiderstehliche wie irrationale Faszination brach sich aus der Tiefe meiner Seele Bahn wie ein innerer Befehl. Ich saß vor meinem Computerbildschirm und wusste plötzlich: Nächsten Sommer werde ich nach Shikoku reisen!

Das Startzeichen zu einer neuen Pilgerreise war also gegeben, ein fantastisches Abenteuer im Land der aufgehenden Sonne erwartete mich. Und so kam es, dass ich am 30. Juni 2013 zu diesem Abenteuer aufbrach, mit einer »inneren Empfänglichkeit«, wie Pierre Rabhi die »Bereitschaft, Gaben und Schönheiten des Lebens mit Demut, Dankbarkeit und Freude anzunehmen«, so treffend bezeichnet hat – gleich einem auf die Fahne meines Herzens geschriebenen Motto, einem Mantra tief in meinem Innersten. Obwohl meine Pilgerfahrt nach Shikoku keine Sinnsuche war im Stil der Ritter der Tafelrunde auf der Suche nach dem Heiligen Gral, hat sich dennoch im Laufe meiner Wanderung ganz von selbst ein Sinn ergeben.

Seit vielen Jahren schon war ich fasziniert von den großen Abenteurern der Vergangenheit und Gegenwart, verschlang ihre Berichte mit Heißhunger und spürte in der lebhaften Auseinandersetzung mit ihren Erfahrungen eine eindringliche und anhaltende Versuchung, mein eigenes Leben in eine unaufhörliche Reise zu verwandeln.

Auf meinen Bücherregalen stehen die Werke der bedeutendsten Weltreisenden und Schriftsteller: Alexandra David-Néel, Nicolas Bouvier, Victor Segalen, Romain Gary, Bruce Chatwin, Bernard Ollivier, Sylvain Tesson und viele mehr. Ihre Schicksale sind der Stoff, aus dem meine Träume sind ...

Diese großen Vorbilder flüstern mir zu, dass es möglich ist, den Alltag vor Sinnlosigkeit und einem Gefühl der Unvollständigkeit zu retten, einer Existenz zu entfliehen, die ins Stocken geraten ist, sich nach Erfüllung sehnt, dass man dem Überdruss entrinnen kann wie auch dem Gefühl der Entfremdung unter der herrschenden Routine. »Den Wanderstab und das symbolische Bündel zur Hand nehmen und losziehen! Wer den Wert und den köstlichen Geschmack der einsamen Freiheit kennt, für den ist der Aufbruch der schönste und mutigste Schritt. Ein egoistisches Glück vermutlich, aber das Glück desjenigen, der es zu genießen versteht. Allein sein, wenige Bedürfnisse haben und unerkannt bleiben, fremd und doch überall bei sich, und im Alleingang die Welt erobern!«[1]

---

1 Isabelle Eberhardt, *Écrits sur le sable*, Grasset 1989.

Haben Sie nicht auch schon den unwiderstehlichen Drang verspürt, Türen und Fenster weit aufzureißen, die heimtückischen Kellerfenster, die hinterhältigen Dachfenster, weil Ihnen die Gewohnheit die Kehle zuzuschnüren scheint und Sie in Ihrem verriegelten und versiegelten Universum an Sauerstoffmangel leiden?

Kamen Sie sich auch schon vor wie die wunderschönen und anmutigen Schmetterlinge in den Schaukästen, deren Flügel man mit Nadeln festpinnt, um sie am Davonfliegen zu hindern, sie ihrer Himmelsreisen zu berauben …?

Haben Sie sich auch schon wie der Ast eines Baums gefühlt, der beschnitten, vom Lebenssaft abgetrennt ist?

Wer hat noch nie von einer illusorischen Zukunft geträumt, von einem utopischen Anderswo, einem schimärenhaften Anderswie, einer Existenz des Was-wäre-wenn, die so viel glücklicher, lebendiger, vollständiger, berauschender wäre, wenn doch nur tausendundeine Bedingung erfüllt wäre (wenn ich dies hätte und jenes besäße, wenn ich von dieser oder jener Pflicht befreit wäre usw.)? Das bewegt und empört Sie gleichermaßen, wenigstens von Zeit zu Zeit, nicht wahr?

In der trägen Abfolge der Tage, die nicht vom Fleck kommen, hallt schon seit Langem der eindringliche Ruf zur Reise, dieser »quälende Juckreiz des Unbekannten«[2], wie Gauguin es empfunden hat, der jede Zelle meines Körpers besetzt und als Ruder wirkt, Kurs auf das Anderswo nimmt. Um die nächste Ecke schauen, in eine fremde Welt eintauchen – vielleicht findet sich ja ein Anker für mein Dasein und Antworten auf den ungestillten Hunger, den ich dunkel in mir spüre.

---

2 Paul Gauguin, *Lettres à sa femme et à ses amis*, Grasset 2003.

Befeuert von den Bildern und Berichten der berühmten Reiseschriftsteller, die meine Seele zum Schwingen brachten, mich von fernen Ländern träumen ließen und meinen sehnlichen Wunsch, die Welt zu erkunden, zum Leitmotiv meines Lebens machten, bin ich aufgebrochen, ohne besonderes Vorwissen über das Land der aufgehenden Sonne, seine Sitten und Bräuche und seine faszinierende, einzigartige und komplexe Kultur. Lesend der Realität entfliehen und neue Gegenden entdecken ist schön und gut, aber ich möchte hingehen und sie mir ansehen!

Ich habe nicht viel Zeit mit sorgfältigen Vorbereitungen verloren, sondern zog es vor, mich überraschen zu lassen, mich von dem, was mich in Japan erwarten würde, formen zu lassen wie eine Tonfigur. In der Überzeugung, dass »die Wege uns erfinden« und man »den Schritten freien Lauf lassen muss«[3], wie Philippe Delerm schreibt.

Ich wollte nichts planen, wollte die bevorstehende Erfahrung nicht intellektualisieren, hatte keine Lust, mich mit Wissen vollzupacken oder mich zu beruhigen, indem ich mich schon mal im Geist mit den Gegebenheiten vertraut machte, sondern zog es vor, mir nach Möglichkeit die naive und unschuldige Frische des kindlichen Blicks zu bewahren, ohne Vorurteile, frei von Glaubenssätzen und Gewissheiten, nach Entdeckungen dürstend, dem Fremden gegenüber ganz und gar empfänglich.

Ich liebe nichts so sehr wie das Neuartige. Offen für die mir unbekannten Eigenheiten der japanischen Gesellschaft und ihre unverständlichen Verhaltenscodes, die mich in meiner

---

3 Philippe Delerm, *Les chemins nous inventent*, Stock 1997.

Art und mit meinen westlichen Gewohnheiten anfangs unweigerlich verstören würden, bin ich abgereist – ohne Erwartungen oder Prognosen.

Gleichwohl häuften sich in den Monaten vor meinem japanischen Abenteuer Erlebnisse, die ich gern als kleine Zeichen des Schicksals interpretierte, zahlreiche Sterne, die mir den künftigen Weg wiesen – Wegmarken wie die gelben Pfeile auf dem Jakobsweg in Spanien. Es war wie eine Verschwörung kleiner »Zufälle«, die alle auf den Bestimmungsort im Fernen Osten verwiesen, ein Füllhorn, in dem sich geschickt eins zum anderen fügte. Jeder meiner Schritte schien in Richtung des Pilgerwegs der 88 Tempel zu führen, der sich mit erstaunlicher Leichtigkeit vor mir auftat und mich mit offenen Armen willkommen hieß. Gewiss, der menschliche Geist giert nach Zeichen, die einen Sinn versprechen, das weiß ich wohl, aber trotzdem ... Es war, als ob der japanische Pilgerweg es nicht erwarten könnte, beschritten zu werden. Türen öffneten sich mühelos, Kontakte ergaben sich ganz von selbst, die Organisation war unkompliziert, der ganze Ablauf erfolgte reibungslos. Als ob alles auf ganz natürliche Weise seinen Platz fände, ohne dass ich groß etwas dazu beitragen musste. Als ob alles sich dazu verschworen hätte, die optimalen Bedingungen zur Verwirklichung einer facettenreichen Erfahrung zu schaffen. Werden wir vielleicht in der sichtbaren Welt durch unsichtbare Pfeile geleitet, durch nicht wahrnehmbare Fäden bewegt, die uns dazu bringen, einen Weg einzuschlagen, dessen Richtung bereits vorgegeben ist?

Ich hatte zum Beispiel das große Vergnügen, Léo Gantelet kennenzulernen, einen ehemaligen Pilger auf dem Jakobsweg und Shikoku, der unter anderem Berichte über seine Pilgerreisen veröffentlicht hat und interessanterweise im gleichen Dorf der Haute-Savoie lebt wie eine meiner besten Freundinnen. Die Begegnung mit ihm und unsere Gespräche haben mich begeistert und es mir ermöglicht, Zugang zur japanischen Realität zu finden und mich geistig auf diese Pilgerschaft einzustimmen.

Ein weiteres glückliches Ereignis waren die Irrgänge meiner Mutter zwei Monate vor meinem Abflug: Auf dem Jakobsweg hatte sie eine Abkürzung gewählt und sich verlaufen, einen Tag lang irrte sie umher und stand plötzlich geheimnisvollerweise vor einem Aufkleber, der an einem Hinweisschild prangte. Die stilisierte rot-weiße Gestalt eines Shikoku-Pilgers erregte ihre Aufmerksamkeit, und daraus ergab sich meine erste Kontaktadresse in Japan. Dieser Aufkleber war nämlich in dem winzig kleinen Weiler im entlegensten Winkel Frankreichs von einer Vereinigung von Shikoku-Pilgern angebracht worden, die sich auch für den Jakobsweg begeistert hatten. Diese Vereinigung namens NPO (Network for Shikoku Henro Pilgrimage and Hospitality) hat mich später bei meiner Ankunft auf Shikoku empfangen und bei meinem einzigartigen Abenteuer entlang der japanischen Küste eine nicht unbedeutende Rolle gespielt.

Es kommt mir manchmal vor, als sei unser Leben von einem unergründbaren geheimnisvollen Plan gelenkt, gleich einer Partitur, die sich unter der Wirkung der richtigen und majestätischen Gesten eines großen Dirigenten belebt und Gestalt annimmt.

Leichtigkeit war auch das bestimmende Element bei der Zusammenstellung meines Gepäcks: weder Zelt noch Campingausrüstung und nur eine auf das Minimum reduzierte Auswahl an Kleidung. In der Überzeugung, dass das Loslassen zuerst im Kopf und erst danach im tatsächlichen Leben stattfindet, dass das Entrümpeln zuerst psychisch und dann erst konkret erfolgt, wollte ich mich von allen »Für den Fall, dass«-Dingen befreien, von allen unnötigen Lasten, die meinen Rucksack beschweren und mein Vorwärtskommen behindern könnten – im doppelten Wortsinn.

Das Sich-Entledigen als erster Schritt auf dem Pilgerweg. Ich denke dabei auch an den russischen Pilger und die Beschreibung seines Gepäcks: »Folgendes ist meine Habe: Auf dem Rücken trage ich einen Beutel mit trockenem Brot und auf der Brust die Heilige Bibel; das ist alles.«[4] Desgleichen machten sich die Jakobspilger ursprünglich nur mit einer Umhängetasche, einer Kalebasse und einem Pilgerstock auf den Weg. So weit bin ich noch nicht, muss ich gestehen. Aber ich arbeite daran!

Die hektische Beschleunigung und die innere Aufregung, die meiner Abreise vorausgingen, hatten etwas von einer Bestandsaufnahme. Hier ein Auszug aus meiner Liste der kunterbunt zusammengewürfelten Dinge, die ich vor der Abreise abhaken wollte: alle bürokratischen und praktischen Angelegenheiten erledigen, damit ich bei der Rückkehr keine Unannehmlichkeiten zu erwarten habe; eine französische Übersetzung des Herz-Sutras[5] ausdrucken; eine neue Mitarbeiterin für meine Praxis einstellen; die Dichtung am tropfenden Wasserhahn in der Küche auswechseln; alles auf den neuesten Stand bringen; das Badezimmer ausräumen, damit die an-

---

4 Emmanuel Jungclaussen (Hrsg.), *Aufrichtige Erzählungen eines russischen Pilgers*, Herder 2000, S. 23.
5 Eine deutsche Übersetzung des Gebetstexts findet sich im Anhang.

stehenden Arbeiten in meiner Abwesenheit durchgeführt werden können; meine beruflichen Unterlagen überprüfen und zu den Akten legen; meine Ausweispapiere einscannen und per E-Mail an mich selbst senden; Sonnencreme kaufen; Termine nach der Rückkehr vereinbaren; meiner Wohnungshüterin die Zimmerpflanzen anvertrauen und einen Zweitschlüssel zur Wohnung bei ihr hinterlegen; der Pilgervereinigung, die mich am Busbahnhof von Shikoku erwartet, die Ankunftszeit mitteilen; Daueraufträge für die Zahlungen veranlassen, die während meiner Abwesenheit fällig sind; die Batterien an meiner Stirnlampe auswechseln; mich mit den Einstellungen meines funkelnagelneuen Fotoapparats vertraut machen; mein *Elle*-Abo über die Sommermonate kündigen; eine automatische Abwesenheitsnotiz in meinem beruflichen E-Mail-Account einrichten; neue Kontaktlinsen besorgen; die automatische Ansage auf meinem Anrufbeantworter ändern; Geschenke für meine Neffen und Nichten organisieren, die im Sommer Geburtstag haben; den Kühlschrank leeren und das Gefrierfach abtauen; die Namen der Bushaltestellen auf Shikoku von Ōsaka bis Takamatsu übersetzen lassen; zum Friseur gehen; die Notfalltelefonnummern (Konsulat, Kreditkartensperrung) aufschreiben; Euro in Yen wechseln; ein neues, leichtes Kurzarm-T-Shirt kaufen; eine kleine Abschiedsparty organisieren; die Skype-App auf dem iPhone installieren; eine gute Flasche Wein als Mitbringsel für meinen japanischen Gastgeber kaufen; eine Reiselektüre aussuchen; einen Zahnarzttermin vereinbaren; auf der Bank eine Änderung der Obergrenze für Bargeldabhebungen im Ausland veranlassen; vor der Abreise in der Wohnung den Haupthahn für Wasser- und Stromzufuhr abdrehen; Informationen über die Handytarife in Japan einholen ... Kurzum, ein gewaltiger, wirrer Strudel, bei dem einem schwindlig wurde, ein endloses Durcheinander, das kaum zu bewältigen war.

Erster Teil

DER SCHLÜSSEL ZUR FREIHEIT

Tempel 1 bis 23 – Der Weg des Erwachens, 発心
Awa (heutige Präfektur Tokushima)

*Es gibt Reisen, die wie dafür gemacht zu sein scheinen,
das Leben selbst zu illustrieren, und die als Symbol für das Dasein
dienen können.*

Joseph Conrad

1

Jenseits der Schwelle

Pas de deux am Scheideweg, ein Duett zwischen einem äußeren Pfad und einem, der zu den Tiefen des Seins führt. Wie schon Milan Kundera schrieb: »Es gibt nichts Schöneres als den Augenblick, der einer Reise vorangeht, den Moment, in dem der Horizont von morgen uns besucht und uns Versprechungen macht.«[6] Doch trotz einer leichten Vorahnung bin ich an diesem 30. Juni 2013 meilenweit davon entfernt, abschätzen zu können, wie einschneidend und fruchtbar diese Pilgerreise sich auf den weiteren Verlauf meines Lebens auswirken sollte. Ich ahne noch nicht, dass diese Erfahrung die Basis einer großen Grundströmung bilden wird, die immer noch jeden Moment meines täglichen Lebens entscheidend prägt.

Ein strahlend blauer Himmel prangt über Paris, das seit den frühen Morgenstunden von einer wunderbaren Sonne geflutet wird. Hier stehe ich nun am Beginn eines neuen

---

[6] Milan Kundera, *La vie est ailleurs* (*Das Leben ist anderswo*), Gallimard 1976.

Abenteuers, innerlich beherrscht von Aufregung, brennendem Eifer, freudiger Sorglosigkeit, Begeisterung, Neugier, Vertrauen und Ungeduld angesichts der neuen Erfahrung. Ich verlasse mein »Hier«, um mit riesigem Vergnügen in dieses »Dort« einzutauchen, das mich anzieht, ich lasse mein »Heute« hinter mir, um mich in dieses »Morgen« zu stürzen, das mich fasziniert.

Und das Abenteuer beginnt bereits auf der Schwelle meiner Haustür, am Morgen nach einer spontanen Abschiedsfeier (unter dem Motto »Sake nun Auf Wiedersehen«), die als denkwürdig in die Annalen meines Freundeskreises eingehen wird. Meine Freunde Hervé und Renaud, die mir netterweise angeboten haben, mich zum Flughafen zu bringen, klingeln an meiner Tür. Die Nacht war kurz, die letzten Packvorbereitungen haben mich auf Trab gehalten bis spät in die Nacht oder früh am Morgen, je nachdem, wie man es sehen will. In der Aufregung und Aufbruchshektik ziehe ich ganz automatisch die Tür hinter mir zu und schaue erst nach meinem Schlüssel, als ich schon im Auto sitze. Und prompt kann ich ihn nicht finden. Er ist weg, futsch, verschwunden, hat sich in Luft aufgelöst! Also Kommando zurück, weil ich überzeugt bin, dass er mir im Treppenhaus oder auf der Straße aus der Tasche gefallen sein muss. Aber nein, trotz einer gemeinsamen Suchaktion gibt es vom Schlüssel weit und breit keine Spur. Ich nehme es mit Humor, scherze über das unverhoffte Glück, dass nun mein Rucksack um dreißig Gramm leichter ist, und verschiebe die Schlüsselangelegenheit auf meine Rückkehr, denn im Grunde spielt es keine Rolle – meine Wohnungshüterin hat einen Zweitschlüssel. Aber ich hatte die Rechnung ohne das Leben gemacht ... Denn das Leben spielt einem gern einen Streich! Im Vorjahr hatte ich in dieser Beziehung die Latte bereits sehr hoch gehängt: Ich war zum Jakobsweg aufgebrochen und hatte seltsamerweise vergessen, meine EC-Karte einzupacken. Was wohl Freud zu meinen Fehlleistungen sagen würde?

Auf jeden Fall habe ich in diesem Moment symbolhaft erlebt, wie man die Leinen im wahrsten Sinne des Wortes kappen kann, ein fast vitales Bedürfnis, mich von den Fesseln eines beschränkten, spießigen Alltags zu befreien, eine Sehnsucht, den Käfig meiner Gewohnheiten weit aufzustoßen, aus dem gemütlichen Dahinschlummern im gewohnten Ablauf meiner Tage aufzuwachen und jeglichen Ballast abzuwerfen. Kein Netz mehr, keine Bindungen, kein fester Wohnsitz. Eine tiefe Sehnsucht nach Freiheit ohne Türschlösser. Vollkommen frei zu sein, den Duft der Welt einzusaugen. Mich voll und ganz in einem stimmigen Vorgehen einzubringen. In ein Universum einzutauchen, das meinen gewohnten Strukturen fremd ist. Die Unendlichkeit in all ihren Möglichkeiten zu erleben. Macht Platz für einen neuen Horizont! Macht Platz für eine Freiheit ohne Türen oder Fenster! Platz für den, der in den Tag lebt!

Ankunft am Flughafen. Ein Blick zurück. Meinen lieben Freunden noch ein letztes Mal zuwinken. Und dann die Entschleunigung beim Warten, wenn die Zeit sanft verstreicht. Wie ich dieses Ambiente liebe, wo alle Wege sich kreuzen, wo das Ende der Welt so nah ist, nur eine Spannweite entfernt! Ein Ort, der von Worten des Abschieds und dem Jauchzen des Wiedersehens hallt. Die, die fortgehen, die, die bleiben, die, die wiederkehren. Kopf und Sinne erwachen im Angesicht der Unendlichkeit des Universums, das mich immer wieder in Erstaunen versetzt. Aufbrechen, verlassen, sich lösen, loslaufen, entdecken: So viele Glücksversprechen liegen vor mir!

Und so vergeht mit der Neugier als Führerin, dem Unbekannten als Lehrmeister, dem Vertrauen als Weggefährten und einem abenteuerlustigen Herzen mein Flug bis zur Landung in Ōsaka.

2

Licht Asiens

1. Juli – Flucht aus dem Alltagstrott

Ich bin in Japan, kein Zweifel! Meine erste Begegnung mit dem Land der aufgehenden Sonne. Wir landen auf dem Flughafen von Ōsaka, der auf einer künstlichen Insel erbaut wurde. Am anderen Ende der Welt, acht Zeitzonen und 10 000 Kilometer von Paris entfernt. Meine ersten Schritte auf japanischem Boden vollziehen sich so reibungslos, dass es mich selbst verblüfft. Ich fühle mich in meinem Element, lasse mich von der neuen Umgebung durchdringen. Die Anpassung erfolgt ganz sanft. Dieses Universum kommt mir seltsam vertraut vor. Ich genieße das angenehme und merkwürdige Gefühl eines Déjà-vu und fühle mich hier unmittelbar willkommen.

Ich habe keinerlei Schwierigkeiten, die notwendigen Informationen zu bekommen, und finde auch gleich den Bus, der mich nach Takamatsu auf der Insel Shikoku bringen soll, wo Herr Matsuoka mich erwartet, der Leiter der lokalen Pilgervereinigung NPO, mit dem ich schon vor meiner Abreise Kontakt aufgenommen hatte. Ich bekomme einen ersten Eindruck von der Disziplin und Organisation dieses Landes, als ich die Warteschlange meiner Mitreisenden entdecke, in der alle ruhig und gemessen darauf warten, im Bus Platz nehmen zu dürfen. Was für ein Unterschied zu einem Land wie Frankreich!

Dem Jetlag zum Trotz versuche ich angestrengt, die Augenlider während der Busfahrt offen zu halten, damit ich meine Haltestelle nicht verpasse. Zudem möchte ich die Landschaft, die an meinen staunenden Augen vorbeizieht, ganz in mich aufnehmen.

Wir sind unterwegs zur kleinsten der vier großen Inseln dieses legendären Archipels. Shikoku, im Süden der Hauptinsel, zwischen dem Seto-Binnenmeer und dem Pazifik gelegen, ist wilder und ländlicher als die anderen Inseln. Hier erwartet mich ein Pilgerrundweg, der auf 1200 Kilometern 88 Tempel miteinander verbindet (es sind sogar 1400 Kilometer, wenn man die zwanzig zusätzlichen Tempel dazuzählt). Durch vier ehemalige Provinzen (*shi* bedeutet »vier« und *koku* »Provinzen«), die den heutigen Präfekturen entsprechen, wandern die Pilger über diese bergige Insel von einem Heiligtum zum nächsten auf dem Weg zum »Erwachen«, dem Zustand, in dem sich für die Buddhisten der Geist mit dem Universum vereint.

Falls ich nicht unfreiwillig in Tiefschlaf versinken sollte, ist es unmöglich, die Haltestelle zu verpassen, an der ich erwartet werde. Pünktlichkeit und Genauigkeit sind als Grundwerte in Japan zum Prinzip erhoben, und der öffentliche Verkehr funktioniert so präzise wie eine Partitur. Man braucht nur auf die Uhr zu schauen, um sicherzugehen, dass man am richtigen Ort aussteigt. Um Punkt 15.07 Uhr erreichen wir fahrplanmäßig den Busbahnhof von Takamatsu.

Herr Matsuoka in seinem eleganten grauen Anzug zeigt keinerlei Gefühlsregung. Sein Gesicht bleibt ausdruckslos, und seine strahlenden kleinen Augen hinter der Brille drücken eine unverbrüchliche Würde aus. Harunori Shishido hingegen, sein Assistent, lächelt mich an und zeigt sich etwas warmherziger. Beide haben den Blick auf eine Fotografie geheftet, um die ich im Voraus gebeten wurde, damit sie mich erkennen würden. Da ich allerdings der einzige westliche Fahrgast im Bus und eine der ganz wenigen Pilgerinnen auf Shikoku bin, war mein Foto wohl nicht unbedingt notwendig…

Empfang und gegenseitiges Vorstellen werden nach den landesüblichen Gepflogenheiten vollzogen: Austausch der Visitenkarten, eine leichte Neigung des Kopfes und des Oberkörpers, wie ein reifer Reishalm, der sich im Wind biegt. Je weiser und lebenserfahrener eine Person ist, umso tiefer neigt sie den Kopf, wurde ich belehrt. Umgekehrt lässt ein flüchtig hingeworfener Gruß auf einen Mangel an Erziehung und guten Manieren schließen. Ich bemühe mich deshalb um eine möglichst anmutige und ehrerbietige Begrüßung.

Harunori dolmetscht auf Englisch, und schon sitzen wir in einem Auto – wohin, verstehe ich erst, als ich das Wort »Krankenhaus« aufschnappe. Verblüfft erkundige ich mich bei Harunori. Er erklärt mir, dass die Pilgervereinigung die gesundheitlichen Vorteile des Wanderns aufzeigen und dazu einige meiner Blutwerte zu Beginn und am Ende des Pilgerns ermitteln möchte. Ich habe nun allerdings keinerlei Lust, mich mit Nadeln traktieren zu lassen, zudem schwirren mir wilde Geschichten über Organhandel im Kopf herum, und so lehne ich höflich ab. Meine japanischen Gastgeber insistieren nicht, und das ist mir sehr angenehm.

Sobald ich aus dem Auto gestiegen bin, begebe ich mich unverzüglich in ein Geschäft, das die Ausrüstung für den »Pilger der 88 Heiligen Stätten«, auf Japanisch *henro**7 genannt, anbietet, um mich einzukleiden. Die typische *henro**-Kleidung, die sich seit 1200 Jahren nicht verändert hat, ist reich an Symbolkraft, bedeutet sie doch für den Neuling, in die Haut eines Pilgers zu schlüpfen und sich mit Leib und Seele auf Wanderschaft zu begeben.

Stolz trage ich das weiße Gewand mit dem Schriftzug *Namu Daishi Henjō Kongō* auf dem Rücken, was wörtlich übersetzt bedeutet: »Ehre gebührt Daishi, dem alles erleuchtenden Diamanten«, in Erinnerung an den buddhistischen Mönch und Gelehrten Kūkai, dem nach seinem Tod von Kaiser Daigo der Ehrentitel »Kōbō Daishi«, »Großer Meister, der das Gesetz verbreitete«, verliehen wurde. Die Kopfbedeckung besteht aus einem kegelförmigen chinesischen Seggenhut, der mich vor Sonne und Regen schützen soll. Außerdem stehen Mantras in Sanskrit darauf, die mir Mut machen sollen. In der Hand halte ich den *kongozue*, den hölzernen Pilgerstab, dessen Knauf mit einem bunten und goldgewirkten Stoff überzogen ist. Er steht symbolisch für Kūkai, der an meiner Seite wandert, genau wie der Pilgerstab auf dem Jakobsweg den heiligen Jakobus verkörpert. Darüber hinaus hängt an meinem Stock ein Glöckchen, japanisch *suzu* genannt, das bei jedem Schritt bimmelt und wilde Tiere oder böse Geister verscheuchen soll und mir den lieblichen Eindruck schenkt, die Erde zum Singen zu bringen. Kleider machen die Pilgerin! Und auf Shikoku ist diese Tracht unabdingbar, um als

---

7 Die mit * bezeichneten Begriffe verweisen auf das Glossar im Anhang.

henro* auf der Straße erkannt zu werden und besonderen Respekt und Achtung zu erfahren, die einem gewöhnlichen Wanderer nicht zuteilwerden. Ich habe auch das *nōkyōchō** gekauft, das Büchlein, mit dem man nach jedem Tempelbesuch ins Kalligrafiebüro geht, wo ein Stempel und eine Kalligrafie eingetragen werden, entsprechend dem Pilgerpass auf dem Jakobsweg. In meiner Tasche sind auch die *fuda**[8], die Papierstreifen, auf die ich meinen Namen, mein Alter, meine Adresse sowie meine Wünsche schreiben und die ich bei jedem Tempel niederlegen oder als Dank und Glücksbringer verschenken kann, wenn mir jemand etwas spendet oder mir einen Dienst erweist. Dazu kommen noch die kleinen weißen Kerzen und Räucherstäbchen, die ich für die Rituale in den Tempeln brauche.

So bin ich nun mit der traditionellen Ausstattung eines *henro** gerüstet und bereit, in den Fußstapfen von Kūkai zu wandern, der im 8. Jahrhundert wirkte und den das japanische Volk sehr verehrt. Er ist der Begründer des Shingon-Buddhismus in Japan, der Schule des »Wahren Wortes«. Durch die Lehre Buddhas verkündete er, dass alle Menschen in diesem Leben die Erleuchtung erreichen können. Das sind wahrlich schöne Aussichten für meine Pilgerreise!

Nun ist der Moment gekommen, die jahrhundertealten Andachtsgesten zu erlernen, die bei jedem Tempel stets auf

---

[8] Jeder Teil dieses Buches wird mit der Abbildung eines *fuda* eingeleitet. Auf den Papierstreifen mit der Darstellung Kūkais stehen beidseitig Sprüche wie »Friede auf Erden« und »Ein behütetes Zuhause«. Weitere Schriftzeichen nennen Tag, Monat, Jahr, Name, Vorname und Adresse des Pilgers, und man kann auch »Pilgerreise der 88 Tempel« sowie »Die beiden schreiten gemeinsam« lesen.

die gleiche Weise auszuführen sind. Herr Matsuoka, Harunori und ich machen uns zum nächstgelegenen Tempel auf, es ist der Tempel 86, Shido-ji, was so viel heißt wie »Seine Wünsche erfüllen«. Klingt doch vielversprechend für die Generalprobe!

Meine beiden Begleiter weisen mich mit viel Geduld und religiöser Hingabe in die uralten Rituale ein. Ich gebe mir große Mühe, aber meine Gesten sind unbeholfen und zögerlich. Macht nichts, ich habe eine lange Reihe von Tempeln vor mir, um die Gesten zu üben, damit sie geschmeidiger werden!

Folgende Rituale müssen vollzogen werden: Vor jedem Tempel verbeugt sich der *henro** zur Begrüßung am großen Hauptportal, die Hände vor der Brust gefaltet. Zu beiden Seiten des Eingangs prangen zwei bedrohliche Schutzgottheiten, die mit gerunzelter Stirn, gebleckten Zähnen und einer Angst einflößenden Miene den Tempel beschützen. Normalerweise halten sie ein Schwert, ein Seil oder eine andere Kampfwaffe in den Händen und weisen damit in die vier Himmelsrichtungen. Danach geht der Pilger zu dem oft mit einem Drachenkopf verzierten Brunnen, wo Kellen mit einem langen Holzgriff bereitliegen. Damit schöpft er Wasser, lässt es erst über die linke, dann über die rechte Hand fließen und spült sich den Mund, ehe er sich mit einem der daneben ausliegenden Handtücher abtrocknet. Das ist das Reinigungsritual.

Dann schlägt der Pilger den Gong. Er begibt sich zum *hondō**, dem Buddha geweihten Hauptschrein, und folgt dabei dem Pappkarton-Wegweiser, auf dem ein kleines lächelndes Männchen – es sieht aus wie aus einem Zeichentrickfilm – die Richtung anzeigt. Der Pilger zündet nun eine weiße Kerze an und stellt sie, windgeschützt, hinter Glas. An dieser Flamme entzündet er drei Räucherstäbchen – das erste symbolisiert die Vergangenheit, das zweite die Gegenwart und das dritte die Zukunft – und steckt sie in ein riesiges, dafür vorgesehenes Sandbecken. Daraufhin steigt er die Stufen des *hondō** hinauf, zieht an einem Seil, um je nach Heiligtum eine Glocke oder ein kleines Glöckchen zum Erklingen zu bringen, legt eine Opfergabe in Form von ein paar Münzen in einen großen Holzstamm sowie ein *fuda** in einen Metallkasten. Nun faltet er die Hände um seine buddhistische Gebetskette, spricht laut das Herz-Sutra und rezitiert bestimmte Mantras, je nachdem, welcher Gottheit an diesem Ort gehuldigt wird.

Erneut vom Wegweiser mit der kleinen Figur geführt, begibt sich der Pilger zum *daishidō**, dem Teil des Tempels, der Kukai gewidmet ist und wo er dieselben Gesten wiederholt: die Kerze, die Räucherstäbchen, die Treppenstufen, die Glocke, die Opfergabe, das *fuda** und das Herz-Sutra. Am Ende lässt er, zum Preis von 300 Yen, im Kalligrafiebüro sein *nōkyōchō** abstempeln und mit einer Kalligrafie versehen. Das Büchlein wird zusammen mit einem *o-sugata* zurückgegeben, einem kleinen weißen Blatt mit der Darstellung des *honzon*, das heißt der in diesem Tempel neben Kūkai verehrten Shingon-Gottheit.

Beim Verlassen des Tempels dreht sich der Pilger abschließend noch einmal um und verneigt sich dankend mit gefalteten Händen.

Der erste Abend wartet mit weiteren neuen Eindrücken auf. Lauter Premieren an diesem Tag! Meine erste japanische – oder zumindest in Japan gegessene – Mahlzeit. Und mein erstes Bad in einem *o-furo**, dem traditionellen Badezimmer, das folgendermaßen aussieht: Neben der Badewanne steht vor einem Wasseranschluss mit Duschkopf ein sehr niedriger Hocker, damit der Badende sich waschen, einseifen und abspülen kann, bevor er in die große, tiefe Wanne steigt, ins Wasser eintaucht und sich in dem (gelinde gesagt!) extrem heißen Wasser entspannt. Was ich an diesem Abend noch nicht weiß, aber später erfahren werde: Das Wasser des *o-furo** wird aufbewahrt und muss mit einer oder mehreren Holz- oder Kunststoffplatten abgedeckt werden, damit es warm bleibt und so von allen Mitgliedern der Hausgemeinschaft genutzt werden kann.

Eine neue Erfahrung bietet auch meine erste Nacht auf einem Futon, der auf den sogenannten *tatami*, gewebten Reisstrohmatten, in einem Mehrzweckraum, wie es in Japan üblich ist, eingerichtet wird. Dieser Bereich ist von den anderen Räumen durch eine Schiebetür aus *shōji*, dem auf Holzrahmen geklebten Transparentpapier, abgetrennt. Was für ein Ambiente! Ja, ich bin zweifelsohne in Japan!

Bevor ich das Licht ausmache, packe ich noch meinen ganzen Rucksack aus, um den Hausschlüssel zu suchen, der bestimmt irgendwo zwischen meine Sachen gerutscht ist, aber vergeblich … Mein Schlüssel hat das Weite gesucht, die Leinen sind gekappt, wie es sich gehört, ich entfliehe dem Alltagstrott, bin weit weg von der Erstarrung im Sumpf des Alltäglichen … Eine Fahnenflucht aus der Enge hinter einer zweifach verriegelten Tür … Zeit für das Erwachen! Den Körper auf Wanderschaft schicken und alles Geistige vertreiben, die Fesseln des Bekannten, Vertrauten abwerfen, aus meiner Lethargie, meiner Schläfrigkeit erwachen, mich dem Nebel entziehen, der mein Bewusstsein umhüllt und trübt, Last abwerfen, mich auf das Wesentliche konzentrieren, mich einer anderen Wirklichkeitsebene öffnen, weg von den Belanglosigkeiten der gewohnten Realität, einen neuen Blick gewinnen, eine neue Dimension des Seins finden. Auf zur wahren Freiheit, der ontologischen Freiheit, der einzigen, die Sinn hat und ergibt!

2. Juli – *Samen des Erwachens*

Der Tag beginnt mit Aufregung und Hektik. Herr Matsuoka hat schon sehr früh am Morgen einen Termin mit einem Fernsehreporter von TV Asahi vereinbart, der extra aus Tōkyō angereist ist und uns den ganzen Tag begleiten will, um eine Reportage über den Pilgerweg auf Shikoku zu drehen. Er drängt nun darauf, endlich loszufahren, wiederholt fortlaufend wie ein eindringliches, hypnotisierendes Mantra: »*Hurry up!*« Ich bin gefangen in einem Rennen gegen die Zeit. Geschwindigkeit ist Pflicht, und es gilt, im Gleichschritt mit den anderen zu marschieren. Diktatur der hektischen Dringlichkeit, ein bedrückendes Joch der linearen Zeit. Wir holen erst Harunori ab, dann unseren Reporter in seinem Hotel und fahren zum ersten Tempel, damit das Abenteuer beginnen kann. Die Sonne steht bereits hoch, und es ist sehr heiß.

Als wir ankommen, fordert mich der Reporter auf, meine wunderschöne *henro**-Kleidung, die ich an diesem Morgen ganz stolz angezogen hatte, wieder abzulegen und so zu tun, »als ob« ich sie gerade erst in einem der zahlreichen Geschäfte vor dem Hauptportal des Tempels, wo sich die *henro** von Kopf bis Fuß einkleiden, kaufen würde. Und dieses »als ob« bleibt das Leitmotiv des ganzen ersten Tages: Der Kameramann dreht jede Szene mehrmals, und bei jeder Wiederholung muss ich zurückkehren, die gleichen unbeholfenen Gesten wiederholen und tun, »als ob« ich zum ersten Mal beim

Tempel ankommen würde, »als ob« ich mich vor dem Tempeleingang noch nicht verneigt, »als ob« ich meine Hände am Brunnen noch nicht gewaschen, »als ob« ich meine Räucherstäbchen noch nicht angezündet, »als ob« ich das Herz-Sutra noch nicht gesprochen hätte ... Gewiss, meine unverhoffte Rolle als VIP (das hier für *Very Important Pilgrim* steht!) ist amüsant und neu, passt aber nicht ganz zu meinen Plänen, mich auf die Einfachheit und die Realität des Landes zu konzentrieren. Grenzt diese ganze Inszenierung nicht schon fast an einen Schwindel?

Bei jedem Tempel sorgen mein recht ungewöhnlicher Status als westlicher *henro** sowie die Dreharbeiten des japanischen Fernsehteams für Aufsehen. Nach dem dritten Tempel noch eine Premiere: ein Zwischenstopp in einem Restaurant, das die lokaltypische Spezialität *ramen* anbietet, Nudeln in einer kräftigen Brühe aus Schweineknochen und Huhn (eine Spezialität aus Tokushima), die mit *tempura* serviert wird, im Teigmantel frittierten Fleisch-, Fisch- oder Gemüsehappen. Entsprechend den örtlichen Gepflogenheiten müssen die Nudeln geräuschvoll eingesogen werden. Allein so ein Mittagessen ist ein kleines Abenteuer! Was, wie, mit welcher Soße, in welcher Reihenfolge verspeisen?

Nach dem Essen lässt Herr Matsuoka, der mit dem Auto gefolgt ist und auf den alle mit großem Respekt hören, die ganze Truppe wieder diszipliniert einsteigen, um zum nächsten Tempel zu fahren. Ich unterdrücke meinen aufkommenden Wunsch nach Unabhängigkeit, doch plötzlich erfasst mich Verärgerung. Ich habe das unangenehme Gefühl, fest bei der Hand gehalten zu werden wie ein kleines Kind. Aber ich bemühe mich, so diplomatisch wie möglich vorzugehen, möchte Herrn Matsuoka auf keinen Fall beleidigen. Ich will kein Sandkorn im Getriebe sein, aber ich möchte mein »Ich« auch nicht in einen Tiefschlaf versetzen – vor allem jetzt, wo es auf dem Weg zum Erwachen ist. Ich versuche, Herrn Matsuoka mehr recht als schlecht zu verstehen zu geben, dass es für mich Ehrensache ist, meine Pilgerfahrt *aruite** durchzuführen, das heißt zu Fuß. Obwohl mich vermutlich alle für verrückt halten, nehme ich nun zusammen mit Harunori meine Wanderung wieder auf und bin sehr stolz darauf, dass ich mich durchgesetzt habe und für das einstehe, was ich tief in mir fühle.

Konsequenz ja, aber kein Extremismus, deshalb akzeptiere ich – und schätze es, offen gesagt, sehr –, dass mein Rucksack mit dem Auto befördert wird. Der Jetlag, die drückende Hitze und die erwachenden Muskeln machen sich allmählich unangenehm bemerkbar, deshalb passt es mir ganz gut, dass mein Körper beim Warmlaufen etwas entlastet wird. Das Tempo wird jetzt allerdings beschleunigt: Vor siebzehn Uhr sind wir schon bei Tempel 6, wo der *shukubo**, die Pilgerherberge, auf mich wartet. Diese uralte Einrichtung einiger Tempel wurde ursprünglich für die Mönche geschaffen und später, zur Edo-Zeit[9], auch Pilgern und Samurais auf Reisen zugänglich gemacht. Die Straße, auf der wir den Tempel erreichen, ist allerdings nicht diejenige, auf der Herr Matsuoka und der Reporter uns erwarten. Darum müssen wir wieder zurück, eine andere Straße wählen und erneut so tun, »als ob« wir gerade ankommen würden ...

---

9 Die Edo-Zeit entspricht dem Zeitalter, als die Tokugawa-Shogune herrschten (1603–1867) und Edo (das heutige Tōkyō) die Hauptstadt Japans war. Dieses Zeitalter war durch eine Isolierungspolitik des Landes gekennzeichnet.

In Tempel 6, Anraku-ji, »Ewiges Glück«, genannt, empfängt uns strahlend ein charmanter Mönch mit frisch rasiertem Schädel und Gesicht, den lachenden Augen und dem offenen Lächeln eines Menschen, der von einer einfachen und tiefen Freude erfüllt ist. Der Mann sieht liebenswert aus und hat eine magnetische Ausstrahlung. Er führt mich in mein Zimmer, wo meine deutliche Verblüffung und das Unverständnis angesichts des völlig leeren Raums den Reporter sehr belustigen. Der Mönch öffnet einen Schrank, in dem sich Futons, Bettdecken und Kissen stapeln, die man selbst ausrollen und auf die *tatami* legen muss. An jeder Ecke gibt es etwas Neues für mich, und mit Freuden entdecke ich in mir diesen erstaunten Kinderblick, der die Umwelt ganz unbefangen wahrnimmt, ohne vorgefasste Meinungen oder Gewissheiten.

Letzte Aufnahmen für das japanische Fernsehen in diesem Zimmer mit Blick auf einen schönen Steingarten im Zen-Stil, wo im verblassenden Licht des Tages große Felsbrocken ihre Schatten auf ein Meer kleiner Kieselsteine werfen. Der Journalist baut seine Ausrüstung auf und will, dass ich mich in Meditationshaltung auf einem Kissen vor einer Darstellung von Kūkai hinknie. Danach verabschiede ich mich vom Fernsehteam und allen, die mich durch den Tag begleitet haben, und folge dem Mönch durch die Tempelanlage, die er mir in gebrochenem Englisch erklärt.

Ich gehe über den warmen, glatten Holzboden und bin hingerissen von der Ästhetik, der Schönheit und der friedlichen Atmosphäre, die in den ins Halbdunkel getauchten Räumen des abgeschirmten Bereichs herrscht. Ich mustere fasziniert alles um mich herum: die Farben, die Mandalas, die vergoldeten Buddhas, die Andachtsgegenstände. Wir gehen in einer rituellen Umrundung dreimal um einen fünf Meter hohen Buddha herum, was die kreisförmige Anlage des Pilgerwegs widerspiegelt, zu dem ich aufbreche. Ich spreche dem Mönch ein beschwörendes Gebet nach, das er für unsere verstorbenen Vorfahren anstimmt. Mit seiner warmen Stimme segnet er mich daraufhin, dann zeigt er mir eine große Statue von Kūkai, der wie auf den meisten Darstellungen eine Gebetskette in der linken Hand hält und in der rechten einen *vajra*, auch *kongō* genannt, ein zum Herzen weisendes buddhistisches Ritualobjekt, das wie keine andere Waffe die Ignoranz zu bekämpfen versteht, denn es symbolisiert in der buddhistischen Tradition unzerstörbare Kraft und Klarheit und verweist damit auf den »Diamantenen Weg«, der nach ihm benannt ist. Der Mönch fordert mich auf, die Hände auf den *kongō* zu legen, um seine Güte und Macht zu erbitten, damit ich meine Pilgerreise zu einem guten Ende führen und sie jedes Mal in mir reaktivieren könne, wenn ich das Bedürfnis danach verspüre. Meine Hände streichen über dieses mächtige Kraftreservoir, damit seine göttliche Energie in mich einströmen kann.

Von diesem Moment an fühle ich mich von der schützenden Präsenz Buddhas und Kūkais begleitet. Als hallte hier jener Segen wider, den die Pilger bei ihrer Entsendung auf dem Jakobsweg in der Kathedrale von Le Puy-en-Velay erhalten: »Allmächtiger Gott, sei gnädig mit deinen Knechten, die auf Pilgerfahrt gehen, und weise ihnen ihren Weg nach deinem Willen: Sei ihnen ein Schatten in der Hitze des Tages, ein Schutz bei schlechtem Wetter, ein Licht in der Dunkelheit der Nacht, eine Linderung, wenn sie erschöpft sind, damit sie ihre Pilgerfahrt in deiner Obhut glücklich zu Ende bringen.« Die angerufene göttliche Macht ist zwar eine andere, doch die Gebete, die zu einer Transzendenz hin erhoben werden, sind identisch.

Dann rezitieren wir gemeinsam das Herz-Sutra, das der Mönch mit dem magischen Klang eines Gongs rhythmisch untermalt. Ich wiederhole mechanisch seine Worte, seine Phrasen sowie die lebhaften Modulationen der Mantras, das heißt, ich plappere sie einfach nach, was für den Geist sicherlich wenig nahrhaft ist, aber ich fühle in diesem Moment eine Art unsagbares Vertrauen zwischen den Menschen und dem Göttlichen, weit jenseits von Geist und Intellekt. Im Übrigen sind die Mantras und Mandalas tief verankert im Wesen der Kūkai-Lehre und des Shingon-Buddhismus, dessen Verbreitung Kūkai nach seiner Initiation durch den Meister Hui-kuo in China begründet hat.

Nach diesem ersten Wandertag, dem bewegenden Erlebnis des Gebets und der sanften sowie andächtigen Atmosphäre findet in mir eine Art Dekantierung statt, ein Überlaufen der vielen Gedanken, die meiner Abreise vorausgegangen sind, eine zerebrale Verlangsamung, eine totale Einbindung ins Hier und Jetzt. Der ungeordnete Strom meiner zahllosen Gedanken beginnt, sich zu legen. Etwas in mir öffnet sich und atmet. Ich dringe ins Empfinden und in die Gefühle ein. In Übereinstimmung mit dem Konzept der Leere im heiligen Text des Herz-Sutra erspüre ich den Geschmack eines inneren Raums, der sich zu säubern, zu entleeren beginnt, getragen von dem fruchtbaren Klima der Spiritualität. Vergessen sind die Pseudo-Dringlichkeiten, die vorgeblichen zwingenden Erfordernisse aller Art und ihre zahllosen Begleiterscheinungen, die uns zumüllen und den Zugang zur Gegenwart behindern!

Achtzehn Uhr. Es ist schon Zeit für das Abendessen, und ganz pünktlich begebe ich mich in den Speisesaal. Ich errege das Aufsehen einer am Tisch sitzenden Gruppe von rund einem Dutzend japanischer Pilger, die sich für eine organisierte Pilgerreise im Bus entschieden haben. Die Augen aller sind auf mich gerichtet, die Pilger mustern mich aufmerksam, schenken mir ein Lächeln und bewundernde Ausrufe wie »*Eeeeh! Sugoi* ne!* – Hey! Das ist ja fantastisch!«.

Am Ende des Abendessens lerne ich einen weiteren Brauch kennen: Ein Pilger kommt mit einem japanischen Asahi-Bier in der Hand auf mich zu. »*O-settai**«, sagt er und schenkt es mir. Dies ist eine alte Tradition der Pilgerschaft auf Shikoku, das Zeichen eines Willkommensgrußes und der Gastfreundlichkeit den *henro** gegenüber, mehr noch, eine religiöse Pflicht, die Pilger brüderlich zu unterstützen, indem man ihnen Gaben überreicht, denn sie gelten als Vermittler zwischen den Menschen und Buddha. Selbstverständlich weist man eine solche Gabe nicht zurück.

Mein Lernprogramm dauert den ganzen Abend an, ich bin voller Neugier und nehme alles auf wie ein Schwamm, ähnlich einem Kind, das seine Umgebung erforscht. Durch das blinde Herumtippen auf der Fernbedienung der Klimaanlage, auf der für mich nur abstruse Zeichen stehen, schalte ich irgendwann sogar die Heizung ein, was nun wirklich nicht nötig ist! Und wie funktioniert wohl diese Waschmaschine, deren Beschriftung in *kanji**, den aus dem Chinesischen stammenden japanischen Schriftzeichen, nichts Vertrautes erkennen lässt? Die berühmten japanischen Hightech-Toiletten, die man – wie alle Toiletten in Japan – nur mit speziellen Schuhen betreten darf, sind mit einer beheizbaren WC-Brille ausgestattet, wo man mit einem Druck auf die jeweilige Taste eine Warmwasserdusche auslösen, die Funktion »Trocknen« wählen oder Musik erschallen lassen kann. Ein Gedicht! Mein erstes *onsen**-Bad in heißem Quellwasser, das mittlerweile als eigentliche japanische Lebensart gilt, wirft große metaphysische Fragen in mir auf über diesen Weg zum Erwachen und die Erhebung der Seele: Und dann die zahllosen Fläschchen, die bei jedem Wasserhahn und jedem Duschkopf stehen – welches ist das Duschgel, welches das Shampoo, welches die Haarspülung? Das Gleiche gilt auch für den Futon, bei dem sich keineswegs unmittelbar erschließt, wie man ihn hinlegen muss. All dies stürzt mich in abgrundtiefe heitere Ratlosigkeit. Kurzum, eine aufrichtige Entdeckerfreude. Ein einfaches und wahres Vergnügen, hier zu sein.

Am Ende dieses hektischen Tags, an dem die Uhren das Tempo vorgegeben haben, steht für mich eins fest: Ich weigere mich, im Gleichschritt zu marschieren. Ich will meine Geschwindigkeit verlangsamen, entschleunigen, zu einem anderen Zeitgefühl kommen, mir »meine« Zeit nehmen – und zwar wortwörtlich meine, also die Zeit, die mir gehört, ohne etwas zu verlieren oder dazuzugewinnen, sie einfach nehmen, aufrichtig, gelassen, damit das Wesen der Orte, die Stimmungen, die Begegnungen mich durchdringen können. Ja, ich wünsche mir nichts sehnlicher als die Langsamkeit, die ich wiederfinden möchte, wenn ich dorthin marschiere, wohin meine Schritte und mein Herz mich tragen. Aufrichtig, ganz, vollständig leben. Die Zeit wird einfach abgeschafft in der Gegenwart jedes Schritts, sie wird für die Reise gestreckt und gedehnt. »Wahre die Zeit, halte dich an die Stun-

---

10 Henry David Thoreau, *Aus den Tagebüchern 1837–1861*, Tewes Verlagsbuchhandlug 1996, S. 131.

den des Universums, nicht an den Fahrplan«[10], sagte Thoreau. Mir Zeit nehmen: Ist das nicht eigentlich der größte Luxus, den ich mir leisten kann? Vielleicht ist dies schon ein erster Schlüssel, den mir der Pilgerweg aushändigt … Meine Zeit dem Rhythmus meiner Schritte anpassen, in Übereinstimmung mit dem inneren Rhythmus meines Seins, in der Fülle des gegenwärtigen Augenblicks.

Auch wenn Pünktlichkeit in Japan zweifellos von erstrangiger Bedeutung und eine Höflichkeitsregel ist, von der abzuweichen unangemessen wäre, will ich mich nicht der Diktatur der Dringlichkeit unterwerfen, die unser hektisches Leben beherrscht und wo alles »rasch, rasch« erledigt sein will, wo jeder irgendetwas hinterherrennt, von dem er selbst eigentlich gar nicht weiß, was es wirklich ist, wo der Terminkalender keine Erinnerungshilfe mehr ist, sondern ein Tyrann, der seine Regeln diktiert, uns befiehlt, sofort zu handeln, und sein ehernes Gesetz aufzwingt. Ich sehne mich danach, wieder Herrin über meine Zeit und den gegenwärtigen Moment zu sein und diese Wanderung im Bewusstsein meiner inneren Rhythmen und ohne Hast zu erleben. Ich will mich befreien von der Last einer Zeit, die über Gebühr angefüllt ist mit zwanghaften Erfordernissen, um mir Zeit zu lassen, ganz einfach nur zu sein.

Fluss des Lebens, subtile Ausdehnung der Zeit, Auflösung im Raum, ein Sprung in die Welt der Stille, Abtauchen in den Weg des Erwachens, der in mir den Geist Buddhas erwecken soll … Von solchen Überlegungen eingelullt, falle ich in einen tiefen, erholsamen Schlaf.

3. Juli – Wie im Rausch
Mit einem Lächeln auf den Lippen und sehr gespannt auf diese *Terra incognita*, nehme ich den nächsten Tag auf eigene Faust in Angriff. »Tue, was dein Herz gelüstet und deinen Augen gefällt.«[11] Ein intensives und unermessliches Gefühl der Freiheit erfüllt mich! Frei, jederzeit innezuhalten oder einen bestimmten Weg einzuschlagen, der Inspiration des Augenblicks folgend in die Richtung zu gehen, wohin mein innerer Kompass zeigt. Frei, mich nach dem langsamen Atem der Natur zu richten, weit entfernt von der zehrenden Hektik des Alltags. Frei, der Stille zu lauschen und mit ihr in einen Dialog zu treten. Voller Freude darüber, das Element »Erde« wiederzufinden. Müsste das nicht eigentlich »elementar« sein? So wandere ich nun also los, zuversichtlich, voller Energie, halte die Nase in den Wind, mein Herz springt vor Ungeduld über all die kommenden Entdeckungen, und bei alledem habe ich das merkwürdige Gefühl, mich in einer vertrauten Umgebung zu bewegen. Ich fühle mich eins mit diesem Weg, von der Lebensenergie angetrieben. Ich muss nichts weiter tun, als einen Fuß vor den anderen zu setzen – mich gehen lassen, schweigen, mich sein lassen und Vertrauen haben. Schluss mit dem Leben im Sekundentakt. Wir müssen den »Stecker im Kopf« herausziehen und uns wieder erden. Das Zentrum meines Lebens ist da, wo ich wandere, genau hier, Augenblick um Augenblick.

Was für eine Freude, die Nähe zur Erde, dem Himmel, den Bäumen, den Pflanzen, dem säuselnden Wind, den murmelnden Bächen wiederzufinden! Welch ein Vergnügen, in die

---

11 Prediger 11,9

Welt hinauszuziehen, die Sinne auf die sich laufend verändernden und stimmungsvollen Formen der Wolken gerichtet oder das Rascheln und Rauschen in der Musik der Natur, wo abwechselnd Stille und Polyfonie herrschen! Was für ein Genuss, in diese weite Welt einzutauchen! Ich komme innerlich zur Ruhe, indem ich meinen Atem in Einklang bringe mit dem Rhythmus des Universums, dieser konzentrierte, hochwertige Rhythmus der eigenen Substanz. Ich genieße die Freude, diese Landschaft zu durchstreifen und mich auf sie abzustimmen, das Gefühl meines Körpers in der Bewegung wiederzufinden und meine Sinneswahrnehmungen zu schärfen. Beginnt das Erwachen nicht gerade damit, dass der Körper geweckt wird?

Ich fühle mich ganz offen und empfänglich für jeden Tag, jede Begegnung. Meine Wanderung kommt mir wie eine konstante Huldigung an die Ewigkeit des Vergänglichen vor.

Erwachen, Gefühl des Staunens – ich bewundere, ich wundere mich und staune über all die Schönheit, die auf dieser Erde wirkt.

Ich gebe mich dieser Wanderschaft voller Inbrunst hin. Ich fühle mich durch den symbolischen Rausch der Weiträumigkeit getragen, die sich mir eröffnet, durch die Begeisterung über meine Flucht aus dem Alltag und allen damit zusammenhängenden Zugeständnissen.

Da ich keinen guten Orientierungssinn besitze, konzentriere ich mich auf die Hinweisschilder, auf denen statt der gelben Pfeile des spanischen Jakobswegs nun ein stilisierter *henro** prangt: eine Silhouette mit roten Konturen auf weißem Hintergrund. Auch Grenzsteine mit eingravierten Händen geben die Richtung vor. Manchmal leiten auch zwei auf Pfosten gezeichnete gekreuzte *kongō* die Schritte des Pilgers. All diese Markierungen, mit denen der Weg wirklich gut ausgeschildert ist, können allerdings nicht verhindern, dass ich an diesem ersten Tag an verschiedenen Abzweigungen vorbeilaufe und meinen Tagesmarsch um mehrere Kilometer verlängere ... Ob wohl mein berauschter Zustand daran schuld ist? Aber wie Nicolas Bouvier zu Recht sagte: »Sich unterwegs zu verirren, ist das Beste, was einem passieren kann. Beim Herumstreunen verwandeln sich Pläne in Überraschungen und dann, nur dann beginnt die Reise.«[12] In einem kleinen Weiler trägt mir mein Herumirren ein *o-settai** in Form eines köstlichen Pfirsichs ein, den mir ein zahnloses Großväterchen, auf der Türschwelle sitzend, überreicht, nachdem er mich erst in die eine, dann in die andere Richtung hat gehen sehen.

Tempel 7, Jūraku-ji (»Zehn Freuden«) – Tempel 8, Kumadani-ji (»Tal der Bären«) – Tempel 9, Hōrin-ji (»Rad des Dharma«): Meine rituellen Gesten werden bereits etwas präziser und sicherer.

Ich treffe auf sehr wenige Pilger. Wobei zu sagen ist, dass es vielleicht auch etwas unüberlegt von mir war, in einer Jahreszeit mit dieser Gluthitze in Japan zu wandern!

Als ich mir in Tempel 9 eine Pause gönne, hält ein vorbeifahrendes Auto an, und ein Mann kommt lächelnd zu mir. Aufgrund seiner ausdrucksstarken Mimik interpretiere ich seine für mich unverständlichen Worte in etwa so:

»Darf ich ein Foto von Ihnen machen?«

Ich nicke und sehe zu, wie er eifrig eine Canon hervorzieht, deren Objektiv dem einer riesigen Paparazzi-Kamera in

---

12 Nicolas Bouvier, *L'Usage du monde (Die Erfahrung der Welt)*, Droz 1963.

nichts nachsteht, um dann maschinengewehrartig Fotos zu schießen, wobei er mich aus immer neuen Perspektiven ins Bild nimmt. Die Fernsehkamera von gestern und diese Fotosession in der Art eines professionellen Shootings – mich amüsiert der Berühmtheitsstatus als *Very Important Pilgrim*, den ich hier offensichtlich genieße. Ich nutze die Gelegenheit, um meinen Grundwortschatz auszuprobieren:

»*Sumimasen ga, yoyaku suru kuremasen ka?* – Entschuldigen Sie, könnten Sie für mich eine Reservierung vornehmen?«

Das Ergebnis ist nicht sehr überzeugend. Aber macht nichts, ich gehe weiter und bin zuversichtlich!

Allerdings macht sich jetzt langsam die Müdigkeit bemerkbar. Mein Rucksack drückt bleischwer auf meine Schultern, mein Schritt auf der Asphaltstraße wird schwerfällig, der Körper erschlafft in der heißen Luft. Bis zu Tempel 10, Kirihata-ji (»Schnitt des Gewands«), sind es noch mindestens 333 Stufen ... und diesmal ist da kein roter Teppich, der mich erwartet! »Du sollst nicht die ganze Treppe ins Auge fassen, sondern nur die erste Stufe, und dann Stufe um Stufe vorwärtsgehen«: Das ist mein persönliches Treppen-Mantra.

In diesem Sinn wandere ich weiter. Mein Tagesziel ist ein *zenkonyado** – die japanische Entsprechung der preisgünstigen Pilgerunterkünfte auf dem Jakobsweg – in der Nähe von Tempel 11, bei dem nach Auskunft des Kalligrafiebüros bei Tempel 8 keine Voranmeldung nötig sein soll. Das ist mein Etappenziel für den heutigen Tag.

Ich genieße die Landschaften, die ich durchwandere: leuchtend grüne Reisfelder und majestätische Berge. Dann zieht ein Gewitter auf. Die Luft wird drückend schwül, der blaue Himmel bedeckt sich mit bedrohlichen grauen Wolken, Windböen brausen heran, und schließlich bricht ein beeindruckender Sturm los. Wenn das ein japanisches Gewitter ist, dann würde ich es doch sehr schätzen, wenn nicht auch noch ein Taifun über den Archipel hinwegfegt!

Ich suche Zuflucht in einer Notunterkunft für Pilger, die ich ganz unerwartet finde, sozusagen »am richtigen Ort zur richtigen Zeit«. Kūkai sei Dank? Dieser Mönch, eine herausragende Persönlichkeit von vorbildlichem Verhalten und großem Charisma, der sich ein Leben lang dafür eingesetzt hat, das Elend der Menschen zu lindern, erscheint mir auf Anhieb ein äußerst fesselnder Mensch gewesen zu sein. Er war ein großer Gelehrter und wurde sogar mit Leonardo da Vinci verglichen, so sehr hat sein Genie die japanische Kultur und Zivilisation beeinflusst. Kūkai war nicht nur bedeutender religiöser Vordenker, sondern auch Ingenieur, Philosoph, Dichter, Kalligraf und Erfinder der japanischen Silbenschrift *kana*. Kurzum, ein erstklassiger Wegbegleiter auf meiner Wanderung!

Ich warte, bis der Regen nachlässt. Die Sintflut scheint allerdings kein Ende zu finden, und ich sehe mich schon die Nacht in dieser Notunterkunft verbringen. Doch schließlich, mit Geduld und ein paar Beschwörungen Kūkais, kann ich weiterwandern zu diesem *zenkonyado**, das allerdings wie eine Fata Morgana immer weiter zu entschwinden scheint, je mehr ich mich ihm nähere.

Die letzten Kilometer kommen mir endlos vor. Als ich die gesuchte Ortschaft erreiche, treffe ich auf eine Frau, die ganz allein ihren Hund spazieren führt, und versuche, ihr mein Ziel verständlich zu machen. Sie macht mir Zeichen, ihr durch das Labyrinth der Gassen zu folgen, kreuzt dabei allerdings energisch die Arme vor dem Gesicht, was bedeuten könnte, dass der *zenkonyado** geschlossen ist. Ich gehe hinter ihr her und bin zuversichtlich, schreibe diese Interpretation meiner Unkenntnis der japanischen Sprache zu ... Aber nein, die Pilgerherberge ist in der Tat geschlossen. Doch was soll's, die Unwägbarkeiten sind das Los des Reisenden und die Anpassungsfähigkeit sein innerer Kompass. Die charmante Dame zeigt mir unweit davon entfernt eine weitere Notunterkunft für Pilger und verabschiedet sich dann, nicht ohne zuvor intensiv nachgedacht und sich eindringlich am Kopf gekratzt zu haben. Es ist ihr offensichtlich peinlich, mich meinem Schicksal zu überlassen.

Ich bedanke mich jedoch herzlich und stelle mich darauf ein, in diesem dürftigen Quartier zu übernachten, außerdem bin ich zu erschöpft, um noch etwas anderes zu suchen. Wie sieht also meine Unterkunft für diesen Abend aus? – Es ist ein winziger Holzschuppen mit einer Tür, die sich nicht verriegeln lässt, auf einem Parkplatz an der Straße. Ich bin dann schon etwas beunruhigt, als es dunkel wird und ein Mann mit dem Auto auf dem Parkplatz anhält und aussteigt, taumelnd, ganz eindeutig in fortgeschrittenem Zustand der Trunkenheit. Ich ziehe mich in die kleine Schutzhütte zurück, mein Instinkt sagt mir, wachsam zu bleiben, mein treues Laguiole-Messer griffbereit, man weiß ja nie ... Wie war das noch mal? Jede Lebenssituation mit einem Lächeln auf den Lippen angehen ...?

Wie auch immer, zu meiner Überraschung erscheint eine halbe Stunde später die Dame mit dem Hund wieder, diesmal im Auto mit einem Mann um die vierzig, der sich als ihr Sohn herausstellt! Mithilfe einer Übersetzungs-App auf dem Mobiltelefon des Mannes versuchen wir, uns zu verständigen. Die Szene ist den großen Werken des Surrealismus würdig. Die beiden sind der Meinung, es sei zu gefährlich für mich, hier die Nacht ganz allein zu verbringen. Der Mann schlägt mir vor, ihn zur Arbeit zu begleiten, damit er Zeit hat, eine Unterkunft für mich ausfindig zu machen. Wenige Minuten später betrete ich einen Keramik-Shop, wo elegante Tassen, Förmchen, kleine Schalen, Teekannen, anmutig geformtes Geschirr und andere Gegenstände von erstklassiger Qualität nebeneinanderstehen.

Am Ende findet sich wenige Schritte von dem Laden entfernt ein *ryokan**, eine traditionelle Herberge mit *tatami*-Matten und Futons in den Zimmern, wo ich für diese Nacht unterkommen kann. Aber meine Schutzengel sind verärgert, weil es in der Herberge anscheinend nicht möglich ist, etwas zu essen zu bekommen, und in der ganzen Gegend keine Verpflegungsmöglichkeit besteht. Ich bin inzwischen so weit, dass ich mich nur noch hinlegen und schlafen möchte, sonst kümmert mich nichts mehr. Aber ich habe die Rechnung nicht mit der Großzügigkeit meiner »Wohltäter« gemacht, die mich nicht nur zum *ryokan** geführt haben, sondern mir auch noch gefriergetrocknete Suppe, Thunfisch und Sardinen in Dosen mitgeben. Eine dargebotene Hand am Ende der Welt, im brüderlichen Geist einer gegenseitigen, privaten Unterstützung, eine berührende Fürsorge … meine Ernährung, mein Schlaf und meine Sicherheit liegen in der Hand dieser Wächter im Schatten. Wahre Großzügigkeit, authentische Nächstenliebe, bedingungslose Liebe. Hier spricht die Stimme des Herzens durch all diese Gesten spontaner Solidarität – wie die schützende und gütig ausgestreckte Hand von Kūkai.

Im *ryokan** erwartet mich eine Wirtin, die ein wunderbares Bad für mich vorbereitet hat und mir schließlich doch noch eine göttliche Mahlzeit serviert, bestehend aus weißem Reis,

Pilzen, einem Omelett, Algen, gegrilltem Fisch und kulinarischen Rätseln in bunten Farben und auserlesenen Aromen. Sie bucht für mich mit großer Freundlichkeit eine Unterkunft für den nächsten Tag in einem *zenkonyado**. Als *gaikokujin*, Ausländerin, und *aruki* henro**, wandernder Pilger, treffe ich auf großes Entgegenkommen. Auch wenn der Weg zum Erwachen noch lang ist, eins ist gewiss: Es gibt Menschen, die über mich wachen. Meine Vertrauensreserve in die Großzügigkeit der Menschheit ist bis zum Rand gefüllt, und mein Glaube an die unsichtbaren Kräfte, die in der Welt wirken, schlägt ganz feste Wurzeln in mir.

Nach all diesen Abenteuern komme ich erst spät zur Ruhe, mein Körper ist benommen, und ich habe den merkwürdigen Eindruck, mehrere Tage in einem erlebt zu haben. Licht aus. Für heute reicht es.

3

Mit beiden Beinen auf der Erde

4. Juli – Schmerzhafter Aufstieg
Ich erwache morgens in aller Frühe bei prasselndem Regen. Meine Wirtin werkelt bereits emsig, damit ich rechtzeitig in den Tag starten kann. Mein Organismus, der unter der Zeitverschiebung und der glühenden, feuchten Hitze leidet und darunter, dass ich mich überhaupt auf den Weg gemacht habe, gibt mir seinen Unmut unmissverständlich zu verstehen. Und auch meine von den Kilometern der ersten Tage geschundenen Muskeln bringen sich schmerzhaft in Erinnerung.

Obendrein weiß ich, dass der vor mir liegende Tag nicht leicht werden wird: Der gewaltige Höhenunterschied zum Tempel 12 hinauf ist bei den Pilgern gefürchtet. Aber wie Bashō so schön sagte: »Nur dem Wind, der ihn zerzaust, und dem Sturm, der ihn beutelt, verdankt der Rotahorn seine Schönheit.« Daher starte ich voller Vertrauen in den neuen Tag, dessen Profil sich am Horizont abzeichnet.

Meine Gastgeberin erhält übrigens gerade einen Anruf von meinem nächsten Wirt, der noch einmal mit Nachdruck auf erhöhte Wachsamkeit hinweist bei diesem berüchtigten Abschnitt, der als anstrengend, schwierig, rutschig und gefährlich gilt und den Beinamen *henro korogashi** trägt, was so viel wie »die Pilger-Kippe« bedeutet. Es handelt sich dabei um körperlich anspruchsvolle Etappen auf schwierigen, steilen und bei Regen rutschigen Wegen. Dazu zählen die Pfade, die zu den Tempeln 12, 20, 21, 27, 60, 66, 81, 82 und 88 führen. Meine Wirtin bedeutet mir, dass ich auch einen Bus dorthin nehmen könne, und wiederholt mit unverhohlener Sorge: »*Henro korogashi**.«

Aber entweder ist man ein *aruki* henro**, oder man ist es nicht, außerdem bin ich von Natur aus ein wenig sturköpfig und daher fest entschlossen, meine Pilgerschaft zu Fuß durchzuführen, koste es, was es wolle! Und so beginne ich diesen denkwürdigen Tag im strömenden Regen und mit einem *bentō** als Wegzehrung, diesem wertvollen, mit großer Sorgfalt von meiner reizenden Wirtin zusammengestellten Proviantpaket aus Reisbällchen mit Fisch, Algen und klein geschnittenem Gemüse. Ich passiere Tempel 11, Fujiidera (»Glyzinienquelle«), ohne mich dort lang aufzuhalten – Nebelschwaden unter den riesigen, buschigen und düsteren Kiefern, die wie über alles Lebende geworfene, undurchdringliche Schleier wirken, verleihen dem verlassenen Ort ein beunruhigendes Aussehen.

Der schmerzhafte Anstieg auf dem Pfad, der hoch in die Wolken hinauf zu Tempel 12, Shōzan-ji (»Brennender Berg«), führt, erinnert mich an die schwierige Erstürmung der Gipfel meines spirituellen Lebens. In diesem Umfeld wirkt die Natur auf mich wie ein Spiegelbild meiner Seelenlandschaft. Die äußerliche Geografie von Shikoku ist das Abbild des inneren Weges, den der Pilger durchlebt, Echo seiner persönlichen Wandlung. Analog dazu entsprechen die Elemente dieser Topografie den verschiedenen Bewusstseinsstufen des Menschen auf der Suche nach Erleuchtung, den neuen Dimensionen, die sich ihm auf seinem Marsch zu Tempel 88 allmählich erschließen.

Der Anstieg beginnt sehr steil und vermittelt mir den Eindruck, fast nicht voranzukommen. Schnell schwinden meine Kräfte an diesem anspruchsvollen Hang. Mehrfach kann ich einen Sturz nur knapp vermeiden, so durchweicht und rutschig ist der Boden. Tränen des Regens rinnen über mein Gesicht. Mein Körper sackt immer mehr in sich zusammen und leidet. Jeder Schritt kostet mich große Anstrengung. Und das sieht man mir auch an. Keine Abkürzung ist in Sicht, Mogeln geht nicht, nirgendwo ein Notausgang. Das kratzt ganz schön an meinem Stolz als erfahrene Pilgerin, zerlegt meine Anmaßungen, eine geübte Wanderin zu sein, und verpasst der Freude, meinem Faulenzerleben so dreist Lebewohl gesagt zu haben, einen kräftigen Dämpfer ... Dieser Pfad wird mich lehren, meine Verletzlichkeit zu akzeptieren, er wirft alles über den Haufen und lädt zu höchster Bescheidenheit ein. »Man glaubt, dass man eine Reise unternimmt, dabei ist es vielmehr die Reise, die einen erschafft oder abschafft.«[13]

Je weiter ich fortschreite, desto dichter wird der Nebel und kleidet den Weg in ein gespenstisches Gewand, hüllt ihn in eine geheimnisvolle Stimmung. Doch schließlich durchbreche ich diesen Dunst und werde auf einmal vom Licht der gleißenden Sonne überflutet, stehe über einem Wolkenmeer, das die Welt unter mir verbirgt, und es kommt mir vor, als könnte ich mit dem Finger das Licht der Welt über mir berühren. Ein großartiges Spektakel, und ich nehme mir die

---

13 Nicolas Bouvier, *L'Usage du monde (Die Erfahrung der Welt)*, Droz 1963.

Zeit, es mir intensiv einzuprägen, lasse mich von süßer Gipfeltrunkenheit durchdringen. Der Weg führt weiter durch düstere, dichte Wälder, doch die Pfade sind jetzt breiter und kleine Statuen setzen Akzente, wie göttliche Aufmunterungen für den von all den Strapazen gezeichneten *henro**. Und plötzlich schaue ich auf und stehe direkt vor einer riesigen Kūkai-Statue zu Füßen eines majestätischen Baums. Ein äußerst beeindruckender Anblick, der weiter zu meiner humanen Demut beiträgt.

»Human« hat seine etymologischen Wurzeln in *humus*, Erde, also im Bild dieses fetten Lehms, mit dem ich mich herumplagen muss, durch den ich stapfe und in den ich einsinke. »Menschliches, Allzumenschliches«, würde Nietzsche sagen. »Lehmiges, Allzulehmiges«, könnte ich hinzufügen. Das Voranschreiten wird zu einem wahren Leidensweg, der von einem Übermaß an Selbstsicherheit befreit wie ein aufloderndes Feuer, das den Stolz in Asche verwandelt ... Die Materie lässt sich nicht austricksen – werden wir nicht dann erst wirklich human, wenn wir demütig sind? Die Erde ist wie ein Labor, in dem man zu Humanisierung, zum Menschsein findet.

Bis zu meiner Ankunft bei Tempel 12 begegne ich niemandem mehr. Aber auch bei den Passagen durch beklemmende Wälder, wo die Angst leicht die Oberhand über die Vernunft gewinnen könnte, bin ich voller Zuversicht. Mein treuer Stock erweist sich als wertvoller Reisegefährte.

Meine Füße, diese Wächter und Fürsprecher meines Körpers, werden immer schwerer und meine Schritte immer langsamer. Meine Muskeln verspannen sich unter den großen Anstrengungen. Alles tut weh, mein Körper beginnt, sich zu versteifen, und verlangt jede Menge Pausen, aber trotz allem kann er immer wieder verborgene Ressourcen mobilisieren, um weiterzugehen. Meine Trinkflasche ist schon lange leer, und keine Quelle ist in Sicht. Erschöpft und völlig außer Atem stolpere ich vorwärts, ich singe, ich stampfe, ich keuche. Ich verfluche die Elemente, den Höhenunterschied, mein schweres Gepäck, überhaupt meine Idee, eine solche Reise zu wagen, und meine Ungeduld, mich sofort auf den Weg zu machen, ohne dem Körper einen Tag zu gönnen, damit er sich auf die Ortszeit umstellen kann.

Ich versuche, irgendwelche Wegmarken ausfindig zu machen, aber meine Karte ist nicht besonders aufschlussreich, und ich habe große Schwierigkeiten, meine Position zu bestimmen und die Entfernungen abzuschätzen. Früher, als die Pilger ohne Führer oder Karten unterwegs waren, kam es übrigens häufig vor, dass sie im rauen, bergigen Hinterland der Insel auf Nimmerwiedersehen verschwanden. Allmählich begreife ich, warum heute so wenige Pilger zu Fuß unterwegs sind. Sie stellen nur noch fünf Prozent der 150 000 Pilger pro Jahr.

Vorwärts ohne Unterlass. Diese Etappe kommt mir endlos vor. Die einzigen Wünsche, die ich noch habe: trinken und ankommen. Die Kilometer entsprechen nicht der gefühlten Wegstrecke, die meine Müdigkeit mir vorgaukelt, und mein anfänglicher Enthusiasmus lässt nach. Plötzlich fühle ich mich sehr zerbrechlich und verwundbar. Doch während ich mich unter Schmerzen vorwärtsschleppe, steigen plötzlich wie kleine schillernde Blasen die ermunternden Worte von Ella Maillart in meinem Bewusstsein nach oben: »Das Unmögliche weicht vor dem zurück, der vorwärtsgeht!« Ja, das ist es, vorwärtsgehen, vorwärts, immer nur vorwärts. Jeder zusätzliche Schritt wird zu einem Sieg. Andererseits, wenn alles von Anfang an leicht gewesen wäre, hätte ich vielleicht gedacht, dass Gott mich verlassen hat ...

Ich weiß nicht, welcher Zauber mich letztendlich gegen Ende des Tages in Tempel 12 ankommen lässt. Später werde ich erfahren, dass die Etappe zwischen Tempel 11 und Tempel 12 einen Höhenunterschied von 1682 Meter nach oben und 1012 Meter nach unten umfasst – der reine Spaziergang, nicht wahr?

Zum Tempel gelangt man über einen langen gekrümmten Pfad, der von Buddhastatuen und Skulpturen verschiedener Gottheiten gesäumt wird, ein Ehrenspalier für den Pilger, der diese Etappe siegreich hinter sich gebracht hat. Noch ein paar Schritte, eine letzte Anstrengung, um das Podium zu erklimmen, und dann stehe ich mitten in einem ansprechenden und gepflegten Tempel. Hier soll ein Feuerdrache gelebt haben, den Kūkai gezähmt hat. Durch diese Tat brachte er den Bewohnern der umliegenden Täler Frieden und Sicherheit. Heute liegt hier ein hübscher Teich, den sich Lotospflanzen und Karpfen teilen, umgeben von einem Geländer und kleinen freundlichen Buddhas zwischen schlanken Bäumen, dazwischen steigen die Nebelschwaden der Abenddämmerung auf.

Die Wolken reißen auf und lassen letzte schüchterne Sonnenstrahlen einfallen. Was für ein Jubel, als ich diesen Tempel erreiche, welche Freude, meinen Rucksack loszuwerden und ganz prosaisch meinen Durst zu stillen, der mich fast umgebracht hat. Sobald ich die Rituale durchgeführt habe, breche ich erschöpft und schmerzgeplagt zu den letzten drei Kilometern auf, die als rutschiger, schattiger Weg unter Bäumen vor mir liegen.

Ich werde im *zenkonyado** Sudachikan von zwei wunderbaren Menschen erwartet, einem Paar, das sein Leben ganz Kūkai gewidmet und in den Dienst der Pilger gestellt zu haben scheint. Menschen, wie man sie auch auf dem Jakobsweg findet. Der warme Empfang spiegelt diese ehrliche Öffnung der Herzen wider. Der Hausherr führt mich zum Schlafsaal, den nur ich allein nutzen werde, dann bedeutet er mir, ihm zu folgen, um mir, wie ich annehme, das Bad zu zeigen. Doch er fordert mich auf, in sein Auto zu steigen, mit dem er dann, sehr stilvoll mit weißen Handschuhen, losbraust. In meinem Erschöpfungszustand wundert es mich kaum noch, dass er mich ein paar Kilometer weiter bei den öffentlichen Bädern der Thermalquellen von Kamiyama absetzt. Das habe ich nun wirklich nicht erwartet.

Wieder sorge ich für Aufsehen, als ich an diesem allseits beliebten Ort auftauche, wo sich die Einheimischen nach einem langen Arbeitstag gern entspannen. Unbedarft wie ich bin, werde ich von mehreren Japanerinnen in die Sitten und Gebräuche der japanischen Badekultur eingeführt, und sie versuchen unter viel Gelächter auf beiden Seiten, mir mit Händen und Füßen begreiflich zu machen, was hier üblich ist.

Zuerst muss man die Schuhe ausziehen und sie in den Schließfächern am Eingang abstellen. Nachdem ich mich in der Umkleide ausgezogen und meine Kleider in einem dafür vorgesehenen Behälter abgelegt habe, werde ich im Evakostüm von einer kleinen Dame in den Frauentrakt geleitet. Am Eingang dieses Raums mit einer sehr hohen Decke sind Hocker und Eimer für die Badegäste aufgereiht. An den Wänden befinden sich mehrere Reihen von Wasseranschlüssen mit einem Duschkopf. Vor jedem Anschluss liegen Hygieneprodukte. Am Ende des Raums stehen neben Glasfenstern mehrere Becken mit unterschiedlichen Wassertemperaturen. Mein Körper, der noch von den heute bewältigten anstrengenden Kilometern schmerzhaft stöhnt, lässt sich mit Freuden in das extrem heiße Wasser gleiten und genießt die beruhigende Atmosphäre.

Währenddessen wartet mein Chauffeur mit den weißen Handschuhen geduldig im Wagen. Das klingt doch wirklich nach *Very Important Pilgrim*, oder?

Wieder zurück im *zenkonyado**, ist es Zeit fürs Abendessen, und ich teile meinen Tisch mit Rae und Jerry, einem sehr freundlichen Paar aus Taiwan in den Flitterwochen, das wie ich die 88 Tempel zu Fuß besuchen möchte. (Übrigens beteten sie während des Pilgerns inbrünstig dafür, dass ein Baby kommen möge, und heute sind sie glückliche Eltern einer süßen kleinen Tochter. Ob wohl Kūkai etwas damit zu tun hat?)

Von Müdigkeit übermannt nach diesem kräftezehrenden Tag, lasse ich es Abend werden und falle sehr schnell in einen tiefen Schlaf.

5. Juli – Über Berg und Tal

Beim Aufwachen stelle ich wieder einmal fest, dass der Körper irgendwo in den Tiefen unseres Organismus über ungeahnte Regenerationskräfte und Energiereserven verfügt. Dass der Vortag durch die entspannende Nacht wie fortgewischt ist, beweist die Gelassenheit, mit der ich die morgendliche Fotosession mit meinen Gastgebern, Rae und Jerry, die ebenfalls erholt wirken, und dem Hund des Hauses über mich ergehen lasse – ein Bild davon wird das großartige Wandmosaik im *zenkonyado** vervollständigen, das sich aus einer Vielzahl von Gesichtern der *henro** aus aller Herren Länder zusammensetzt, die freudig, erschöpft, stolz, inspiriert, neckisch, zerbrechlich, abenteuerlustig, überschäumend, ernst, friedlich, freundschaftlich, offen, strahlend in die Kamera gucken ... Eine wunderschöne Farbpalette der unterschiedlichsten Hauttöne. Eine Vielzahl von Porträts einer Menschheit, die unterwegs zu einem äußeren Ziel ist, das gleichzeitig und vielleicht vor allem einen Weg zur eigenen Mitte bedeutet, dem eigenen Inneren. Die Fotos brauchen keine Übersetzung. Jedes von ihnen scheint mir einen Reisegefährten auf meinem eigenen Weg zu zeigen.

Da Rae und Jerry gestern erst nach Schließung des Kalligrafiebüros an Tempel 12 eingetroffen waren, machen sich die beiden am Morgen noch einmal dorthin auf, um die begehrte magische Formel zu erhalten.

»*See you very soon!*« Wir verabschieden uns voneinander in der sicheren Überzeugung, dass wir uns schon sehr bald wiedersehen werden.

Ich begebe mich allein auf den Weg, trage das Schweigen auf dem Banner meiner Freiheit und bin mehr als bereit, die Landschaft zu bewundern und den anbrechenden Tag zu genießen: »Flucht des Einsamen zum Einsamen.«[14]

Aber der Tag beginnt hart, wie ein Abglanz der schmerzhaften Steigungen vom Vortag ... Die Wege sind steil, und der Rucksack lastet schwer auf meinen Schultern, die mir vom ersten Kilometer an in Erinnerung rufen, was sie schon alles geleistet haben. Dazu kommt eine dumpfe, feuchte Hitze,

---

14 Plotin, *Ennéades (Enneaden)*, Les Belles Lettres 1997.

so drückend, dass ich das Gefühl habe, mein Körper sei vollständig mit Blei ummantelt. Ich fange schon an, die kleinen roten Krabben zu beneiden, denen ich in großer Zahl im Unterholz begegne und die mit arroganter Leichtigkeit ihre Kreise ziehen. Immer öfter muss ich eine Pause einlegen, je mehr Kilometer ich zurücklege. Aber vielleicht kommt ja irgendwann, wenn meine Beine müde und schwer geworden sind, der Moment, in dem ich spüre, wie ich wie von Flügeln getragen schwebe?

In der Zwischenzeit wird das Tagesziel, das ich zunächst bei Tempel 16 oder 17 angesiedelt habe, voller Demut und Bescheidenheit auf den *minshuku** Myozai zurückgesetzt, der sich etwa zwanzig Kilometer entfernt bei Tempel 13 befindet. Der *minshuku** ist ein Familienbetrieb, in dem die Zimmer japanisch eingerichtet sind. Obwohl ich mich anfangs nicht in ein strammes Korsett von geplanten Strecken und reservierten Unterkünften zwängen lassen wollte, muss ich mich nun dem kulturellen Umfeld dieser Pilgerschaft anpassen, wo die Regeln des Anstands eine Festlegung gebieten und eine Abweichung vom Programm als Zeichen sträflicher Disziplinlosigkeit gilt. Japaner verabscheuen das Unerwartete und den Zufall. Terminkalender geben den Rahmen und die Wegmarken vor. Die Einhaltung von Fahrplänen ist zum absoluten Prinzip erhoben. Improvisation ist verpönt und vollkommen aus der japanischen Gesellschaft verbannt.

So sitze ich nun auf einem Mäuerchen am Wegrand, lasse die Beine baumeln und suche ein paar vorgefertigte Sätze in meinem Sprachführer. Ich wiederhole mehrmals die phonetische Lautfolge, diese wertvolle Zauberformel, die es mir ermöglichen wird, meine schmerzenden Muskeln wieder in den Dämpfen eines *o-furo** einzuweichen, ehe ich danach in den *yukata** schlüpfe, diesen leichten Baumwollkimono, der aufmerksamerweise auf dem weichen Futon bereitgelegt wurde und nur auf mich wartet ... Was für eine herrliche Vorstellung. Nachdem ich die Nummer gewählt habe, versuche ich, mir die japanischen Worte auch für die kommenden Tage zu merken, und schließlich beginne ich voller Überzeugung:

»*Moshi moshi?** – Hallo?
Ohayō gozaimasu!* – Guten Morgen!
Watashi wa Marie desu. – Ich heiße Marie.
Furansujin desu. – Ich bin Französin.
Aruki* *henro** *desu.* – Ich pilgere zu Fuß.
Konban, heya no yoyaku o, onegai shimasu. – Ich möchte bitte ein Zimmer für heute Abend reservieren.«

Am anderen Ende der Leitung antwortet mir eine Stimme. Selbstverständlich sind für mich die Worte meiner Gesprächspartnerin nur eine Wolke unverständlicher Laute, die sich mir nicht erschließt. Trotz all meiner guten Absichten bin ich beim Erlernen der japanischen Sprache nicht über die erste Lektion des Schnellkurses hinausgekommen, den ich mir besorgt hatte – das Thema zum Einstieg lautete »*Kanai desu*« – »Das hier ist meine Frau«. Ich beherrsche also perfekt, was ein Mann braucht, um seine Frau auf Japanisch vorzustellen, aber es ist ziemlich unwahrscheinlich, dass dies vor Ort meinen Bemühungen, eine Unterhaltung in Gang zu bringen, wesentlich auf die Sprünge helfen könnte ... In der Abreisehektik hatte ich es schließlich aufgegeben, die Grundlagen des Japanischen zu erlernen, und mich für einen Basissprachführer entschieden, da ich davon überzeugt war, alles würde leichter werden, sobald ich erst einmal unterwegs wäre. Und den halte ich jetzt in der Hand.

Spielerisch wiederhole ich mehrmals am Telefon:
»*Nihongo wakarimasen.* – Ich verstehe kein Japanisch.
Domo arigatō gozaimasu* – Vielen Dank.
Yoru ni ne! – Bis heute Abend!«
Dann lege ich voller Vertrauen auf. Mein Optimismus sollte mir recht geben. Und der Empfang absolut meinen Erwartungen entsprechen: einfach herrlich!

Dieser Tag ist übrigens von sehr herzlichen *o-settai** begleitet. Der Fahrer eines eleganten Wagens ist sogar eigens umgekehrt, um mir ein »Aquarius« anzubieten, ein äußerst durststillendes mineralstoffhaltiges Getränk, das zum Nektar meiner Wanderung werden sollte. Eis, Brötchen, Orangen und Tomaten finden ihren Weg zu mir mit ebenso vielen göttlichen Ermunterungen weiterzugehen, voller Elan auszuschreiten und unablässig die Grenzen meines Horizonts immer weiter zu verschieben. »*Ultreia et Suseia!* – Vorwärts, immer weiter und aufwärts!«, rufen die Pilger auf dem Jakobsweg voller Inbrunst. Wie könnte ich, getragen von so viel Wohlwollen und tief berührt von dem Eifer, mit dem dieser frommen Pflicht, den Pilgern brüderlich beizustehen, nachgekommen wird, nicht motiviert sein, Schritt für Schritt weiterzuwandern?

Am Abend tun sich wieder verblüffende Abgründe auf, als ich neue, komische Erfahrungen mit den Schriftzeichen mache, die für mein westliches Auge immer noch fremd wirken. Woher weiß ich angesichts unbekannter *kanji**, welches das Männer- und welches das Frauenbad ist, ohne peinliche Zwischenfälle zu riskieren? Später sollte ich erfahren, dass der Eingang zu dem für Männer reservierten Teil immer blau und der für Frauen rot ist. Vorerst versuche ich, die *kanji** auf jeder Tür mit den Zeichen in meinem Führer zu vergleichen.

Es wirken die Schönheit und Kraft des frischen Blicks, der die Realität an jedem neuen Tag erfasst, einfach nur durch die tatsächliche Erfahrung des Moments. Jenseits des Gewöhnlichen, des Ungewöhnlichen, des Außergewöhnlichen, dem Gewohnten entwöhnt. Ich genieße voller Freude die ersten Früchte dieses Pilgerwegs, der mich genau hier und jetzt zu mehr Gegenwärtigkeit führt, ohne die Filter des Erlernten und des Bekannten. Ich muss einfach nur meine Sinneswahrnehmung schärfen, das Sein zulassen und mich sein lassen. Wie ein Kind, das gerade dabei ist, die Welt zu erfassen.

»*Hey, Marie! You here!*« Das ist Rae, die mir zuwinkt. Der Tag endet mit der herzlichen Begrüßung meiner Taiwanesen, die erschöpft und völlig fertig von der Hitze erst spät eintreffen. Dabei müssten sie in Taiwan doch Temperaturen von 35 Grad Celsius gewohnt sein … Da wird mir erst klar, dass es heute wirklich richtig heiß gewesen sein muss!

Gedanke zur Nacht: »Allein die Tatsache zu existieren ist ein wahres Glück.«[15]

6. Juli – Stadtdschungel

Der Tag beginnt mit einer Vielzahl unbekannter Speisen, die meinen Geschmackspapillen völlig neue Erfahrungen bescheren. Wieder gilt es, schlicht und ergreifend alles bewusst aufzunehmen, mit den sich schärfenden Organen alle Empfindungen auszukosten, auf die pulsierende Nähe zu dem, was da ist, zu achten, und die Tür zur vollen Gegenwart durch die unmittelbare Erfahrung der Sinne aufzustoßen.

---

15 Blaise Cendrars, *Du monde entier au cœur du monde*, Gallimard 2006.

Im Land der aufgehenden Sonne wird es sehr früh Tag, und als ich mich um 7.30 Uhr auf den Weg mache, ist die Morgenröte längst vergangen, die Sonne brennt, und die Feuchtigkeit ist mehr als drückend. Auf diesem Streckenabschnitt gibt es zahlreiche Tempel, und im Rhythmus meiner Schritte folgt einer auf den anderen: Tempel 14, Jōraku-ji (»Ewige Schönheit«) – Tempel 15, Kokubun-ji (»Provinztempel«) – Tempel 16, Kannon-ji (»Göttin des Erbarmens«). Dieselben Handreichungen, dieselben Worte, erneuert und an den Himmel gerichtet.

Ich verirre mich einige Male und gönne mir damit sogar den Luxus, das Tagespensum um ein paar Kilometer zu erhöhen ... Kein Kommentar.

Bei Tempel 16 hupen mir zwei *henro**, die den Pilgerweg im Auto zurücklegen, verschwörerisch zu, und ich antworte mit einer Verbeugung. Wie auf dem Jakobsweg spricht hier jeder mit jedem. Alter, Herkunft und andere ehrgeizige Ziele spielen keine Rolle. Ich tausche mit ihnen höfliche »*ohayō gozaimasu*«* aus, und sie laden mich mit Gesten ein, neben ihnen Platz zu nehmen, um in einer Fotografie diesen gemeinsam erlebten Augenblick einzufangen, ehe er gleich wieder vergeht. Keine Unterhaltung, nur ein inniges Gefühl geteilter Gegenwart. Die beiden sind sehr elegant, ganz in Weiß gekleidet, den *juzu*, die buddhistische Gebetskette, ums Handgelenk gewickelt, und mit einer Stola um den Hals, der sogenannten *wagesa** mit der Aufschrift *Shikoku hachijūhakkasho junpai* – »Pilgerschaft der 88 Tempel von Shikoku«, dazu das heilige Mantra *Namu Daishi Henjō Kongō* – »Ehre gebührt Daishi, dem alles erleuchtenden Diamanten«.

Ich breche unter sengender Sonne wieder auf und gehe fröhlich mein Repertoire an Liedern und Gedichten durch, die mir meine Schritte erleichtern sollen:

»*Die wahren Wandrer aber sind's, die reisen,*
Nur um zu reisen – federleichter Hauf!
Sie können nie ihr Schicksal von sich weisen,
Sie wissen nicht, warum, und rufen: auf!«[16]

Tempel 17, Ido-ji (»Brunnen«), verdankt seinen Namen der Legende, dass es Kūkai in einer einzigen Nacht gelungen sein soll, einen Brunnen zu graben und so den Bauern zu helfen, die unter Wassermangel litten. Mit dieser heute noch vorhandenen Vertiefung ist ein Aberglaube verbunden: Wenn der Besucher am Grund des Brunnens sein Spiegelbild sehen kann, wird das Glück ihn begleiten, wenn nicht, ist dies ein schlimmes Omen. – Uff, die Probe habe ich bestanden, für den weiteren Weg brauche ich mir wohl keine Sorgen zu machen.

Dieser Ort bezaubert mich durch die Harmonie, die er ausströmt, und die Ruhe, die er stolz verbreitet, trotz der Horden von *henro** mit ihren Führern, die aus Bussen hier einfallen und emsig damit beschäftigt sind, ihre *nōkyōchō** kalligrafieren und stempeln zu lassen, ebenso wie die *kakejiku* genannten großen Schriftrollen, die man sich als Segen anheften soll. Die Führer helfen mit Föhnen nach, die wertvollen Kalligrafien zu trocknen.

---

16 Charles Baudelaire, *Le voyage, Les Fleurs du Mal (Die Blumen des Bösen)*, Gallimard 1975.

Meine Erscheinung, meine weiße Haut, die blonden Haare und die blauen Augen erregen selbstverständlich Neugier, Aufmerksamkeit und Sympathie, und man überschüttet mich mit von Herzen kommenden Gaben. Nachdem ich die Rituale erfüllt habe, lasse ich mich vom Zauber des gemeinsam vorgetragenen Herz-Sutras mitreißen. Allein der Klang lässt die Gegenwart des Heiligen spüren und trägt den Gläubigen in eine universelle Dimension, einen Bewusstseinszustand jenseits des Individuellen. Ich werde von einem mächtigen Gefühl der Verbundenheit mit der ganzen Menschheit erfasst, das mich fortan und mit zunehmender Kraft begleiten wird.

Durchdrungen von diesem alles umfassenden, vibrierenden Gewebe, mache ich mich wieder auf den Weg. Besser gesagt, die Straße. Denn bis nach Tokushima ist die Umgebung alles andere als lieblich und romantisch: Straßen, Schnellstraßen, Autobahnen, Eisenbahnlinien, Industrieansiedlungen, Verkehrskreisel, Ampeln, Schilder aller Art. Langeweile erfasst mich beim Durchqueren dieser Wohn- und Industriegebiete, und ich erinnere mich an einige endlose Streckenabschnitte des Jakobswegs, auf denen der Pilger gezwungen ist, seine touristischen Ansprüche an die Landschaft herunterzuschrauben. Während ich erwartet hatte, heiter durch die Natur zu wandern, schlucke ich nun Straßendreck unter ohrenbetäubendem Motorenlärm und erdulde die erbarmungslos stechende Sonne ... Ein unablässiger Strom von Autos und Lastern begleitet meine Schritte und zwingt mich zu höchster Wachsamkeit. Die Strecke kommt mir lang vor, sehr, sehr lang, und ich schleppe mich mühsam bis zum Zielort des Tages. Bei meiner Ankunft habe ich das heftige Gefühl, dass der Asphalt mit all seinem Gewicht unter meinen Sohlen haftet.

Ich nutze den Aufenthalt in der großen Stadt, um ein technisches Problem zu lösen: Mein Adapter passt nicht in die japanischen Steckdosen, und jetzt weiß ich nicht, wie ich meinen Fotoapparat aufladen soll. Ich mache mich also auf, die Stadt zu erkunden, und nach mehrfachen vergeblichen Versuchen probiere ich mein Glück aufs Neue im Telefonladen einer Kaufhausgalerie und schildere meine Lage einer jungen Verkäuferin unter Zuhilfenahme vieler Gesten und Zeichnungen. Wieder einmal erhalte ich eine negative Antwort. Das ist sehr frustrierend, doch etwas später sehe ich, wie mir meine charmante Verkäuferin, so schnell es ihre hohen Absätze und der enge Rock erlauben, hinterherrennt. Strahlend überreicht sie mir einen Adapter, den sie ganz hinten in einer Schublade gefunden hat. Und er passt perfekt! Das Leben schenkt mir genau das, was ich gerade in diesem Moment brauche. Ich empfinde große Dankbarkeit und bin so taktlos, meine Freude der ganzen Welt zu zeigen und meine Wohltäterin spontan zu umarmen, was ihr die Röte in die Wangen treibt und sie zum Lachen bringt. Ja, in Japan umarmt man sich nur selten, und auch nur unter guten Freunden.

»*Present for you!*«, wiederholt sie immer wieder und lässt sich von meiner Begeisterung anstecken.

Nun bin ich wieder voller Energie, will mich treiben lassen, die architektonischen, kulinarischen und kulturellen Schönheiten dieser großen Stadt genießen, die mir auf einmal viel freundlicher vorkommt. Mehr noch, es herrscht eine fröhliche Atmosphäre, denn es findet gerade das bereits seit dem 17. Jahrhundert existierende Sommerfestival statt, das landesweit bedeutendste der 100 000 Festivals, die jedes Jahr ganz Japan erfreuen. Es ist bestimmt die größte synchron dargebotene Aufführung der Welt: 70 000 Tänzer und Musiker treten jeden August an vier Tagen vor mehr als zwei Millionen Zuschauern auf, die aus dem ganzen Land anreisen.

In diesem Stadtdschungel halte ich an einer Kreuzung und vertiefe mich in meinen Plan, den ich mir mithilfe von Wegmarken wie Ladenschildern, Straßenlampen, Postämtern, Getränkeverkäufern und anderen Details selbst erstellt habe, um den Weg zu meiner Unterkunft zurückzufinden – schließlich weiß ich, dass die Straßen in Japan keine Namen haben, was die Sache nicht gerade einfach macht! Da werde ich von einer Radfahrerin angesprochen, die denkt, ich hätte mich verlaufen, und mir ihre Hilfe anbieten will. Ich danke ihr herzlich, sage ihr aber ein paarmal in meinem besten Englisch: »*It's okay!*«

Sie wiederholt diesen Satz mehrfach in etwas verrutschter Aussprache, in einer Nippon-Version remastered: »*Ishoké, ishoké?*« Sie ist sichtlich verlegen und bestürzt. »*Chotto matte kudasai!*« – »Warten Sie einen Augenblick, bitte!«, meint sie dann kopfschüttelnd und zermartert sich offensichtlich das Gehirn, wo dieser geheimnisvolle Ort sein könnte.

Als ich das Missverständnis endlich beseitigen kann, endet unsere Begegnung unter großem beidseitigem Gelächter.

In meinem Quartier erwartet mich ein weiteres faszinierendes Erlebnis: japanisches Fernsehen! Samuraigeschichten, Sumo-Ringkämpfe, Lokalnachrichten, Wetterberichte und verschiedene Musiksendungen … was für eine Reise, ohne auch nur eine Zehe vor die Tür zu strecken! Außerdem gibt es regalweise Mangas, und meine Neugier lässt mich in eine fremdartige Bilderwelt eintauchen. Das Abenteuer wartet wirklich überall!

7. Juli – Süße Harmonie
Als ich voller Tatendrang zur nächsten Etappe aufbreche, macht mir die höllische Hitze sofort schwer zu schaffen, und nachdem ich zwanzig Meter zurückgelegt habe, ist mir klar, dass mein Körper, erschöpft von den ersten Tagen der Wanderung und ausgelaugt von der Hitze, mich allerheftigst anfleht, ihm eine Pause zu gönnen. Unser fleischlicher Leib lässt sich nicht so leicht vergessen! Wie sagt doch der Volksmund so treffend: »Eile mit Weile!« Also Kehrtwende Marsch und zurück ins Hotel. Motto des Tages: Wir laden die Batterien wieder auf, Kommando Aufpäppelung, ein Tag der Ruhe und Erholung. Der Weg bis zu Tempel 88 ist noch weit.

Ich nutze die Zeit, um in dem friedlichen japanischen Garten um das Schloss von Tokushima spazieren zu gehen. Frauen im Kimono flanieren in einer zeitlosen Atmosphäre elegant auf und ab. Ich bewundere die Harmonie der Formen und Farben in diesem Garten, als eine sehr alte, winzige Frau, auf mich zuhinkend und wild in meine Richtung gestikulierend, meine Neugier erregt. Obwohl es heißt, Japaner seien Fremden gegenüber, die ihre Sitten und Gebräuche nicht kennen, ziemlich nachsichtig, bin ich schrecklich verlegen bei der Vorstellung, ich könne unwissentlich in einen verbotenen Bereich marschiert sein oder irgendein anderes kulturelles Fettnäpfchen erwischt haben. Ich stelle mich schon darauf ein, wegen meiner Ignoranz um die allergrößte Nachsicht zu bitten, und gehe ihr entgegen. Ihr runzliges Gesicht kommt mir vor wie ein Pergament mit einer bewegten Geschichte, bestimmt hatte sie ein langes, abenteuerliches Leben, wie ihre strahlenden, lachenden Augen bezeugen. Schweißperlen behindern ihre Sicht, und sie spricht mich ganz natürlich auf Japanisch an, als wäre das meine Muttersprache. Selbstverständlich verstehe ich trotz meines guten Willens rein gar nichts, abgesehen davon, dass sie möchte, dass ich ihr folge.

Und plötzlich stehe ich, geführt von diesem faltigen Großmütterchen, wie durch Zauberhand in einem Saal des Schlosses von Tokushima, wo gerade eine Teezeremonie in vollem Gange ist! Entzückt betrete ich eine längst vergangene Welt. Jeder Tag hält seine Handvoll Überraschungen bereit!

Nachdem ich schnell aus den Schuhen geschlüpft bin, begebe ich mich in die *seiza*-Position, diese traditionelle Sitzweise der Japaner auf den *tatami*-Matten, mit untergeschlagenen Beinen und auf den Fersen ruhend. Ich bin von Frauen in Kimonos mit bunten Mustern und bewundernswerten Steckfrisuren umgeben, eine anmutiger als die andere, und von Männern in zeremoniellen Gewändern. Ich habe natürlich Schwierigkeiten, über längere Zeit in dieser ungewohnten Pose zu verharren, und meine steifen Beine machen sich bemerkbar.

Die Zeremonie verläuft nach einem akkurat inszenierten Ritual, in dem alles, von den Gesten über die Kleidung bis hin zu den Zutaten und den Utensilien, von Heiligkeit durchdrungen ist und sich zum Göttlichen erhebt. Idyllische Szenen eines Japans, wie ich es mir immer vorgestellt habe. In stummem Staunen folge ich dieser Feier des Schönen und Schlichten. Die Ästhetik und Anmut, die von der Zeremonie ausgehen, ziehen mich in ihren Bann, ich genieße jeden Tropfen dieses köstlichen, intensiven Getränks, das leicht süßlich duftet.

Das stetige Lächeln meines faltigen Großmütterchens ersetzt eine Unterhaltung. »Es gibt nur eine anerkannte Art des

Reisens, und das ist der Weg zum Menschen.«[17] Ich bin dabei! Dieser »Weg zum Menschen« hatte mich schon als Schülerin fasziniert, und ich konnte die Sommerferien kaum erwarten, um von der »Guilde Européenne du Raid«, einer humanitären Organisation, in die entlegensten Winkel der Welt entsandt zu werden. Vom Libanon bis nach Madagaskar, was für wunderbare, erhellende Begegnungen!

Ich erfahre bei dieser Teezeremonie, dass in Japan, einem Archipel voller Legenden, die siebte Nacht des siebten Monats als *Tanabata*, »Fest der Sterne«, gefeiert wird. Hintergrund ist die Liebesgeschichte zwischen einer webenden Göttin, Orihime, und dem sterblichen Rinderhirten Hikoboshi. Aus Liebe verließ die Göttin den Himmel, heiratete Hikoboshi und schenkte ihm einen Sohn und eine Tochter. Der Vater der Göttin fand irgendwann seine Tochter und brachte sie gewaltsam in die Götterwelt zurück. Um den Rinderhirten, der fest entschlossen war, seine Frau wiederzufinden, daran zu hindern, ins himmlische Reich zu gelangen, trennten die Götter die beiden Welten durch einen unüberwindbaren Fluss, die Milchstraße. Da die beiden unglücklich Liebenden gar nicht mehr aufhören konnten zu weinen, gestatteten die Götter ihnen schließlich, sich einmal im Jahr wiederzuvereinen, eben in der siebten Nacht des siebten Monats. Und daher beobachten die Japaner an diesem Datum den Himmel: Die Sterne Wega – die Göttin Orihime – und Altair – Hikoboshi – scheinen sich einander anzunähern und in der Milchstraße zu verschwinden, was Anlass zu vielen freudigen Gesten gibt.

---

17 Paul Nizan, *Aden Arabie (Aden. Die Wachhunde)*, Rieder 1931.

Deswegen stehen überall geschmückte Bambuspflanzen, an die Papierstreifen mit Wünschen gebunden werden, wie ich sie in diesen Tagen so oft gesehen habe. Denn in dieser Nacht sollen Orihime und Hikoboshi die Wünsche der Sterblichen erfüllen. Ist das nicht himmlisch?

Ich bin sehr gerührt und überwältigt von der Würde dieser Kultur, von der Eleganz, die in jedem Gegenstand zu erkennen ist: der Charme der Häuser, die Harmonie der Gärten, die kulinarische Raffinesse, die Sanftheit der Lebensart, die Erlesenheit der Kunst und des Handwerks, die Aufmerksamkeit, mit der jeder für den anderen da ist, der Reiz der Traditionen und der Bildung ... Ich lasse mich mit Vergnügen in diese Welt entführen, gebe mich mit verzaubertem Blick der Entdeckung hin, freue mich über das allererste Mal in dieser Gegenwart. Sollte man nicht jede Handlung, jede Geste, jeden Schritt so angehen, als wären sie eine Feier dessen, was da ist? Was wäre, wenn der gelebte Alltag von diesen geheiligten Momenten überquellen würde?

Am Ende dieses Tages führt mich mein Weg unvermutet vor ein Geschäft mit einem französischen Namen: Auf dem Ladenschild steht »*Douce harmonie* – süße Harmonie«. Drückt das nicht genau meine intimsten Gefühle in diesem Moment aus? Ja, Süße und Harmonie, das trifft es!

Dieses Land übt auf mich eine verwirrende Faszination aus, es wirkt wie ein heiteres Durcheinanderbringen, das sich von Tag zu Tag verstärkt.

4

Einfach bezaubernd

8. Juli – Präsenz
Kurz nach Tagesanbruch mache ich mich energiegeladen auf den Weg, mein Körper ist dankbar für den erholsamen Zwischenstopp, und ich wandere kraftvoll ausschreitend los. Die leichte Brise beflügelt mich. Unterwegs begegne ich kleinen Gruppen lachender Kinder auf dem Weg zur Schule. Sie tragen Uniformen aus blütenweißem Hemd, dunkelblauem Rock oder Hose, Kniestrümpfen und Schulranzen auf dem Rücken. Wir grüßen uns mit einem fröhlichen »*ohayō gozaimasu*«*.

Ich treffe auch wieder auf Rae und Jerry, das taiwanesische Paar in den Flitterwochen, und gemeinsam wandern wir zu Tempel 18.

»*Ganbatte kudasai! Ki o tsukete!*« – Alles Gute! Gebt acht auf euch!«, ruft man uns immer wieder zu. Es sind vor allem ältere Menschen, gebeugt unter dem Gewicht ihrer Jahre und den geschleppten Lasten, die uns mit diesen Worten nachdrücklich ermutigen.

Zahlreich sind die Segenswünsche, die uns auf dem gesamten Weg zuteilwerden und denen der Geist eines aufrichtigen und mächtigen Zusammengehörigkeitsgefühls innewohnt.

Der Anblick unserer drei Gestalten in Pilgerkleidung, wiederholt in den Schatten durch die drückend heiße Sonne, trägt uns zahlreiche *o-settai** ein: Orangen, Gebäck aller Art und sogar Kuchen *made in France*!

In der wohltuend frischen Kühle des Waldes wird der rutschige Pfad Kurve um Kurve steiler, bevor sich vor einem strahlend blauen Himmel die imposanten Umrisse von Tempel 18, Onzan-ji (»Gnadenvoller Berg«), abheben. Dieses Heiligtum wird insbesondere von Frauen aufgesucht, die hier inbrünstig um eine Schwangerschaft oder eine problemlose Geburt beten. Ursprünglich war den Frauen allerdings der Zugang zum Tempel untersagt, doch Kūkai hatte das Verbot aufgehoben, nachdem seine Mutter ihn besuchen wollte und draußen vor dem Tor bleiben musste. Ich nehme mir Zeit für eine Rast.

»*Malie-san?*« (Das r in meinem Namen wird im Japanischen wie ein Mischlaut aus l und r ausgesprochen.)

Der einzige *henro** an diesem Ort, ein junger Mann um die zwanzig, spricht mich vergnügt an. Genauso wie auf dem Jakobsweg funktioniert auch hier »Radio Camino«, der Pilgerfunk, sehr gut, und noch bevor Sie irgendwo auftauchen, sind Ihnen bereits Ihr Ruf, Ihre Eigenheiten und Ihre Abenteuer vorausgeeilt! Die Nachricht von meiner Anwesenheit breitet sich wie ein Lauffeuer aus, und alle sind voller Neugier und Sympathie für mich, wodurch sich mir Türen und Herzen öffnen. Der junge Mann wandert auf einer spirituell motivierten Pilgerreise von Tempel 1 zu Tempel 19 und plant, den gesamten Pilgerweg etappenweise über einen Zeitraum von mehreren Jahren zurückzulegen, wie es die japanischen *henro** offenbar häufig tun.

Nachdem ich mehrere Marschkilometer hinter mich gebracht habe, beschließe ich, mir im Schatten eines Getränke- und Zigarettenautomaten – diese Verkaufsmaschinen sind integraler Bestandteil der japanischen Landschaft – eine erfrischende Pause zu gönnen. Ein Mann im Auto hält auf meiner Höhe an und zeigt mir auf der Landkarte meinen genauen Standort: Ich werde heute Abend im *shukubo** von Tempel 19 erwartet, habe aber zu meiner Überraschung eine Abzweigung verpasst, vermutlich war ich zu sehr vertieft in den inneren Dialog, der mich auf meiner Wanderung beschäftigt ... Nach meiner Schätzung bin ich gut acht Kilometer, das heißt fast zwei Marschstunden, über den Tempel hinausgelaufen – zwei Stunden, die bei der schwülen Hitze doppelt zählen! Wieder dieser rührende Gemeinschaftssinn: Mein großzügiger »Wohltäter des Augenblicks« erspart mir den Rückmarsch und erweist mir die Ehre, mich in seinem klimatisierten und mit Spitzendeckchen ausgeschlagenen Wagen, die ich, schweißnass, wie ich bin, zu beschmutzen fürchte, zurück und direkt zum Tempel zu fahren.

»*Ah Malie-san! Irrashaimase!* – Willkommen!«
»*Arigatō gozaimasu.** *Konnichi wa!** – Danke. Guten Tag!«
»*Hajimemashite.* – Sehr erfreut.«

Bei der Ankunft im Tempel begrüßt mich der Kalligraf, ein jovialer junger Mann, der mit Blick auf die Uhr seine einzige Besucherin des Tages bereits erwartet hat. Mit meinen drei rudimentären Brocken Japanisch und einigen englischen Wörtern können wir uns einigermaßen verständigen! Er führt mich durch die Tempelanlage, und es folgen die üblichen Rituale: Stempel, Kalligrafie, *o-settai** aus einer Abschrift des Herz-Sutras, Tee, Kuchen und eine Besichtigung des riesigen und in dieser Jahreszeit verlassenen *shukubo**. Er weist mir ein großes Zimmer zu, das mittels Schiebewänden in kleinere Räume unterteilt werden kann, und überlässt mir die Wahl unter einer Vielzahl von Duschen.

Erfrischt und erholt, bin ich um siebzehn Uhr bereit für die erlesene Abendzeremonie in einem wunderschönen Raum, dessen Deckengemälde und Mandalas an den Wänden eine wahre Augenweide sind und erhebend auf die Seele wirken. Die verhaltene Atmosphäre und die sanfte Beleuchtung verleihen diesem Ort eine starke spirituelle Dimension und laden zur Kontemplation ein. Ich atme den Duft des Weihrauchs, der sich innig und quasi liebevoll vermischt mit demjenigen der *tatami*-Matten. Auf Aufforderung des Mönchs streue ich drei Prisen Weihrauch über die glühende Kohle, die Rauchspiralen steigen als Opfergabe zu Buddha empor, und ich lasse den magischen Zauber der rezitierten Mantras auf mich wirken. Eine Passage aus »Die Antwort der Engel« kommt mir in den Sinn: »Das Lied, das eure Seele der Erde entlockt, ist nicht traurig und nicht froh, ist nicht viel und ist nicht wenig, es ist *ganz*.«[18] Nach Sanftmut und Harmonie, sei herzlich willkommen, Ganzheit!

Ich erinnere mich dabei auch an die von Marguerite Kardos im Forum 104 in Paris organisierten monatlichen Treffen, deren Lesungen, Meditationen und Betrachtungen über »Die Antwort der Engel« ich seit ein paar Monaten mit viel Freude und Anteilnahme verfolge. Das Buch enthält die Aufzeichnungen einer spirituellen Erfahrung von vier jungen ungarischen Menschen während der Schrecken des Zweiten Welt-

---

18 Gitta Mallasz, *Die Antwort der Engel*, Daimon Verlag 1981, S. 281.

kriegs. Eines Tages begann ihr innerer Meister, ihr Engel, zu ihnen zu sprechen, und über einen Zeitraum von siebzehn Monaten entspannen sich in einem Dialog von Fragen und Antworten 88 erleuchtende Gespräche, eine leidenschaftliche Hymne an das Leben. Die Parallele zwischen den 88 Tempeln des Pilgerwegs von Shikoku und den 88 Gesprächen macht mich betroffen. An Abenden voller Austausch wie diesem, die mich im Herzen nähren, finde ich Samen des Erwachens, Saatgut einer Wandlung auf meinem Weg, und dieser Kontakt mit den Tiefen meines Wesens führt mich zu größerer Erfüllung, zu mehr Verwirklichung und innerem Wachstum.

Zum Abschluss des feinen Abendessens, bei dem ich von der Köchin mit ausgesuchter Zuvorkommenheit bedient werde, wird mir eine zuckrige Süßigkeit gereicht: ein Mango- und Ananasgelee, auf dem in großen Buchstaben steht: *»When you eat this jelly, don't think, just feel!«* Nicht denken, nur fühlen. Das passt doch perfekt zu der Lehre, die sich allmählich in mir festsetzt, je länger ich in diesem Teil Asiens wandere. Den Kopf ausschalten, ganz und gar in der Erfahrung des gegenwärtigen Augenblicks leben, mit meinem ganzen Wesen und all meinen Sinnen.

Die letzten Sonnenstrahlen des Tages fallen auf die goldbraunen Dächer des Tempels, das Streiflicht lässt die Blumen aufflammen, das Heiligtum wird zu einem leuchtenden Sammelbecken. Ich bin ergriffen von der Poesie dieses Orts, der vibrierenden Dämmerung und der majestätischen Stille. Eine tiefe Dankbarkeit gegenüber dem wirkenden Leben, dem Lebendigen in mir und um mich herum, ergreift mich, ein immenser Wunsch, »Danke!« zu sagen. Ja, dem Leben sei Dank!

Erst eine Woche ist seit meiner Ankunft auf Shikoku vergangen, und dennoch habe ich in dieser verdichteten Zeit, in diesem erweiterten Raum bereits so viel erlebt! Ein wunderbares Abenteuer. Sanftheit, Harmonie und Ganzheit auf der ganzen Linie. Und dies ist erst der Anfang ...

9. Juli – Heitere Gelassenheit
Im warmen Dunst der Morgendämmerung nehme ich energiegeladen die acht zu weit marschierten Kilometer vom Vortag wieder unter die Füße. Dichter Verkehr herrscht auf der schmalen Straße, ein schier endloser Strom von Fahrzeugen begleitet meine Schritte, fährt haarscharf an meinem Rucksack vorbei, und ich muss höllisch aufpassen. Ich fühle mich zerbrechlich neben diesen dröhnenden Ungeheuern. Doch dann finde ich unvermittelt wieder das stille Glück eines Feldwegs, der sich durch ein Waldgebiet bis zu Tempel 20 emporwindet. Eine inzwischen vertraute kleine Holztafel in *kanji** hat mir den Weg zum Tempel gewiesen. Was für ein Genuss, auf einer nicht asphaltierten Straße den Kontakt zur Erde wiederherzustellen! Lichtstrahlen tanzen auf den schattigen Pfaden, und zahlreiche fantastisch anmutende Eidechsen in metallisch glänzenden Farben sowie die kleinen roten Krabben wieseln flink zwischen den hohen Kiefern und schlanken Bambusrohren hindurch. Als ich Tempel 20, Kakurin-ji (»Kranichwald«), auf einem Berggipfel auf 610 Metern Höhe nach einem *nansho*, einem der als besonders schwierig geltenden Wegstücke, erreiche, treffe ich auf eine Gruppe von Pilgern, die im Bus gekommen sind. Ihre inbrünstigen kollektiven Gebete erheben sich in den Himmel, und ich nehme teil, koste das aus und lasse die lebhaften Wellen tief in mich hineinströmen.

Dann führt mich mein Weg weiter durch ein grünes Tal, und in dessen Sohle folge ich dem Wasserlauf, der unter der sanften Berührung der Sonne glitzert. Ruhe und heitere Gelassenheit bestimmen diese Reise. Und auch Freude, zum Beispiel als ich Rae und Jerry in Tempel 21, dem Tempel des »Großen Drachen«, Tairyū-ji, wieder begegne.
»*Oh, Rae and Jerry, my dear henro* friends!*«
»*Oh, Marie, our henro* hero!*«
»*How are you?*«
»*So lots of up and down and so hot, hot, hot!*«
Ein wunderschöner Tempel! Ich nehme mir Zeit, um mich durchdringen zu lassen von den Schwingungen des Gongs, den ich am Eingang geschlagen habe, bin ergriffen von der Schönheit dieses Orts, der den Himmel berührt und die Wolken streift. Von dieser heiligen Stätte geht eine starke Energie und greifbare Gelassenheit aus, eine fühlbare Stärke und regenerierende Ruhe. Alles ist Harmonie: die Anordnung der Gebäude, die Eleganz der Blumenbeete, die Anmut der Bäume, die das Anwesen säumen. Mit Hochgenuss spaziere ich herum, alles lädt zur Kontemplation ein. Dieses gelungene Wechselspiel zwischen menschlichem Eingriff und natürlicher Ästhetik der Landschaft weckt in mir ein Gefühl des Gleichgewichts, das auf eine subtile Präsenz verweist, die mich um ein Vielfaches überragt. Es gibt Orte, an denen der Geist des Universums weht.
Ein junger *henro** um die zwanzig, der stolz seine violette *wagesa** um den Hals trägt, begrüßt mich fröhlich:
»*Eh! Malie-san!* – Hey, Marie!«
»*Radio Camino, konnichi wa*!* – Radio Camino, guten Tag!«
»*I saw you ... photograph ... Sudachikan.* – Ich habe dich gesehen ... Fotografie ... Sudachikan.«

Der junge Pilger fordert mich auf, ihm zu folgen, weil er mir in einem der Gebäude ein Deckengemälde zeigen möchte, das einen riesigen fliegenden Drachen darstellt. Er mimt und gestikuliert bei seinen Erläuterungen so leidenschaftlich, dass sogar ein paar Schweißtropfen auf seiner Stirn perlen, und ich verstehe, dass der Drache die innere Kraft des Menschen symbolisiert. Als mir der Kalligrafen-Mönch ein Papier überreicht, auf dem ein rot und golden geschmückter Drache seine Kraft entfaltet, fühle ich neuen Elan in meinen schmerzenden Muskeln.

Um siebzehn Uhr ist es Zeit, die letzte Seilbahn an diesem Tag zu nehmen, die mich zu meiner Unterkunft bringt. Die Abfahrt ins Tal hinunter ist schwindelerregend, aber von spektakulärer Schönheit. Uns umgeben nebelverhangene Berge, die den glitzernden Schein der Sonne auf ihrem Weg in andere Landstriche zurückwerfen. Eine Natur von ungeheurem Zauber!

»*Oh! Malie-san! Eeeh! Sugoi* ne!* – Oh! Marie! Hey! Das ist ja fantastisch!« Bei meiner Ankunft in einem für seine natürlichen heißen Quellen bekannten Hotel werde ich erneut von einem breit lächelnden *henro** angesprochen, denn auch er hat mich auf einem Foto im Sudachikan gesehen. Hier ist es in der Tat schwierig, nicht aufzufallen!

Mein Körper wird ganz matt durch die Dämpfe des geräumigen *onsen**, dessen große Wannen ich ganz für mich allein habe und sehr genieße. Danach speise ich mit vier japanischen Pilgern, die ihre Reise abwechselnd zu Fuß und im Taxi machen. In unsere gestärkten *yukata** gekleidet, vergeht dieser Abend ganz entspannt unter viel Gelächter und zahlreichen »*kampai!** – Zum Wohl!« bei jedem klingenden Anstoßen mit Asahi-Bier.

10. Juli – Pazifik

Beim Frühstück treffe ich meine fröhlichen Pilgerfreunde wieder, und wir fahren gemeinsam mit der Seilbahn zu Tempel 21 zurück, bevor wir nun zu Fuß zu Tempel 22 hinuntermarschieren, denn wir sind gute *aruki* henro**, die ihre Pilgerschaft ernst nehmen und den Weg nicht abkürzen. In der sanften Morgendämmerung bin ich so begeistert wie am Tag zuvor von dieser Landschaft, die sich zu meinen Füßen ausbreitet und den Blick einfängt. Die goldenen Bergrücken scheinen liebevoll den Himmel zu streicheln und vor Freude zu erglühen. Das ganze Tal ist in das sanfte Licht der aufgehenden Sonne getaucht, das die Umrisse hervortreten lässt und die vibrierende Schönheit der Welt sichtbar macht, als wollte es die Schöpfung ehren. Ich bin verzaubert von der Atmosphäre, die dieser Tempel ausstrahlt. Magisch angezogen von diesem Ort, nehme ich mir Zeit, um durch die zur Kontemplation einladende Anlage zu flanieren.

Der Weg führt anschließend steil abwärts in eine Talsohle, durch die ein smaragdblauer Fluss fließt. Meine Schritte passen sich der kristallinen Musik des klaren Wassers an. Sanft wogt das Licht im Unterholz zwischen eindrucksvollen Kiefern, spielt mit stolzen Hortensien und windet sich zwischen Büschen und Felsen hindurch. Eidechsen, deren Farben an das Übernatürliche grenzen, Insekten aller Art, darunter auch blutgierige Moskitos, schwatzhafte Affen und eine Menge Schlangen verleihen diesem Ort eine gewisse Arche-Noah-Atmosphäre.

In Gedanken entwerfe ich einen strukturierten Aktionsplan, spiele möglichst sachlich durch, was im Falle eines Schlangenbisses zu tun wäre. Ich möchte klarstellen, dass ich keine Ahnung habe, ob mein Plan wirklich funktionieren würde, aber egal: Statt in Angststarre zu verfallen, ist es beruhigend, mich mental auf den Notfall vorzubereiten. Selbst Indiana Jones hat Angst vor Schlangen! Erstens: Ruhig bleiben. (Ob ich das schaffe, weiß ich nicht, aber so ist der Plan ...) Zweitens: Abbinden der Körperstelle mit einem der Bandanas, die es am Straßenrand zu kaufen gibt, um die Ausbreitung des Gifts im Blutkreislauf zu verhindern. Drittens: Mit meinem Laguiole-Messer einen Einschnitt vornehmen, um das Gift herauszutreiben. Und schließlich: Mich so ruhig wie möglich auf den Weg zur nächsten Siedlung begeben, wo ich, notfalls auch mit Gesten und Zeichnungen, verständlich machen kann, was passiert ist, und entsprechend ärztlich versorgt werde.

In derartige Gedanken versunken, stehe ich unvermittelt vor drei Männern, die mit Gewehren bewaffnet auf mich zukommen. Was hat dieser ungewöhnliche und etwas einschüchternde militärische Aufmarsch in dieser Gegend zu bedeuten? Unter Aufbietung all ihrer mimischen Fähigkeiten geben mir die Männer zu verstehen, dass sie Affen jagen – was mich etwas irritiert. Erst später erfahre ich, dass die Affen hier die Reisfelder plündern, weil sie sich von dem wertvollen Grundnahrungsmittel ernähren. Als ich meinen Herkunftsort nenne, wirkt das wie ein Mantra auf die Männer und setzt wunderbare und bezaubernde Kräfte frei.

»*Ah, Palis, Palis!*«, wiederholen sie immer wieder, die Augen plötzlich so funkelnd wie der Schmuck in den Schaufenstern der Juweliergeschäfte an der Place Vendôme!

Byōdō-ji (»Gleichheit«), Tempel 22, empfängt mich mit ein paar steilen, hohen Stufen. Die körperliche Anstrengung, die dieser Pilgerweg erfordert, ist wirklich nicht zu unterschätzen. Die Tempel von Shikoku liegen fast immer auf einem Hügel oder Berggipfel, und man muss sich über zahllose Treppenstufen, manchmal bis zu 500, zu ihnen hinaufquälen. Meine Beine haben diese Herausforderung immer noch in lebhafter Erinnerung! Einige Pilger reisen deshalb abwechselnd zu Fuß und mit irgendwelchen Transportmitteln oder entscheiden sich für eine komplette Pilgerschaft mit dem Auto, dem Taxi, dem Fahrrad oder dem Motorrad. Die meisten japanischen Pilger machen eine organisierte Busreise. In einer Woche rund um die Insel!

Die Kalligrafin füllt meine Trinkflasche freigebig mit Eistee.

»Yoyaku suru dekimasu ka? – Könnten Sie bitte eine Reservierung für mich vornehmen?«

Sie bucht liebenswürdigerweise für mich ein Zimmer in einem *ryokan** in Tainohama Beach, das sie mir sehr empfiehlt. »Tainohama Beach« – allein der Name weckt Vorstellungen an eine Welt, die mit neuen Zaubern auf mich wartet. Das schimmernde Wasser des Pazifik, der weite glitzernde Sandstrand ... So viele Freuden stehen mir noch bevor! Ja, heute Abend bin ich mit dem Pazifischen Ozean verabredet! Ich fühle mich wie in fiebriger Erwartung, als hätte ich ein Rendezvous, von dem ich mir viel verspreche.

Auf der Suche nach etwas Erfrischung setze ich mich in einem kleinen Dorf kurz auf eine Bank im Schatten einer Tankstelle. Doch kaum habe ich mich hingesetzt, kommt aus dem Haus gegenüber ein etwa 85-jähriger Mann, der mich mit seinen hellen, lebhaften Augen anlächelt. Wo immer ich auftauche, errege ich Aufsehen! Der Mann setzt sich neben mich, und es entspinnt sich der übliche Fragenkatalog, den ich geduldig über mich ergehen lasse. Meine Antworten kann ich inzwischen fast auswendig aufsagen:

»*Watashi wa Marie desu.* – Mein Name ist Marie.«
»*Furansujin desu.* – Ich bin Französin.«
»*Paris kara kimashita.* – Ich komme aus Paris.«
»*Aruki* henro* desu.* – Ich bin zu Fuß auf Pilgerreise.«
»*Hitori.* – Ganz allein.« (Das unterstreiche ich mit einem nach oben gestreckten Zeigefinger.)
»*Atsui desu ne?* – Es ist heiß, nicht wahr?«

Ich verstehe, dass der alte Mann sehr stolz ist, zweimal den Pilgerweg von Shikoku gemacht zu haben, wenngleich im Auto. Ich biete ihm ein *fuda** an, was eine lebhafte und aufrichtige Gefühlsregung bei ihm auslöst. Der alte Mann verschwindet für einen Moment und kommt dann mit jeder Menge Fruchtgelees in fantastischen Farben zurück! Genau das, was ich brauche, um Energie zu tanken und weiterzumarschieren.

Der nahe Ozean kündigt sich bereits mit einem leichten Geruch von Algen und nassem Sand in der feuchten Luft an. Ich fühle seine Leben spendenden Energien in mir aufsteigen. Eine letzte Kurve, und unvermittelt breitet sich vor meinen geblendeten Augen die riesige glitzernde Wasserfläche aus, die von nun an über mehrere Hundert Kilometer meine treue Begleiterin sein wird. Verzauberung! Das Erwachen manifestiert sich mir in dem, was in diesem Moment vor meinen Augen liegt.

An diesem Abend falle ich in einem Labyrinth von Treppen und Gängen, die um einen zentralen Innenhof angeordnet sind, vom sanften Meeresrauschen gewiegt, in einen tiefen Schlaf.

11. Juli – Frieden

Ich erwache schon sehr früh. Ab fünf Uhr kitzeln die ersten Lichtstrahlen meine noch schlaftrunkenen Augenlider, und das *kokekokkō* eines Hahns (kein »Kikeriki«, denn hier krähen auch die Hähne auf Japanisch!) dringt an mein Ohr.

Rechter Fuß, linker Fuß, rechter Fuß, linker Fuß, dumpfes Klopfen meines Stocks auf dem Asphalt, leises Bimmeln des Glöckchens, rechter Fuß, linker Fuß, rechter Fuß, linker Fuß, dumpfes Klopfen meines Stocks auf dem Asphalt, leises Bimmeln des Glöckchens ... Ich lasse mich von dieser »Dreifuß«-Symphonie einlullen, die Augen auf den Horizont gerichtet, wo sich der blaue Himmel im Ozean verliert. Die Straße ist märchenhaft schön, das Meer eine prächtige Kulisse.

Dann treffe ich auf einen Fischer, der sichtlich erfreut ist, mir seinen Fang des Tages zu zeigen. Sein verwittertes Gesicht erzählt von einem Leben draußen auf See.

»*O-settai!*«*, sagt er und hält mir eine kleine, rostige Schere hin, mit der er die Fische zerlegt.

Es ist mir im Moment nicht klar, wozu ich diese Schere brauchen könnte, aber ein Geschenk lehnt man nicht ab. Eine Frau mit einem breitkrempigen Hut und einem langärmligen Kleid, das sie vor der Sonne schützen soll, ist mit ihrem Sohn und einem zutraulichen jungen Hund unterwegs und gesellt sich zu uns. Ich schenke allen ein *fuda**, das sie mir zurückgeben, nachdem sie gute Wünsche wie »*safe way*«, »*good day*« oder »*good job*« für mich daraufgeschrieben und noch ein paar Münzen dazugelegt haben, die ich beim nächsten Tempel niederlegen soll.

Als ich mich wieder auf den Weg mache, wiegt mein Rucksack ein paar Gramm mehr, aber vor allem mein Herz ist erfüllt von diesen strahlenden Begegnungen. Auch wenn ein

Treffen nur kurz dauert, öffnet sich mein Herz durch die geteilte Erfahrung. Du und ich, wir sind eins ... Du und ich, wir sind Träger desselben unteilbaren Menschseins. Ich erkenne diese gemeinsame Identität an, die uns beseelt und uns innewohnt. Unsichtbare Maschen, aus denen das Tuch unseres Daseins auf dem Teppich des Lebens gewoben wird. Meine Seele grüßt deine Seele und erkennt in dir, was auch in mir selbst ist, diesen Raum, der uns gemein ist. Du bist ein anderer Teil von mir, und ich bin ein anderer Teil von dir. Derselbe Ausdruck des Lebens. Die Menschheit ist eins. Gemeinschaft aller Lebewesen.

Rechter Fuß, linker Fuß, tock, pling ...
»Marie, Marie!«
Mein permanenter Tanz zwischen der Konzentration auf die körperliche Anstrengung und dem Abschweifen durch den inneren Dialog wird durch den Ruf meiner lieben taiwanesischen Freunde unvermittelt unterbrochen. Der Fischer von heute Morgen hat sie informiert, dass ich vorbeigekommen bin. Radio Camino! Was für eine Freude, sie wiederzusehen und mich mit ihnen über unsere jeweiligen Abenteuer auszutauschen, zu wetteifern, wem die meisten Schlangen über den Weg gekrochen sind! An der Küste, wo die Schildkröten gerade in Scharen ihre Eier ablegen, trennen sich unsere Wege schließlich wieder.

Eine drückende Hitze liegt über dem Land. Als ich um elf Uhr bei Tempel 23, Yakuō-ji (»König der Medizin«), ankomme, zeigt das Thermometer bereits 38 Grad Celsius im Schatten. Die Aussicht von diesem Tempel hoch über der Ebene, die sich bis zu den fernen Bergen erstreckt, ist herrlich. Hierher kommen die Pilger, um Unheil für das im buddhistischen Kalender als ungünstig erachtete Alter abzuwenden, nämlich 42 Jahre für die Männer und 33 Jahre für die Frauen. Dazu steigen die Männer eine Treppe mit 42 Stufen und die Frauen eine Treppe mit 33 Stufen hinauf und legen dabei eine Münze auf jede Stufe, die zum *hondō** und dem *daishidō** führt. Kūkai selbst soll im Alter von 42 Jahren diesen Tempel besucht haben. Dieser Kūkai hat etwas rührend Menschliches.

Im Tempel stoße ich auf eine sympathische Deutsche, die als Japan-Liebhaberin bereits vor 25 Jahren schon einmal hier war. Wehmütig erzählt sie mir von den vielen Veränderungen, die zu ihrer Enttäuschung in der Zwischenzeit stattgefunden haben: Die kleine, traditionelle Esplanade musste einem großen Einkaufszentrum weichen, der damals leere Raum wurde mit einer Vielzahl von Wohnhäusern bebaut usw.

Rechter Fuß, linker Fuß, rechter Fuß, linker Fuß, die süße Melodie meines Wanderstocks auf dem Asphalt, das Bimmeln des Glöckchens, das Brummen der Lkws auf der Route 55. Als ich mir bei der Baustelle eines Hotels eine Pause gönne, bringt man mir ganz spontan einen Stuhl und frische Getränke, begleitet von einem aufrichtigen, offenen Lächeln, direkt aus der Tiefe des Herzens steigend. Ja, du und ich, wir sind eins … Miteinander verbunden durch eine Vielzahl mysteriöser Fäden in dem großen Welten- und Zeitenteppich. Die weisen Worte von Martin Luther King kommen mir in den Sinn: »Wir müssen lernen, als Brüder miteinander zu leben, sonst werden wir als Narren untergehen.«

Der Weg ist noch lang bis zum Hafen von Mugi, und die Angaben auf meiner Landkarte sind äußerst ungenau … Ich halte an und frage in einem Geschäft nach dem Weg, worauf mir vier Personen mithilfe einer Menge Fotokopien und kommentierter Zeichnungen hochpräzise Informationen liefern. Du und ich, wir sind eins, das wiederkehrende Motto dieses Pilgerwegs. Aber die fortgeschrittene Uhrzeit beunruhigt meine Helfer, sie geben mir zu verstehen, dass ich möglicherweise zu spät komme, um noch die letzte Fähre zur Insel Tebajima zu erwischen, wo ich für die Nacht erwartet werde.

Es ist in der Tat bereits nach siebzehn Uhr, als ich im Laufschritt am Hafen von Mugi ankomme, gerade noch rechtzeitig, um zu dem aus dem Meer ragenden felsigen Eiland überzusetzen. An der Schiffsanlegestelle wartet bereits Kazuhiko, ein 52-jähriger athletischer Surfer, und empfängt mich mit einem breiten Lächeln. Seine langen grauen Haare sind zu einem Pferdeschwanz zusammengebunden, seine Haut ist sonnengegerbt wie bei allen Menschen, die tagein, tagaus am Wasser leben, und in seinem Blick spiegelt sich die Weite des Ozeans. Ich folge seiner schlanken und anmutigen Gestalt bis zu einem gelben Haus unmittelbar am Meeresufer, mit Blick auf den Hafen. Es erinnert an das von Maxime Le Forestier besungene »blaue Haus auf dem Hügel«, das man »zu Fuß erreicht«, wo man »nicht anklopft, denn wer dort lebt, hat den Schlüssel weggeworfen«. Aha, noch eine Schlüssel-Geschichte. Sehr interessant, dieser Pilgerweg!

Kazuhikos Haus besteht aus einem großen Raum mit spärlichem, aber vielseitig nutzbarem Mobiliar, wie es in der japanischen Tradition üblich ist: Küche, Schlafzimmer und Wohnzimmer in einem. Unter mir *tatami*-Matten auf dem Fußboden und über mir Surfbretter an der Decke – so verbringe ich die zwei folgenden Nächte.

Ich verlebe einen wunderschönen Abend mit Kazuhiko und zwei jungen Frauen aus Taiwan, die zwei Wochen bei ihm zu Besuch sind, nach dem Prinzip des *woofing* (kostenlose Unterkunft gegen eine Mithilfe bei den täglich anfallenden Arbeiten), und weiß gar nicht, wie ich dieses kleine Paradies demnächst schon wieder verlassen soll, wo sich die Brandung des Ozeans vermischt mit der Lebensfreude und dem ansteckenden Lachen von Kazuhiko, den Klängen seiner Gitarre, der Mundharmonika und seiner warmen Stimme. In Gesellschaft von Shanti, dem weißen Haushund, der prima zu der ebenfalls komplett weißen Katze passt, fühle ich mich sehr wohl, denn trotz der Märsche unter der brennenden Sonne bin ich noch ein richtiges Bleichgesicht. *Shanti, Shalom, Peace* sind die klingenden Namen dieses Orts! Tiefes Wohlbefinden und innere Einkehr.

12. Juli – Lass es gut sein!
Ich bin glücklich, mich heute einfach nur auszuruhen und die Seele baumeln zu lassen in dieser zauberhaften Umgebung, durchdrungen von der positiven Energie derer, die hier leben. Schon früh am Morgen kommt mir der Blick durch das Küchenfenster vor wie die Fata Morgana eines alltäglichen Glücks: der Ozean, so weit das Auge reicht.

Ich darf einer Surf-Session mit Kazuhiko und Manami, einer seiner Freundinnen, beiwohnen. Anmutig gleiten sie auf ihren Surfbrettern dahin, und von ihrem geschickten, eleganten Auf und Ab in den hohen Wellen lasse ich mich forttragen zum rhythmischen Atem des Ozeans! Ein schönes Zusammenspiel von Mensch und Natur. Mit Genuss tauche ich in das kühle Wasser des Pazifik ein und fühle, wie mein

Körper sich schwerelos von der Brandung des Ozeans tragen lässt! Das regt meine Fantasie an, und eine neue Landschaft entfaltet sich vor meinem geistigen Auge. Die berühmten Kunstdrucke von Hokusai, dem großen japanischen Maler und unangefochtenen Meister der Wellendarstellung, legen sich über das Bild, das vor mir in Bewegung ist, entrücken mich in Träumereien voller Anmut.

Der Abend ist wieder angefüllt mit Musik und Gesang, ich erhalte zudem von Manami eine fröhliche Einführung in den hawaiianischen Hulatanz. Auch das ist ein wunderbarer Moment, der uns einander näherbringt, in dem die Einheit zwischen uns greifbar wird. Die Worte aus *Let it be* von den Beatles klingen wie eine eindringliche Aufforderung, die unsere fünf gemischten Stimmen ertönen lassen, eine lebendige Musik, deren Instrument nichts anderes ist als das Herz selbst. Ja, *let it be, let it be* …: Noch nie ist mir dieses Motto so stimmig vorgekommen wie an diesem Abend.

In der milden Sommernacht tauche ich in das Himmelsgewölbe ein und atme die Freude, am Leben zu sein, das Leben in mir zu fühlen, um mich herum, dieses gemeinsame Pulsieren, belebt durch den Atem der Schöpfung. Ein Moment der Ganzheit, einer »dieser seltenen Momente, in denen man überall glücklich ist«[19].

---

19 Jules Renard, *6 septembre 1897*, *Journal*, François Bernouard 1927.

13. Juli – Wonnen
Und wieder ist es Zeit zu gehen. Ich verabschiede mich schweren Herzens von meinen Gastgebern, und es tut mir in der Seele weh, dass ich diese kleine Insel des Paradieses auf Erden verlassen muss, auf der ein einfaches und strahlendes Glück herrscht. Nicolas Bouvier hat diesen Seelenzustand sehr schön zusammengefasst: »Reisen bedeutet, sich an etwas zu binden und sich dann wieder loszureißen.« Wir sind alle drei sichtbar gerührt. Kazuhiko zieht mich an sich und umarmt mich, Manami tut es ihm gleich. Das Schiff läuft aus, und ich sehe die beiden langsam entschwinden, meine Freunde weniger Stunden, die mir zuwinken, bis ihre Gesichter verschwimmen, je mehr sich die schäumenden Wellen zwischen uns schieben.

Zurück im Hafen von Mugi stehe ich wieder auf der wunderschönen Route 55, die an der Ozeanküste entlang verläuft, so weit das Auge reicht. Während mehrerer Marschkilometer schaue ich immer wieder hinüber zu den Umrissen der Insel Tebajima, ich fühle mich ihr weiter verbunden, nicht nur durch den Anblick, sondern auch durch das Anhören unserer Aufnahmen vom Vortag – auch das eine Anteilnahme an der Melodie der Welt, eine Art proustsche Madeleine, angefüllt mit starken Emotionen. Und sogar als die Insel am Horizont verschwindet, bleibt das Herzensband immer noch sehr lebendig und verflüchtigt sich nicht im Limbus des Vergessens.

Rechter Fuß, linker Fuß, rechter Fuß, linker Fuß, tock, das dumpfe Aufprallen meines Stocks auf dem Asphalt, pling, das helle Bimmeln der Glocke ... Die Straße ist schön. Der Ozean, majestätische offene Fülle, zieht meinen Blick magnetisch an. Ich schaue zu, wie der Meerschaum sich bewegt, wie ein Tanz, den die Natur dem vorüberziehenden Menschen großzügig darbietet. Ich atme ein und aus im Rhythmus des Ozeans, der vor meinen Augen atmet und seufzt. Der Strand verschwindet allmählich hinter Betondämmen, die die Dorfbewohner vor der permanenten Bedrohung der gefürchteten Flutwellen schützen sollen. Überall stößt man auf Hinweisschilder, die im Falle eines Tsunamis, wenn das Meer mit Macht über das Land hereinbricht, den Weg zu Zufluchtsorten anzeigen. Doch heute macht der Pazifik seinem Namen alle Ehre. Wenn man dem friedlichen Plätschern des Wassers zuhört und die Ruhe spürt, die von diesem Element ausgeht, kann man sich nur schwer vorstellen, mit welcher Wucht die Wellen gegen das Ufer peitschen können und welche zerstörerische Kraft der Brandung innewohnen kann. Als wäre sie ein Abbild des Menschen, der in seinem Schoß ein Lamm ebenso wie einen Drachen trägt, das Beste ebenso wie das Schlechteste, eine unabänderliche Herzensruhe ebenso wie eine entfesselte Leidenschaft, einen tiefen Frieden ebenso wie einen heftigen Gewaltausbruch.

Die Straße weicht allmählich einer Postkartenlandschaft: ein idyllischer Sandstrand mit Bars, Geschäften, hippen Surfern, die auf die große Welle warten. Ich fühle mich seltsam in meiner Pilgerkleidung, als stammte ich aus einer anderen Zeit und einer anderen Welt.

Den ganzen Tag werde ich mit *o-settai** beschenkt: Tee, Kaffee, Süßigkeiten und sogar ein im Kühlschrank aufbewahrtes nasses Handtuch, damit ich mein Gesicht erfrischen kann. Ich komme mir vor, als würde ich in einer unerschöpflichen Quelle von Brüderlichkeit baden. Wie viele freundlich ausgestreckte Hände, wie viele warmherzige Worte! Ein Fischer auf einem Motorrad hält am Straßenrand an und ermutigt mich:

»*Ganbatte kudasai! Ki o tsukete!*« – Viel Glück! Seien Sie vorsichtig!«

»*Arigatō gozaimasu!*« – Vielen Dank!«

Er fährt weiter, kommt jedoch sogar noch einmal zurück, um mir eine Flasche mit frischem Tee und Kuchen zu bringen. Du und ich, wir sind eins ... Als ob jede Begegnung ein stiller Segen wäre, der zum Inbegriff des Menschseins führt. Wie viel Güte! Wenn »im Reich des Himalaja der Wanderer ein Prinz, eine Gottheit, ein kleiner Vishnu ist«[20], dann ist im Reich des heiligen Berges Fuji der Pilger sicherlich ein Herrscher, eine Gottheit und ein kleiner Buddha!

Gegen Ende des Tages mache ich halt in einem Café, wo ich Aki wiedersehe, eine Freundin von Kazuhiko, die so freundlich ist und mir heute Nacht Unterkunft gewährt. Aki und ihr dreizehn Jahre alter Sohn sind vor zwölf Monaten nach Shishikui gezogen, um von Nordjapan und dem nahe gelegenen Fukushima wegzukommen. Seit Kurzem wohnen sie in einem charmanten kleinen Haus, wo sie mich in einer herzlichen und entspannten Atmosphäre willkommen heißen. Der heutige Abend ist einem gemeinsamen und fröhlichen Sprachkurs gewidmet: Der hübsche Junge macht sich mit schelmischer Miene einen Spaß daraus, ein paar französische Worte auszusprechen, die ich ihm vorsage, dann wiederum lässt er mich japanische Sätze nachsprechen und amüsiert sich köstlich über meinen Akzent, obwohl ich mir alle Mühe gebe.

In dem Zimmer, das man mir großzügig überlässt, ist die Hitze so drückend, dass ich nachts kein Auge schließen kann.

---

20 Jacques Lanzmann, *Fou de la marche*, Robert Laffont 1985.

Die sich drehenden Rotorblätter des Ventilators schaffen nur einen lauen Luftstrom, in dem Mückenschwärme die ganze Nacht wilde Choreografien aufführen. Meine Haut wird zur Tanzfläche für die durstigen Blutsauger, und ich sehe am anderen Morgen aus wie eine Discokugel ... Für einen 14. Juli scheint mir das recht passend!

Zweiter Teil

DER SCHLÜSSEL ZUR LEICHTIGKEIT

Tempel 24 bis 39 – Der Weg der Disziplin, 修行
Tosa (heutige Präfektur Kōchi)

Durch Entwurzelung, Bereitschaft, Risiken und Mittellosigkeit den Zugang zu diesen privilegierten Orten zu finden, wo die kleinsten Dinge ihre volle, eigenständige Existenz wiederfinden.

Nicolas Bouvier

5

Schule unter freiem Himmel

14. Juli – Loslösung
Es ist irgendwie schon kurios, dass ich genau am französischen Nationalfeiertag den beeindruckenden Weg der Disziplin erreiche, wo Strenge und Rückzug von der Welt für mich ihren Höhepunkt bilden. Heute beschreiten meine Füße diesen neuen Streckenabschnitt auf der Reise zu Tempel 88. Ich verbinde damit einen Weg der Läuterung eines fiktiven Ichs, das, gleichsam durch die Wanderung gereinigt, zu seiner Quintessenz gelangt.

Ein Weg der Emanzipation von den Automatismen meiner Gedanken, der Befreiung von den Giften und all der Verschmutzung, die sich in meinem Kopf angesammelt haben. Eine Loslösung von meinen Barrieren, meinen Erwartungen, meinen Funktionsmustern, meiner Unterwerfung unter die gesellschaftlichen Verhaltensregeln, von allen Zwangsjacken, die mich einengen, von meinen Sicherheiten, meinen Denkweisen, den Prägungen, die durch die Traditionen in mir stattgefunden haben, meiner Unterwerfung unter eine festgelegte Identität. Eine Etappe der Befreiung von meinen Ängsten, meinen Hemmungen, den Erinnerungen, die manchmal an meiner Stelle für mich sprechen, von der »Unruhe« meiner

Seele (um einen Ausdruck von Fernando Pessoa zu zitieren), von meinen leidenschaftlichen, lebendigen, emotionalen Regungen und von den Launen, die mich beherrschen. Eine Etappe, die mich von meinen Gefängnissen befreien und bei der ich die klebrig zähe Last des Ego abwerfen, den Geist schärfen und ihm höhere Bewusstseinsebenen eröffnen soll. Ich möchte die festgefahrenen Wege verlassen, die mich vom Leben abschneiden, mich vom irreführenden Geist lösen und den Kopf ins Herz hinabsteigen lassen.

In Japan ist es üblich, beim Betreten eines Hauses stets die Schuhe auszuziehen. Wie wäre es, wenn man nicht nur das Schuhwerk, sondern überhaupt alles ablegen würde, womit man durchs Leben schreitet? Wir sollten vielleicht das »Kettenhemd« abstreifen, das uns erstickt und uns gefangen hält, mehr noch, alle unsere trügerischen Wunschvorstellungen über Bord werfen. Ist das etwa die Erfahrung der Disziplin? Sich aufnahmebereit zu machen? Mehr und mehr loszulassen? Wie ein Entwicklungsabschnitt, bei dem der Geist sich von seinen Banden löst und der Körper von seinen Trägheiten. Zu immer größerer Vervollkommnung seiner Individualität und innerem Frieden für ein intensiver gelebtes Leben. Ein Weg zur Freiheit?

Kōchi-ken, die Präfektur Kōchi, gilt als eine der wildesten Gegenden Japans. Obwohl in dieser Region nur sechzehn von 88 Tempeln des Pilgerwegs stehen, umfasst sie doch mehr als ein Drittel der Wegstrecke, denn der Pfad folgt der Pazifikküste zwischen den Kaps Muroto-misaki und Ashizuri-misaki.

Die wellenumtosten Küsten, der Betondamm, der den Strand vom Meer trennt, sowie die Anzeigetafeln, die auf Unterstände im Fall eines Tsunamis hinweisen, erinnern überall an die Bedrohung durch den Unmut des Meeres. Jede neue Bekanntschaft warnt mich immer wieder vor den verheerenden Taifunen, die zu dieser Jahreszeit mit Macht über den Archipel fegen.

Das alles trägt dazu bei, mein kleines Ich erneut mit Demut zu erfüllen angesichts dieser majestätischen Natur und ihrer Elemente, die so entfesselt werden können. Erdbeben, Sturmfluten, Taifune, Vulkanausbrüche, eine ganze Reihe möglicher Naturkatastrophen. Jeder Anspruch, jede großspurige Eitelkeit oder stolze Überheblichkeit verpuffen schlagartig angesichts dieser gewaltigen Kraft aus dem Himmel oder dem Schoß der Erde.

Die feuchte Hitze macht mir zu schaffen, Schweiß tropft ohne Unterlass von meiner Stirn. Meine Schläfen dröhnen im Einklang mit dem dumpfen Stoß meines Stocks auf den Boden. Der Weg kommt mir vor wie ein nicht enden wollender Flur, und die Strecke entlang der Küste macht mich benommen in ihrer Monotonie. Die Gurte meines Rucksacks scheuern schrecklich, und die quälenden Schulterschmerzen werden immer schlimmer. Außerdem macht sich ein akuter Kreuzschmerz bemerkbar. Ich wandere von einer Bucht zur nächsten, kann mich aber auf der Karte nicht orientieren und habe das Gefühl, überhaupt nicht vorwärtszukommen … Diese Erschwernisse sind wie lauter kleine, vereinzelte Quälgeister, die sich allerdings durch die andauernde Wiederholung und Häufung in regelrechte Scheusale verwandeln und nun in meinem Inneren toben.

Je zäher es wird und je mehr ich bei jedem Schritt auf dieser sich unendlich dahinziehenden Route schmerzlich das Gesicht verziehe, bestürmen mich Gedanken, die in meinem Kopf toben und mich zum Kern meines Seins führen.

Als ob eine andere Realität durch die fortschreitende Zersetzung innerer Widerstände und Ablagerungen freigelegt würde.

Der Tag wird von einer ungewöhnlichen Begegnung geprägt, bei der wohl der heilige Jakob seine Hand im Spiel hatte: Meine Schritte kreuzen doch tatsächlich den Weg einer jungen Pilgerin, die demnächst nach Madrid fliegen wird.
»*In a few days … me … Saint-Jacques, Finisterre, Muxia.*«
»*Heeey! Sugoi* ne!* – Hey! Das ist fantastisch!«
»*Buen camino!* – Alles Gute unterwegs!«
Nach diesen surrealistisch anmutenden Worten im Fernen Osten trennen sich unsere Wege wieder. Das Leben ist schon lustig! Der heilige Jakob und Kūkai scheinen sich die Hände zu reichen und in gegenseitigem Einvernehmen den ganzen Planeten zu umarmen.

Den ganzen Tag über halten immer wieder Autos neben mir, und die Fahrer laden mich beharrlich ein, doch zu ihnen in den Wagen zu steigen, während sie mir zu verstehen geben, dass der nächste Ort noch sehr, sehr weit weg ist und es davor weder Automaten noch *konbini** gibt, diese Minimarkets, die sonst an jeder Straßenecke zu finden sind. Jedes Mal lehne ich mit einer höflichen Handbewegung ab und lächle angesichts der großen verwunderten Augen, in denen man auch tiefes Mitleid lesen kann.
»*Dōmo arigatō gozaimasu*, aruki* henro*!* – Vielen Dank, ich pilgere zu Fuß!«

Rechter Fuß, linker Fuß, tock, pling … Der tägliche Sound meines Pilgerinnendaseins.

Ich muss gestehen, dass ich dann doch sehr glücklich bin, als ich die Ozaki Lodge erreiche, ein wunderbar klingender Name für meine Herberge, wo man mich mit Charme, Raffinesse und Aufmerksamkeit empfängt. Die Quartiere auf Shikoku sind im Allgemeinen stets tadellos sauber, gepflegt und werden mit großer Höflichkeit geführt. Im Gegensatz zu manchen Etablissements auf dem Jakobsweg, an die ich mich noch mit Schaudern erinnere, wo die Beliebtheit des Pilgerwegs zuweilen die Gier von skrupellosen Wirten schürt, denen es an Respekt vor den Pilgern mangelt und die in ihnen nur eine verlockende Einnahmequelle sehen.

Ich verbringe das Abendessen in Gesellschaft von zwei *henro**, die jedes Jahr einen Abschnitt des Pilgerwegs zurücklegen, einer Pilgerin aus Hokkaidō, die den ganzen Weg auf einmal erwandert, und einer weiteren jungen Frau aus Kyōto, die drei Tage auf Shikoku pilgern will. Es entspinnt sich eine rege Unterhaltung auf Japanisch. Die Sprachbarriere verhindert, dass ich am Gespräch teilnehmen kann, aber ich fühle mich dennoch nicht ausgeschlossen. Und ich verstehe aufgrund der ausdrucksstarken Mimik, dass über den schmerzhaften Anstieg hinauf zum berüchtigten Tempel 12 gesprochen wird, ein denkwürdiges Erlebnis für alle, die auf den Spuren Kūkais wandeln. Du und ich, wir sind eins … Ausdruck einer Menschlichkeit jenseits von Grenzen und Unterschieden. Dein Leid ist mein Leid, deine Freude ist meine Freude, deine Erschöpfung ist meine Erschöpfung, dein Glück ist mein Glück, alles ist eins … Du und ich, wir sitzen im selben Boot, befinden uns in einem gemeinsamen Abenteuer. Ein Unrecht, das man dir antut, ist ein Unrecht gegen mich. Ein Akt der Brüderlichkeit dir gegenüber rührt auch mich. Alles, was dir passiert, betrifft mich ebenfalls. Dein Schicksal ist innig mit meinem verbunden. Das Leben ist ein Gemeinschaftswerk. Jeder trägt die volle Verantwortung für den Nächsten. Während ich beobachte, wie der Mond aufgeht und sein Licht auf dem Spiegel des Ozeans tanzen lässt, denke ich an die traditionelle japanische Art, eine Mahlzeit mit einem *itadakimasu* zu segnen, mit verschränkten Händen über den Speisen, die dargeboten werden. *Itadakimasu* bedeutet wortwörtlich »ich empfange«: Ich empfange die Früchte dieser Erde, die Früchte der Arbeit von Menschen, dieses Geschenk einer großen Macht, die am Werk ist. Dankbarkeit erfüllt mich für dieses Abenteuer, das mich mit so vielen Wundern überhäuft!

15. Juli – Auf dem Pfad des Herzens

»Tock, tock, tock ...«

Mein tiefer Schlaf und meine kuscheligen Träume werden um 5.30 Uhr durch ein leises Klopfen an meiner Tür unterbrochen, mit dem man mir mitteilt, dass das Frühstück serviert ist. Uups, ich hatte 6.30 Uhr verstanden. Meine drei Worte Japanisch sind noch weit davon entfernt, den subtilen Anforderungen des Alltags zu genügen. Aber das macht nichts, meine Pilgerkluft ist schnell übergestreift – schon bin ich fertig, und angesichts der Köstlichkeiten auf dem Frühstückstisch, bestehend aus Fischen aller Art, Suppe, Gemüse, Reis und anderen Speisen, die ich noch nicht identifiziert habe, die aber sehr lecker aussehen, sind meine Augen ganz schnell offen und hellwach.

Mit Freude sehe ich, dass auch Tsui-Dje wieder da ist, die Pilgerin aus Hokkaidō, die wie ich den vollständigen Weg der 88 Tempel zurücklegen will und meine unbeholfenen Gesten am vergangenen Abend aufmerksam verfolgt hat. Und so brechen wir an diesem Morgen gemeinsam auf. Sie spricht kein einziges Wort Englisch, und auf den ersten Kilometern wandern wir Seite an Seite in einträchtigem Schweigen, dem wertvollen Band einer sich anbahnenden Freundschaft. Meine Weggefährtin wirft mir regelmäßig kurze Blicke zu, zu denen sich eine immer fröhlichere Miene gesellt. Die Blicke fragen, ein Lächeln gibt die Antwort. Je mehr sich unsere Schritte in einem gemeinsamen Takt einspielen, desto mehr weicht die anfängliche Neugier einem aufrichtigen Gefühl der Verbundenheit. Ich genieße dieses Wunder der natürlichen Verständigung jenseits der Worte. Keine Spuren unnötigen Geschwätzes, sondern eine wahrhaftige Kommunikation in Anerkennung unseres gemeinsamen Ursprungs. Das schlichte Glück, einfach zusammen da zu sein.

Zwischen uns ist alles klar und im Fluss. Wir sind Weggefährtinnen, aber auch Schwestern in einer wesentlich weiter führenden Reise, und ich spüre eine andere Präsenz zwischen uns aufkommen, die wesentlich größer ist als wir beide.

Unsere Wege trennen sich nach einer Rast an der Mikurodo-Höhle, einer der höchstgelegenen Stationen des Pilgerwegs, wo meine Reisegefährtin innig betet. Kūkai soll dort mit neunzehn Jahren, kurz vor seiner Abreise nach China und nachdem er offiziell zum Mönch geweiht worden war, erleuchtet worden sein. Der Blick aus dem Inneren der Höhle auf den Himmel und das Meer soll ihn auch zu dem Namen inspiriert haben, den er daraufhin angenommen hat: gebildet aus den Zeichen *kū* für »Himmel« und *kai* für »Meer«, die als »Ozean der Leere« zusammengefasst werden.

Die Route 55 zieht sich, so weit das Auge reicht ... Links der Ozean und rechts die Asphaltpiste mit Motorengebrumm ... Rechter Fuß, linker Fuß, tock, pling ... Tempel 24, Hotsumisaki-ji (»Äußerstes Kap«), Begrüßung am Eingang, tiefer Gongschlag, *hondō**, Kerze, Weihrauch, Herz-Sutra, fromme Wünsche auf dem *fuda**, *daishidō**, Kerze, Weihrauch, Herz-Sutra, fromme Wünsche auf dem *fuda**, Kalligrafiebüro. Rechter Fuß, linker Fuß ... Es folgt ein anstrengender Anstieg auf einem Pfad, der sich durchs Unterholz schlängelt, zu Tempel 25, Shinshō-ji (»Funkelnder Hafen«), wo eine steile Treppe auf die nächste folgt. Wiederholung der pflichtbewussten Abfolge der Rituale, die mir inzwischen in Fleisch und Blut übergegangen sind. Dann geht es weiter auf der Route 55 ... Tock, pling ... Und immer noch die Route 55.

Der Schatten eines Garagenvordachs lädt mich zu einer Siesta ein, so bin ich auch vor den Regentropfen geschützt, die jetzt aus dem bleigrauen Himmel herabperlen. Aus einem Nachbarhaus kommt eine junge Frau mit ihrem Sohn zu mir, sie drücken mir schüchtern frische Getränke und einen Regenschirm in die Hand. So viele rührende Gesten der Großzügigkeit und der Demut. So viele Bekundungen einer vorbehaltlosen Liebe, leicht wie eine Sommerbrise, die den Alltag in ein Königreich verwandeln, in dem das Leben süß ist.

Endlich erhebt sich Tempel 26, Kongōchō-ji (»Emaillegipfel«), der offizielle Tempel für Gebete um Frieden und die Sicherheit der Nation, vor mir. In all seiner Größe thront er über der Bucht. Der Ort ist verlassen. Beim Herumstreifen treffe ich auf einen Mönch, der mir den *shukubo** zeigt, in dem tiefe Stille herrscht. Als ich gerade ein heißes Bad in den Dampfschwaden des *onsen** genieße, geht die Tür auf. Voller

Freude blicke ich in das strahlende Gesicht von Tsui-Dje. Wir sind heute die einzigen Gäste dieses Ortes.

Bei einer fantastischen Aussicht mit Blick bis zum Kap Muroto verspeisen wir ein Abendessen, das eines Sternekochs würdig wäre. In einer Vielzahl von bunt schillernden Schälchen und Förmchen stehen dicht an dicht mit allergrößter Sorgfalt zubereitete Gemüsesorten, gegrillte Fische, *sashimi*, verschiedene Sorten Tofu, Suppe, Reis und andere Speisen, die meine westlich geschulten Sinne nicht identifizieren können. Schon fürs Auge ist die Mahlzeit ein Genuss. Die extrem raffinierten Gerichte entfalten im Mund eine facettenreiche Geschmackspalette in feinsten Abstufungen, zarte Aromen beschenken unsere erwachenden Sinne. Wir beschließen das Essen mit einem dankbaren »*gochisōsama*«, diesem höflichen Segensspruch, der üblicherweise zum Abschluss eines Essens gesagt wird.

Die Sonne geht unter und macht einem hell schimmernden Mond Platz. Mir fallen vor Müdigkeit schon fast die Augen zu, doch ich zwinge mich, meinen täglichen Bericht in mein Reisetagebuch zu schreiben, als in der Tür Tsui-Dje erscheint, die scheu neben mir Platz nimmt, um die Weite des Ozeans zu bewundern. Während die Sommernacht sanft in Schlummer verfällt, spüre ich, wie die Müdigkeit mich zu überwältigen droht, doch Tsui-Dje gibt mir zu verstehen, dass ich unbedingt die Augen offen halten soll, ohne dass ich erkennen kann, warum. Schweigend bleiben wir also nebeneinander sitzen, unsere Blicke umarmen die fantastische, in Dunkelheit getauchte Aussicht, und wir bewundern die funkelnden Sterne, gleich strahlenden Himmelsdiamanten. Und plötzlich die Überraschung: Punkt zwanzig Uhr explodiert der Himmel in einem pyrotechnischen Lichterzauber, ein

Feuerwerk zu Ehren des *Umi no Hi*, des Meeresfestes, das immer am dritten Montag im Juli begangen wird. Staunende »Oh!« und »Ah!« kommen uns über die Lippen und erfüllen den Raum mit unserer gemeinsamen Freude.

Gedanke des Abends: »Das Glück liegt nicht im Ziel der Reise, sondern in den Blumen, die man am Wegrand beschnuppert« (chinesisches Sprichwort).

16. Juli – Lebendige Spiritualität

Morgens sitzen Tsui-Dje und ich uns wieder gegenüber und gönnen uns ein reichhaltiges Frühstück. Es wird von einer Köchin zubereitet, die regelmäßig nachfragt, ob es uns auch mundet. Unsere mehr als strahlenden Gesichter scheinen sie zu beruhigen, ja, sie gestattet sich sogar ein zufriedenes Lachen. Der Sonnenaufgang dieses neuen Tages mit dem dunstig verschleierten Horizont verleiht dem Ausblick über das Meer einen geheimnisvollen Anstrich. Die Landschaft überwältigt mich. Das Firmament scheint nach dem gestrigen Himmelsfest sanft aus dem Schlaf zu erwachen.

Wir nehmen unseren Weg wieder auf, der sich durch das Unterholz im Schatten windet, ehe er wieder auf die Route 55 führt. Ich wiederhole die unbekannten Worte, die meine Gefährtin mir beizubringen versucht, und ich erweitere mein japanisches Musikrepertoire um das berühmte Lied *Sukiyaki* von Kyū Sakamoto. Dieser Song, der in den 1960er-Jahren nicht nur in Japan, sondern auch in den USA ein Hit war, begleitet uns mit seiner melancholischen Melodie, die perfekt zum friedlichen Rollen des Ozeans passt.

Tsui-Dje, die sehr stark im animistischen Shintō-Kult verwurzelt ist, rührt mich durch ihre Sensibilität, ihre Spiritualität, die sich in ihrer Haltung der Welt gegenüber, widerspiegelt, in ihrer Verehrung der Matrix unseres Ursprungs. In genau definierten Gesten ehrt sie die Berge, die Ufer, die Quellen, die Bäume und die Erde. Beim kleinsten Halt an einem Felsen dankt sie diesem Teil des Universums dafür, dass es sie aufgenommen hat, indem sie die Hände faltet und den Oberkörper in einer Geste der Demut, des Respekts und der Ehrerbietung nach vorne neigt. Alles, was aus der Natur kommt, schafft eine Verbindung zum Göttlichen – um es mit den Worten von René Char zu sagen: eine »gemeinsame Gegenwart«, ein Einverständnis zwischen dem Menschen, seinem Schöpfer und der Natur. Ich liebe diese lebendige Spiritualität ohne Türen und Fenster, die alles umfasst, die weder Mauern noch Orte oder Abbilder braucht, um sich zu entfalten. Heute mehr denn je scheint es mir dringend angesagt, zu einer Spiritualität zurückzukehren, die sich voller Respekt der heiligen Schönheit der Natur, die allem innewohnt, zuwendet, in der die Humanität ihre Fülle erreicht.

Tsui-Dje – eine strahlende Persönlichkeit, eine der Erleuchtung zugewandte Präsenz – ist wie eine Einladung, die Teile meines Wesens zu erkunden, die mit dem Essenziellen verbunden sind. Dann geht wieder jede von uns ihres Wegs, und wir verabreden uns für den Abend in einem gemeinsamen Quartier. Ich folge Tsui-Dje mit den Augen, wie sie mit schnellen, beherzten Schritten in der Ferne verschwindet.

Nach der Route 55 und schroffen Wegen über der Bucht verspricht der langsam näher kommende *ryokan** eine Welt voller Komfort und Delikatessen. Im Moment bin ich allerdings noch ganz in Anspruch genommen von der anstrengenden Marschiererei und komme mir vor wie ein Pfeil, den man zu einer weit entfernten Zielscheibe abgeschossen hat, der aber leider zu wenig Schwung hat, um diese zu erreichen. Das Klingeln meines Glöckchens erinnert mich ohne Unterlass an die unmittelbare, zuweilen auch schmerzhafte Erfahrung des Hier und Jetzt. Meine Energie schwindet mit jedem weiteren Kilometer, mein Körper schlafft ab, dafür nehmen die Rückenschmerzen zu. Vorwärtskommen wird zu einer echten Prüfung, und der Tonklumpen, den mein Körper darstellt, der ich bin, scheint sich allmählich aufzulösen. Rechter Fuß, linker Fuß ... Es geht genau nach Westen, die Sonne brennt mir direkt aufs Gesicht. Tock, pling ...

Ich gönne mir einen kurzen Zwischenstopp in einem Dorf, in dem mein Blick von einem kleinen Laden mit der lieblich klingenden Aufschrift »*Pâtisserie française depuis 1991* – Französische Konditorei seit 1991« angezogen wird. Nicht ohne einen gewissen Nationalstolz betrete ich das Geschäft.

»*Konnichi wa*, furansujin desu!* – Guten Tag, ich bin Französin!«

Doch der erhoffte Effekt bleibt aus. Der Chef spricht nicht ein Wort Französisch und hat auch noch nie einen Fuß auf den europäischen Kontinent gesetzt. Tatsächlich erinnert mich nichts von den ausgestellten Backwaren an etwas Vertrautes aus der Heimat ... Ich mache mich also wieder auf den Weg und amüsiere mich über diese kleine Episode und darüber, wie auf dem Weg zur Disziplin doch immer wieder mein Ego unerwartet hervorbricht.

Dann herrscht erneut Schweigen um mich herum – zwangsläufig, aber nicht belastend. Seit meinen ersten Metern auf diesem Weg umgibt mich immer wieder Stille, die allerdings nichts mit Verzweiflung oder Einsamkeit zu tun hat. Meditatives Wandern, ständiges Gebet. Ich liebe diese Zeit in der Natur, wo die Musik aus Himmel, Wäldern, dem dumpfen Klang meiner Schritte auf dem Boden und dem hellen Bimmeln meines Glöckchens sich mit dem Gesang der Vögel vereint. Die Ruhe wird zuweilen von Wahlkampfparolen unterbrochen, die aus den Lautsprechern kleiner Parteibusse dröhnen und entlegen lebende Dorfbewohner und Bauern auf den Feldern mobilisieren sollen. Ich habe den Eindruck, in einem fruchtbaren Dialog mit der Umgebung und dem Schöpfer zu stehen. Durch die Stille werde ich gezwungen, auf meine innere Stimme, die Lehrmeisterin in meinem Herzen, zu lauschen. Auf das zu hören, was in mir selbst flüstert. Ein indisches Sprichwort lautet: »Wenn die Oberfläche des Sees ruhig ist, sieht man den Grund.« Verstummen, um die eigenen Tiefen auszuloten.

Ich bin froh, als ich im *minshuku** Tsui-Dje wiedertreffe, die bereits die drei Stunden Marsch hinter sich gebracht hat, die man für die acht Kilometer lange Steigung zu Tempel 27 mit dem klingenden Namen Kōnomine-ji oder auch »Gipfel der Götter« benötigt. Mein Körper allerdings schreit nach einem Ende für heute.

Beim Essen sitzen wir uns wieder kniend gegenüber. Tsui-Dje faltet die Hände und segnet die Mahlzeit. Während des ganzen langen Abends, der unter dem Zeichen der geteilten Erfahrung steht, umgibt mich Tsui-Dje mit ihrer Lebensfreude und dem Licht, das sie verströmt. Sie schenkt selbst kleinsten Details liebevolle Aufmerksamkeit, zum Beispiel richtet sie meine Pantoffeln so aus, dass ich beim Betreten oder Verlassen des Zimmers nicht gezwungen bin, um sie herumzulaufen. Wir trällern ein letztes Mal den Refrain des Schlagers *Sukiyaki*, woraufhin meine Reisegefährtin noch einmal losprusten muss. Wir tauschen ein letztes herzliches Lächeln wie eine Fackel in der Dunkelheit, und dann hüllt die Nacht uns ein für einen erholsamen Schlaf.

17. Juli – Vertrauen

Unsere Wege trennen sich hier, und Tsui-Dje und ich lächeln uns verschwörerisch zu. Nach einem letzten Schweigen, das mehr sagt als Worte, schaue ich ihr ergriffen hinterher, diesem Paar Flügel, das mich begleitet hat, diesem Wesen voller Freude und Schlichtheit, von dem ich nicht einmal ein Bild habe. Tsui-Dje hat jedes Foto abgelehnt, wie ein Botschafter der Ewigkeit, ein Engel, der kommt und geht, ohne die geringste materielle Spur zu hinterlassen. Ich sehe, wie ihre Silhouette in der Ferne verschwindet. Aber das ist egal! Ihr Licht hat sich meinem Herzen mit greifbarer und sehr reeller Lebendigkeit eingeprägt. Wir sind alle füreinander Lehrmeister des Lebens. Danke, liebe Tsui-Dje, für all das, was du mich gelehrt hast und was mir weiterhin Nahrung gibt.

Ich lasse meinen Rucksack im *ryokan** und werde ihn erst bei meiner Rückkehr vom Tempel auf dem »Gipfel der Götter« wieder abholen. Auf meinem steilen Weg nach oben begegnet mir ein junger *henro** auf einem Mofa, der den Motor abstellt, um sich in flüssigem Englisch mit mir zu unterhalten. Er macht diese Pilgerreise zu Ehren seines vor zehn Jahren verstorbenen Großvaters, der weder Zeit noch Geld und auch nicht die körperliche Konstitution hatte, um diese Pfade zu beschreiten. Wir teilen uns Salzbonbons und Süßigkeiten. Ich schätze diese Begegnungen in der Aufrichtigkeit und Offenheit unseres Seins. Jedes Gesicht ist wie eine neue Geschichte, die es zu entschlüsseln gilt, eine Erinnerung, die einem anvertraut wird. Bei all diesen Erfahrungen des Austausches blickt man hinter die Masken, Panzer und anderen Verkleidungen, die uns gefangen halten und durch die wir schließlich uns selbst und anderen gegenüber fremd werden. Dieser einfache, fließende Zugang zu einem gemeinsamen Kern im Innersten hatte mich schon auf dem Jakobsweg tief bewegt.

Bei der Ankunft an Tempel 27 bin ich verzaubert von dieser wunderbaren Anlage mit dem fantastischen Ausblick auf den weiten Ozean. Der »Gipfel der Götter«! Es ist wie eine überirdische Ermunterung, sich dem Himmelsgewölbe noch weiter zu nähern, und so steige ich eine steile Treppe mit 150 Stufen nach oben, die von gepflegten Gärten gesäumt wird, und stehe schließlich vor einer Statue von Kūkai, der seine Hände dem keuchenden *henro** tröstend entgegenstreckt. »Wenn du am Gipfel des Berges ankommst, steige weiter nach oben«, lehrt uns ein Zen-*kōan**, eine Weisheit des Buddhismus.

Diese Atmosphäre unendlicher Andacht ist plötzlich von Schwingungen durchdrungen, die mit Macht durch die Luft wogen, wie ein Bindestrich zwischen der Erde und dem Himmel, wie ein Gebet, das nach oben steigt. Ein Mönch begleitet diesen Gong mit seinem Sprechgesang. Besser könnte man den Zauber nicht ausdrücken, der meine Haut streichelt, in meinen Körper eindringt und sich bis in die hinterste Zelle verteilt. Ich löse mich von meinen Überlegungen und lausche diesem Klang, der allmählich verblasst, ehe er ganz verschwindet. Ich fühle mich wie ein gestimmtes Instrument: im Einklang mit den Elementen, im Einklang mit dieser einsamen Wanderung. Kommt das Wesentliche nicht oft ganz unvermittelt? Da fällt mir das Gedicht von Henri Michaux ein:

»Gong bin ich und Watte und Schneegesang. Ich sage es und bin mir gewiss.«[21]

Mit diesen Versen auf den Lippen, die gleich einem Mantra meine Gedanken beflügeln, hole ich meinen Rucksack ab und bin schon wieder auf der Route 55, neben mir der Perlmuttglanz des Pazifik. Unter den wenigen Leuten, die mir an diesem Tag noch begegnen, ist ein *henro** aus Tōkyō, der seit 35 Tagen den Pilgerpfad gegen den Uhrzeigersinn erwandert, in Erinnerung an seinen Vater, der vor drei Jahren gestorben ist. Immer diese Offenheit im Austausch. Keine Grenzen mehr. Die Masken fallen.

---

21 Henri Michaux, *Je suis gong*, *La nuit remue*, Gallimard 1998.

6

Das Leben in Bewegung

18. Juli – Inkarnation

Auf meinen Fersen hockend, in einer schmerzhaften Position für meine westlichen Glieder, die nicht an solche morgendlichen Großtaten gewöhnt sind, verfolge ich gebannt die Zeremonie des traditionellen Frühstücks, das aus einer Vielzahl erlesener Speisen besteht. Mitten in dieser Harmonie aus Gerüchen, Aromen, Farben und Strukturen entdecke ich an diesem Morgen *nattō*, das heißt fermentierte Sojabohnen, die widerlich schleimig aussehen, nach Ammoniak riechen und nach Schimmel schmecken. Eine Grenzerfahrung für Neulinge, vor allem direkt nach dem Aufwachen!

Wieder bin ich auf der Route 55 unterwegs, es geht immer weiter und weiter. Ich wandere auf einem Radweg am Ozean entlang. Welch Freude, mich von diesem Element vereinnahmen zu lassen, das im Kreislauf des ewigen Neubeginns alles verbindet, wo jede Welle Platz für eine neue macht, wo auf jedes Ausatmen ein neues Einatmen folgt, nichts ist genau gleich, aber auch nicht ganz anders.

Ich schleppe immer noch die Müdigkeit der vorangegangenen Tage mit mir herum. Meine hartnäckigen Schmerzen machen mir ein wenig Sorge, aber meine Moral ist gut. Vorausgesetzt, das Rohmaterial meiner Inkarnation verwandelt das erhoffte Paradies nicht in einen Kreuzweg! Die Abstände zwischen den Pausen werden immer kürzer. Jedes Mal setze ich meinen Weg fast automatisch fort, wenn der Körper von meinem Willen, meinen Wünschen, meinen Gedanken gestärkt ist. Und ich hoffe sehr darauf, dass irgendwo ein wundersamer Buddha auftaucht, wie damals »Jesus«, den ich auf dem Jakobsweg bei Santo Domingo de la Calzada getroffen habe, als ich wegen schrecklicher Rückenschmerzen nicht mehr weiterkonnte. Dieser Mensch, der wirklich Jesús hieß, hat mich mit einer Streckbehandlung wieder auf die Beine gebracht, die mit einem mehr als überzeugenden »Steh auf und wandle!« endete, ganz genauso wie bei den ursprünglichen Wunderheilungen.

Dazu muss man sagen, dass Santo Domingo de la Calzada reich an Wundern ist. Schon im 12. Jahrhundert wurde ein junger deutscher Pilger durch die Hinterlist einer zurückgewiesenen Dienerin zu Unrecht des Diebstahls angeklagt, verurteilt und gehenkt. Seine Eltern hörten ihn am Galgen rufen – dank des heiligen Jakobus lebte er noch. Dies wurde dem Richter hinterbracht, der gerade Geflügelbraten verspeiste und daraufhin ausrief: »Wenn euer Sohn wirklich noch am Leben ist, dann sollen dieses Huhn und dieser Hahn lossingen!« Da krähte der Hahn, und die Henne gackerte. Der junge Mann wurde vom Galgen befreit, und an seiner Stelle wurde die Dienerin gehenkt.

Im Schatten eines *zenkonyado**, dessen Besitzer mir einen von ihm bearbeiteten und mit roten Riemen geschmückten Bambusstab schenkt, gönne ich mir eine lange Pause. Ausgestattet mit meinen zwei Stöcken, mache ich mich sodann mit neuem Schwung auf den Weg, vorwärtsgetrieben von der ungewohnten Symphonie meines nunmehr vierfüßigen Daseins! Rechter Fuß, tock, pling, linker Fuß, tock, rechter Fuß, tock, pling, linker Fuß, tock …

Während ich mich mit dieser neuen Fortbewegungsweise vertraut mache, erarbeite ich spaßeshalber eine »Theorie der Stöcke«. Hier die Quintessenz: Wenn ich die beiden Stöcke zu fest in der Hand halte, bleiben sie nicht dort, wo sie sein sollten, sie wollen sich davonmachen, und vor allem ist es sehr schnell ermüdend. Wenn ich sie dagegen zu locker halte, kann ich nicht mehr leicht und geschmeidig laufen: Sie streunern durch die Gegend und lassen mich nicht vorankommen. Man muss also die richtige Balance finden. Ich sehe hierin eine hübsche Metapher für Beziehungen aller Art: innerhalb der Familie, unter Freunden, zwischen Liebenden und im Beruf. Ein zu starker Druck oder gar Krampf ist gar nicht gut, bei zu viel Distanz lösen sich die Bande. Für harmonische Beziehungen braucht man das richtige Maß. Nicht zu nah, nicht zu weit weg. Alles liegt in den feinen Nuancen. Diese Theorie lässt mich schmunzeln.

19. Juli – Aufrichtige Freude

Heute verlaufe ich mich mehrmals an den vielen Kreuzungen – die Route 55 hatte auch ihr Gutes, ich musste einfach nur geradeaus marschieren, ohne mir Gedanken über den Weg zu machen! Laut Karte habe ich dreißig Kilometer zurückgelegt, aber in Wirklichkeit sind es wohl deutlich mehr, weil ich über der Betrachtung der herrlichen Reisfelder öfters vom Weg abgekommen bin. Auf jeden Fall ziehe ich meinen Hut vor den wenigen erfahrenen *henro**, die den Pilgerweg gegen den Uhrzeigersinn zurücklegen, denn in dieser Richtung ist er noch weniger ausgeschildert.

Tempel 28, Dainichi-ji (»Große Sonne«): Licht, Licht! Tempel 29, Kokubun-ji (»Provinztempel«), verführt mich durch seine Ruhe und die Bonsai-Anpflanzungen, die die Alleen zieren. Tempel 30, Zenraku-ji (»Aufrichtige Freude«) – all diese harmonischen Namen klingen für mich wie eine Einladung, ihre Eigenschaften zu verinnerlichen und ihre Botschaften aufzulesen wie ein Gärtner, der geduldig die Früchte seiner täglichen Bemühungen erntet.

Nach längeren Streckenabschnitten entlang kleiner Kanäle, zwischen vereinzelten Häusern und quer durch Reisfelder bin ich auf einmal wieder mitten im dichten Verkehr auf Nationalstraßen unterwegs. Der Autostrom schwillt zunehmend an, je mehr ich mich der Großstadt Kōchi nähere. Ich marschiere auf einem brütend heißen Bürgersteig, dessen Asphalt unter der sengenden Sonne schmilzt, ein wenig betäubt vom Motorenlärm, eingehüllt in die Abgasschwaden und die mit klebriger Feuchtigkeit angereicherte Luft. Mit so viel Verkehr habe ich auf der kleinsten Insel Japans, das für seine altehrwürdigen Traditionen berühmt ist, wahrlich nicht gerechnet.

Bei einem Zwischenstopp in einer Touristeninformation erkundige ich mich nach einem Osteopathen beziehungsweise einem örtlichen »Jesús«, der meine Kreuzschmerzen beseitigen könnte. Die Dame am Tresen macht für den nächsten Tag einen Termin bei jemandem aus, der anscheinend Chiropraktiker ist, und reserviert mir auch ein Zimmer für die kommenden zwei Nächte. Im Hotel angekommen, finde ich das Ambiente ziemlich bescheiden. Gut, ich habe mich für eine günstige Unterkunft entschieden, um mein Budget nicht allzu sehr zu strapazieren. Doch im Bad und unter meinem Bett treiben sich ein paar Schaben herum. Ich stürze mich auf die bereitgestellten Pantoffeln, um in einer ganz eigenen Choreografie den Viechern in meiner Reichweite den Garaus zu machen. Allerdings mit wenig Erfolg.

Ich verbringe einen angenehmen Abend in einem Café in der Nähe des Hotels. Liebevoll werde ich von dem in der offenen Küche hantierenden Chef und seiner Frau umsorgt. Sie staunen, als ich ihnen auf der Karte zeige, woher ich komme, wohin ich will und welche Strecke ich bereits zurückgelegt habe.

»*He! Aruite**? – Zu Fuß?«

»*Hai.* – Ja.«

»*Heeey! Sugoi** *ne!* – Hey! Das ist fantastisch!«

Wir können uns nur mit wenigen Worten verständigen, aber unsere Blicke sagen mehr als viele Worte. Schon seit meinen ersten Schritten in Japan fühle ich mich in dieser Sprache keineswegs verloren, und das brüderliche Abendessen zählt viel mehr als eine angeregte Diskussion.

Ich entdecke eine regionale Spezialität: *katsuo no tataki*. Nur leicht auf einem mit Piniennadeln gewürzten Strohfeuer gegrillter roher Bonito, der mit einer *ponzu*-Soße aus der japanischen Zitrone *yuzu*, Knoblauch und geriebenem Ingwer serviert wird. Es sieht aus wie *sushi*, aber außen ist der Fisch kross gegart und innen ist er roh und zartschmelzend. Ein Genuss! Und dazu gibt es eine Sake-Verkostung.

»*Kampai!** – Zum Wohl!«

Ich bin auch ganz verzaubert von den Handgriffen der Zubereitung: Der Chef in seinem Kimono hantiert äußerst anmutig mit den großen japanischen Messern. Seine vielen kleinen, präzisen Gesten überlassen nichts dem Zufall.

Obwohl es mir auf meiner Reise eigentlich nicht so wichtig ist, Kontakt zu meinen gewohnten sozialen Netzwerken zu haben, nutze ich doch das kostenlose WLAN, um mein Telefon zu verbinden. Zu meiner Riesenfreude erfahre ich von der Ankunft eines neuen Erdenbürgers. Meine gute Freundin Barbara hat ein Baby bekommen, den kleinen Martin. Ich möchte mein Glück mit meinen Freunden des Abends teilen und versuche, ihnen begreiflich zu machen, warum ich so fröhlich bin. Prompt folgt eine neue Runde Sake, um auf dieses Ereignis anzustoßen! Das kleine Kerlchen ist ja irgendwie auch an dieser Pilgerreise beteiligt. Im Mutterleib hat Martin meine ersten Schritte zu diesem japanischen Abenteuer begleitet. Herzlich willkommen! Du und ich, wir sind eins ... Mächtige Gewissheit, die wieder einmal von Herzen empfunden wird.

Beschwingt kehre ich nach dieser Begegnung zum Hotel zurück, in dem ich der einzige Gast zu sein scheine. Als ich das Licht in meinem Zimmer anmache, entdecke ich zu meinem Entsetzen eine ganze Invasion riesiger Kakerlaken, die sich sogar in meinem Rucksack und in meinem Bett tummeln. Würg! Dazu muss man sagen, dass die kleinen französischen Schaben gegenüber diesen Monstern mit ihren fünf bis sechs Zentimeter großen schillernden Panzern ziemlich »schäbig« aussehen. Ohne zu zögern, wecke ich die Hoteliers, wild entschlossen, diesen Ort zu verlassen, ehe die Viecher sich auch noch auf mich stürzen ...! Mit schlaftrunkenen Augen und im Pyjama verstehen meine Gastgeber ziemlich schnell, was ich, mit meinem Sprachführer in der Hand und oscarreifem angewiderten Gesichtsausdruck, vehement wiederhole:

»*Gokiburi, gokiburi!* – Kakerlaken, Kakerlaken!«

Sie rücken mit ihrer tödlichen Waffe aus, einer großen Dose mit Insektenvertilger, mit der ich keinesfalls meine Nacht verbringen möchte. Schnell den Rucksack umgeschnallt, meine Kurznacht bezahlt, und schon streife ich um 23 Uhr durch die Straßen von Kōchi, auf der Suche nach einem Ort, an dem ich mich in Frieden meinen nächtlichen Träumen hingeben kann. Nach der unglaublichen Hitze dieses Tages ist die Luft angenehm lau. Ich spüre einen leichten Windhauch, der im Einklang mit der wunderbaren Sternennacht atmet, und lande in dem weichen Bett eines Hotels ein paar Meter weiter. Was für ein herrlicher Schlaf ...

20. Juli – Durchatmen

Der Ruhetag und die erfahrenen Hände eines Chiropraktikers tun mir sehr gut. Als ich versuche, die Bewegungen nachzuahmen, die mir der Spezialist vormacht, brechen wir in ausgelassenes Gelächter aus. Seine japanischen Anweisungen führen zu wilden Verrenkungen beim Neuling. Ohne weiteren Kommentar!

7

Die Welt, ein fantastisches Schauspiel

21. Juli – Der Körper energisch und die Seele beschwingt
Ausgerüstet mit einem neuen Rucksack, gehe ich zur Post, um einige »Für alle Fälle«-Dinge loszuwerden, die es trotz meiner anfänglichen Jagd nach unbegründeten Ängsten doch noch geschafft haben, sich als blinde Passagiere ins Gepäck zu schmuggeln. Der »Einrenktermin« vom Vortag hat mir zudem wieder auf die Beine geholfen, und so bin ich jetzt voller Energie und wieder versöhnt mit meinem Rücken. Vollkommene Harmonie von Körper, Herz und Geist. Eines meiner beruflichen Fachgebiete ist die Sophrologie, eine ganzheitliche Entspannungstechnik, die das Gleichgewicht dieser drei Sphären begünstigt, daher ist mir das Prinzip sehr vertraut. Und so mache ich mich bei strahlender Sonne, die bereits die ausgedehnte Reisfelderlandschaft flutet, hoch motiviert und regeneriert auf den Weg.

Ein regelmäßiger Rhythmus stellt sich ein. Bei jedem Schritt findet sich ein Gleichgewicht – frei ist, wer sich auf seine innere Melodie einstimmen kann. Der neue Takt meines Vierfüßler-Daseins begleitet mit seinem kristallklaren Gebimmel fröhlich meinen Weg.

Der Tag beginnt vielversprechend, und ich fühle mich bereit, all die Herrlichkeiten in mich aufzunehmen, die er mir zweifellos bescheren wird.»Den eigenen Weg gehen und auf Wunder treffen, das ist das große Thema – insbesondere deins«[22], wie Cesare Pavese so schön geschrieben hat.

Ich mache eine kurze Besichtigung der Burg Kōchi, einer der ältesten Burgen Japans. Dann schlendere ich durch den Straßenmarkt von Hirome, der sich über mehr als einen Kilometer erstreckt. Hier stehen traditionelle Handwerksstände und werden regionale Produkte sowie frischer oder getrockneter Fisch angeboten – in einem Mosaik von seltener Schönheit.

Anschließend wandere ich in zügigem Tempo weiter, mein Körper ist energisch und meine Seele beschwingt. Ich spüre weder Hunger noch Durst oder Müdigkeit. Kaum habe ich den Markttrubel verlassen, kommt mir ein junger Mann in einem eleganten Anzug entgegen. Wie alle Japaner während der Sommermonate, wenn die sengende Sonne den Archipel aufheizt, hält er in einer Hand ein weißes Tuch, um sich den auf der Stirn perlenden Schweiß abzuwischen, und in der anderen einen Fächer. Er gibt mir mit einem Handzeichen zu verstehen, dass ich vor einem *konbini** warten soll, geht hinein, und wenige Minuten später kommt er mit zwei Flaschen gekühltem Mineralwasser wieder heraus. Ein *o-settai**! Der Mann begleitet mich noch ein paar Meter und steigt dann in den heranfahrenden Autobus.

Leichten Schrittes marschiere ich auf den Berg Godaisan zu Tempel 31, Chikurin-ji (»Bambushain«), hinauf, einem der berühmtesten Tempel der Präfektur Kōchi. Die malerische Stätte bietet eine beeindruckende Aussicht über die

---

22 Cesare Pavese, *Das Handwerk des Lebens*, Claassen Verlag 2001.

Stadt und die Bucht Urado. Die siebzehn buddhistischen Statuen in der Schatzkammer gehören zu den »nationalen Kulturgütern« Japans. Ich schlendere gemütlich durch die Gartenanlage, die eine unbeschreibliche Ruhe ausstrahlt. Der weite Himmel spiegelt sich im Wasserbecken. Bei einem Tee beim Kalligrafen erlebe ich wieder einen ganz besonderen Moment. Ich bin verzaubert von der Anmut, mit der er den Pinsel führt. So leichtfüßig wie die Schriftzeichen, die auf der frisch beschriebenen Seite meines *nōkyōchō** tanzen, setze ich mich wieder in Bewegung und mache mich auf den Weg zu Tempel 32, Zenjibu-ji. Er führt sechs Kilometer lang durch abwechslungsreiche Landschaften: felsige Hänge im angenehmen Schatten von Wäldern, Reisfelder und ländliche Szenen wie aus einer längst vergangenen Epoche.

An Tempel 32 (»Mönchsspitze«) herrscht großer Andrang, ein beeindruckender Kontrast zu der Einsamkeit und Stille, die mir sonst in dieser Gegend so vertraut geworden sind. Liebe Einsamkeit und liebe Stille, meine wertvollen Reisebegleiterinnen, ihr seid meine bevorzugte Kulisse, wenn ich auf die leise Stimme hören möchte, die tief in meinem Herzen flüstert. Vollklimatisierte Busse fahren nacheinander vor, und eine Masse von Pilgern in blütenweißer Kleidung und ohne einen Schweißtropfen auf der Stirn, obwohl die Sonne zu dieser Stunde am Zenit steht, ergießt sich in den Tempel. Ihre Hüte und Pilgerstäbe bleiben unangetastet und werden später im *tokonoma*, der Nische mit wertvollen Gegenständen im Hauptwohnraum, einen Ehrenplatz finden.

Ich betrachte amüsiert diese *henro**, alle von Kopf bis Fuß in Weiß gekleidet, sie wirken auf mich wie Schneeflocken, die im Wind wirbeln. Schnee im Hochsommer, vor meinen verwunderten Augen. Weiß ist in Japan die Farbe der Trauer, symbolisiert den zwischenzeitlichen Tod des Pilgers, sein vorübergehendes Herausgerissenwerden aus dem Strudel des Lebens, um ihn zu einer neuen Dimension seiner selbst zu führen. Die weiße Jacke diente einst auch als Totenhemd, falls der Pilger auf seiner Wallfahrt sterben sollte.

Einer verpassten Abzweigung verdanke ich die Bekanntschaft mit einer Japanerin, die ihren Hund spazieren führt. Ich tausche ein paar Worte auf Französisch mit ihr.
»*Vous êtes française?* – Sind Sie Französin?«
»*Oui, je viens de Paris.* – Ja, ich komme aus Paris.«
»*Eeeeh! Palis! Magnifique!* – Aaaah! Paris! Wunderschön!«
Ich dachte eigentlich, dass sie mir einfach nur kurz den Weg zeigen würde, wie ich am besten zum nächsten Tempel gelange, aber nein, sie gibt mir die Ehre, mich mehrere Kilometer zu begleiten. Mein Schritt gewinnt neue Frische, und der ganze Körper freut sich, als sie mir ein schönes Tuch überreicht, in das ein Eisbeutel eingewickelt ist.
»*Cadeau!* – Geschenk!«, sagt sie. »*Japon très, très chaud, humide beaucoup.* – Japan ganz, ganz heiß, sehr feucht.«
Dieser Tag steht eindeutig im Zeichen der Frische! Erst die Pilger, die wie Schneeflocken um mich herumwirbelten, dann der kühlende Eisbeutel, den mir diese Frau geschenkt hat. Er erfrischt mich noch immer, als ich in Tempel 33, Sekkei-ji (»Verschneiter Pfad«), ankomme. Allerdings kann ich mir momentan, da mein Körper unter der sengenden Sonne fast alles Wasser ausschwitzt, diesen Ort nur schwer unter einer dicken Schneedecke vorstellen. Dennoch erfahre ich, dass die Winter in Shikoku sehr hart sind.
»*Malie-san, Malie-san!*«

Mein Name erschallt aus dem Inneren des *minshuku**, das dem Tempel gegenüberliegt. Ein breites Lächeln erwartet mich, doch ich gehe erst einmal kurz in den Tempel, um die Pilgerrituale zu absolvieren. Fröhliche Kinder erfreuen sich an einem Spiel, das darin besteht, Wasser durch ineinandergesteckte Bambusrohre fließen zu lassen, ohne einen Tropfen zu verschütten.

Dann kehre ich zum *minshuku** zurück, wo Kōchi-Ya, die liebenswürdige 74-jährige Wirtin, mit schelmisch funkelnden Augen auf mich wartet. Sie scheint eine Berühmtheit auf dem Pilgerweg zu sein und zeigt mir zahlreiche Zeitungsartikel, die ihr gewidmet wurden. Ich bin wieder einmal die einzige *henro** an diesem Abend, und Kōchi-Ya umsorgt mich mit größter Zuvorkommenheit. Neben Tee und landesüblichen Kuchen erwartet mich bei meinem Eintreffen ein heißes Bad. Meine Kleidung wird sofort gewaschen und sogar gebügelt und dann sorgfältig auf meinen Futon gelegt. Was für ein Segen, das Leben eines *Very Important Pilgrim*! Meine Wirtin tut mir auch den Gefallen, bei einem gewissen Koji die Übernachtung für den nächsten Tag zu buchen, und verbindet mich telefonisch mit ihm. Er spricht ein herausragendes elegantes Französisch.

22. Juli – Verwunderung
Die Temperatur ist mild an diesem Morgen, und ein köstlicher Duft liegt in der Luft. Die Landschaft enthüllt Gewächshäuser, Reisfelder, melodisch gluckernde Flüsse. Reiher fliegen über die Ebene. Mein Rucksack fühlt sich leicht an, ich bin wie beflügelt. Wie auf einem japanischen Druck flutet die Sonne das ganze Tal, hebt seine Konturen hervor und er-

hebt die Schönheit der Welt auf ein Podest. Meine erwachenden Sinne sind in den Bann geschlagen, mein abenteuerlustiges Herz fiebert. Die Welt, ein hinreißendes Schauspiel!

Jetzt komme ich mir nicht mehr vor wie jemand in einem Science-Fiction-Film, der für immer und ewig denselben Tag durchlebt. Das innere Aufbegehren, das ich in Paris fühlte, über die Kluft zwischen einer als unvollständig empfundenen Gegenwart und einer Dimension meines Daseins, die sich nach mehr Raum und mehr Erhebung sehnte, ist verschwunden. Das Gefühl, mein innerstes Wesen auf dem Altar von Nebensächlichkeiten zu opfern, nagt nicht mehr an mir.

Ich werde zu einer immer erfahreneren *henro**. Jeden Morgen, jeden Abend die gleichen Gesten: den Futon zusammenlegen, den Rucksack packen, auspacken, duschen, Kleider wechseln, Wäsche waschen. In jedem Tempel dieselben unveränderlichen Rituale. Rechter Fuß, tock, pling, linker Fuß, tock ... Und dennoch, trotz dieses scheinbar monotonen Alltags auf dem Pilgerweg, herrscht das Gefühl einer absoluten Freiheit! Ein sehr starkes Gefühl, das ich bereits auf dem Jakobsweg erlebt hatte – »Einen wandernden Menschen kann man sich nicht untertan machen«[23].

Tempel 34, Tanema-ji (»Tempel des Aussäens«). Tock, pling ... Ich folge den roten Hinweispfeilen und nehme den Aufstieg zu Tempel 35 in Angriff. Ein *kanji** auf einem hölzernen Schild, das ich inzwischen leicht erkenne, weist mir den Weg. Der Tempel Kiyotaki-ji empfängt mich mit seinem verhei-

---

23 Henri Vincenot, *Les Étoiles de Compostelle*, Folio 1987.

ßungsvollen Namen, der meine blühende Fantasie sogleich verzaubert: »Reine Quelle«. Kūkai soll hier sieben Tage lang gebetet haben. Daraufhin soll an der Stelle eine Quelle entsprungen sein, die einen ruhigen See gebildet hat. Eingerahmt von üppigem Grün und mit schimmernden Blumen übersät, strahlt der ganze Ort einen tiefen Frieden aus.

Als ich meine Rituale durchgeführt habe, schlendere ich ein bisschen durch die Reihen moosbewachsener *jizō*, der kleinen Statuen mit einer roten Mütze und einem Lätzchen, manchmal mit Spielzeug dekoriert, die Fruchtbarkeit bringen, auf die Kinder aufpassen und für ein langes Leben sorgen sollen. Ich genieße den Ausblick über das von Bergen eingerahmte Tal, deren Schatten sich auf den Hitzedunst in der Talsohle legen. Dann begebe ich mich ins Kalligrafiebüro. Ganz offensichtlich überglücklich, eine französische Pilgerin zu empfangen, in einer Zeit, in der die *henro** immer seltener werden, setzt die Kalligrafin die drei roten Stempel und malt in einer einzigen präzisen Geste den Namen des Tempels mit schwarzer Tinte in mein *nōkyōchō**.

»*Chotto matte kudasai!* – Warten Sie bitte einen Moment!«, sagt sie lächelnd.

Sie verschwindet und kommt kurz darauf zurück, beladen mit *o-settai** – und zwar in einer Chanel-Tüte! Darin sind Bleistifte, Zeitschriften, kleine weiße Handtücher, eisgekühlte Getränkedosen, Salzbonbons sowie eine DVD und drei CDs einer japanischen Boygroup namens *Hey! Say! JUMP*, deren Album die Charts erobert hat. Und über diese neun Teenies mit ihren glatten Gesichtern, am Reißbrett entworfene Idole der japanischen Popkultur, ist sogar ein Buch erschienen, das die Kalligrafin mit unendlicher Vorsicht in den Händen hält, ungefähr so wie ich mein *nōkyōchō**. Es amüsiert mich, dass der Mont-Saint-Michel als Hintergrundbild auf dem Cover dieses kommerziellen Klischees prangt. Und nun beginnt meine Kalligrafin, aus vollem Hals den aktuellen Hit *Come On A My House* zu singen, und wiegt sich dabei begeistert in den Hüften! Um das so richtig anschaulich vor Augen zu haben, müssen Sie sich eine Nonne vorstellen, die auf der Schwelle einer Kirche ekstatisch tanzt, und zwar zu dem Song einer Gruppe geschniegelter Teenies. Ganz einfach surreal! Aber auch überbordende Lebensfreude!

Und ich, die ich mich schon freue, mein Gepäck etwas erleichtert zu haben, ziehe mit einer Chanel-Tüte weiter, größer als das Paket, das ich weggeschickt habe! Aber ich grinse von Ohr zu Ohr, als ich mich wieder auf den Weg mache und zwischen Bambusrohren bis zu einer wunderschönen Bucht wandere, wo ich den Pazifik wiederfinde.

Diese Episode löst in mir Betrachtungen aus über das subtile Gleichgewicht zwischen Sich-Entledigen und Empfangen. Seit ich meinen Rucksack ausgemistet habe, erhalte ich ununterbrochen jede Menge Geschenke. Vielleicht bin ich eben gerade dadurch aufnahmebereiter. Als ob ich durch die materielle Erleichterung auch den Ballast tausend falscher Ansprüche abgeworfen hätte: meinen Terminkalender, meine To-do-Listen, meine Gewohnheiten, meinen ungestillten Hunger, meine Bindungen, die Eintönigkeit und ständige Wiederholung in meinem Alltag usw. Es ist ja auch erwiesen, dass ein Heißluftballon erst aufsteigt, wenn man den Korb leichter macht, indem man Sandsäcke abwirft!

Rechter Fuß, linker Fuß … Tempel 36, Shōryū-ji (»Blauer Drache«). Es ist schon nach siebzehn Uhr, als ich nach einem letzten Aufstieg endlich im Hotel Kokumin-Shukusha-Tosa ankomme: weiße Wände, blaue Fensterläden – eine typisch griechische Architektur wie auf Santorin. Das Hotel hat etwas Unwirkliches und lässt Reisesehnsucht aufkommen.

Gleich bei meiner Ankunft lerne ich eine liebenswürdige Familie kennen, die am Stadtrand von Ōsaka lebt und auf Shikoku Urlaub macht: Kosuke, ein kleiner Junge von acht Jahren, der später Pianist und Meister im *kendō* (die moderne Version des traditionellen Samurai-Schwertkampfs) werden will, seine Eltern, seine Tante und seine Großmutter. Die Familie zeigt sich entzückt über die Begegnung mit mir – und ich bin es ebenfalls! Wir tauschen ein paar Worte auf Englisch, Lächeln und verständnisinnige Blicke tun den Rest. Bei meiner Rückkehr nach Paris finde ich zu meiner großen Freude ein paar Zeichnungen Kosukes mit Fotos und Gebäck im Briefkasten. Rückhaltlose Herzlichkeit in allem Wesentlichen...

Der Hotelbesitzer erzählt mir in einwandfreiem Französisch von seinen Reisen auf der ganzen Welt und begleitet mich in mein Zimmer, das sich als wahrer Palast entpuppt. Es umfasst einen Eingang und ein großes Zimmer mit *tatami*-Matten, wobei im hinteren Teil das Licht des Spätnachmittags durch ein *shōji*, die typisch japanische Schiebewand aus einem mit Reispapier bespannten Holzrahmen, einfällt. Dahinter verbirgt sich ein dritter Raum mit einem Couchtisch und zwei Sesseln, von denen aus man eine grandiose Landschaft bewundern kann. Der Blick verliert sich in der Bucht und der Weite des Ozeans. Dieser Ort gefällt mir ungemein! Und dabei habe ich das Bad des Freiluft-*onsen** hoch über dem Pazifik noch nicht gesehen!

Körperliche Intimität erleichtert die Kontaktaufnahme, und so tausche ich im Evakostüm freudige »*ohayō gozaimasu*«*

mit den drei Frauen, die ich im Umkleideraum antreffe. Durch einen *noren*, den traditionellen japanischen Stoffvorhang, gelangt man in ein gefliestes Badezimmer, neben dem Eingang stehen Hocker und Eimer für die Badenden, an einer Wand ist eine Reihe von Duschköpfen befestigt, und gegenüber befindet sich ein großer Außenpool, dahinter die glitzernde Fläche des Ozeans, so weit das Auge reicht. Ich bin ja fast allein an diesem Ort, und so kann ich einen Schrei der Begeisterung nicht unterdrücken.

Ich verbringe eine geschlagene Stunde in diesem Bad, das Ambiente ist einfach nur herrlich. Und das darauf folgende Abendessen ist ihm ebenbürtig: ein Traum! Und erst der Sonnenuntergang ... Der Himmel rötet sich zunächst ganz sanft und entflammt dann in allen erdenklichen Schattierungen von Purpurrot. Ein aus der Zeit gefallenes Wunder ... Mein Herz erbebt. Ein unergründlicher Raum zittert in den Tiefen meiner Seele. Ich fühle mich intensiv lebendig. Kein Zweifel, das Göttliche verbirgt sich in diesem Einklang! Diese Weite spricht zu mir, über mich, über das Leben in mir, den himmlischen Kern meines Wesens. Dieser flüchtige Moment spricht von Ewigkeit.

23. Juli – Dankbarkeit

Bereits vor der Morgendämmerung bin ich auf den Beinen, um den Tagesanbruch zu genießen, als säße ich in der ersten Reihe, dem Weltenmorgen beizuwohnen.

Die Sterne verblassen nach und nach am Sommerhimmel. Die Pracht der aufgehenden Sonne erhellt zunehmend den Ozean und enthüllt den Horizont. Ich schaue gebannt auf das Licht und die geheimnisvollen Formen, die aus dem Dunkel der Nacht erstehen. Andacht – das Wort ergibt sich in diesem Moment ganz von selbst. Ich atme. Die Gedanken schweigen. Keine Fragen, keine Zweifel mehr. Mir ist, als ob die göttlichen Kräfte sich versammelt hätten, um hier eine majestätische Landschaft zu erschaffen, und mich einladen würden, mit meinem ganzen Wesen darin einzutauchen. Ich bin überall und nirgendwo, ich bin alles und nichts, gleich einer Auflösung im Kosmos. Es ist ein schwindelerregendes Gefühl, eine Brücke zwischen zwei Welten zu sein – mit einem Fuß hier und dem anderen anderswo. Die perfekte Übereinstimmung. Benommen von so viel Schönheit, kommen mir die Verse von Victor Hugo in den Sinn:

»*'S ist Gott, der's All erfüllt. Es ist die Welt ein Tempel.*
Lebend'ges Meisterwerk, das träget seinen Stempel!
Ihm sing und preist das All, er ist allein und ein!«[24]

Doch zurück zu den prosaischeren Bedürfnissen meines fleischlichen Daseins: Ich freue mich sehr über das *o-settai*** meines reiselustigen Wirts und halte die Flasche mit frischem Tee stets griffbereit. Angespornt durch ein Ehrenspalier der japanischen Familie, vorneweg der liebe kleine Kosuke, mache ich mich wieder auf den Weg. Die menschenleere Küstenstraße, von den Einheimischen »Yokonami Skyline« genannt, ist wunderschön. Die Spitze meines kegelförmigen Huts sticht in den azurblauen Himmel, der selbst nichts anderes ist als ein Spiegel der Meerestiefe. Rechter Fuß, tock, pling, linker Fuß ... Fülle, Leere, Fluss des Lebens.

---

24 Victor Hugo, *Sämtliche Werke*, Band 16, Verlag Rieger & Co. 1841, S. 157.

Beim *minshuku** Awanasato in Suzaki empfängt mich meine Wirtin mit einem leisen Lächeln auf dem zarten Gesicht. Sie beehrt mich mit einem Matcha Tee, dem berühmten japanischen Grüntee. Das feine Pulver gewinnt man durch das Mahlen der Teeblätter, bis sie aussehen wie Jadeschaum, und das verleiht dem Tee seine charakteristische cremige Konsistenz. Der Geschmack ist edel und fein, ganz wie die Hausherrin, die sich rührend um mich kümmert. Bei allem, was sie tut, strahlt sie eine unendliche Zärtlichkeit aus.

Als ich am Abend genussvoll in ein warmes Bad eintauche, das die liebevollen Hände dieser freundlichen Frau für mich vorbereitet haben, entsteht in mir die Idee, eine *arigatō** *time* einzuführen, die mein tägliches Dankbarkeitsritual werden soll. Ich bedanke mich innerlich. Ich verneige mich vor dem Wunder der Existenz, die mir gewährt wurde, und der Zeit, die mir auf dieser Erde gegeben ist. Dann konzentriere ich mich auf jeden Teil meines Körpers und drücke ihm meine Dankbarkeit dafür aus, dass er mich bei meiner Wanderung unterstützt. Seid gedankt, meine Beine, dass ihr mich ohne Zwischenfälle bis hierher getragen habt; seid gedankt, meine Füße, für euren Schwung bei jedem neuen Schritt; seid gedankt, meine Augen, dass ich durch euch so viele Wunder erblicken darf … Und auch ihr, meine Arme, dass ihr mich, dank eures regelmäßigen Hin- und Herschwingens, immer wieder von Neuem vorwärtstreibt … Ich lobpreise die Materie, aus der ich gemacht bin, Gefäß all dessen, was möglich ist. Und schließlich bedanke ich mich bei mir selbst, dass ich die Kühnheit hatte auszuziehen, mir die Zeit zuzugestehen auf meinem Weg zu innerem Wachstum.

Ich danke auch für den vergangenen Tag und seine zahlreichen Wunder. Ich atme und danke für die Profundität der Welt, die Helligkeit des Himmels, das Flimmern der Blätter, die Melodie der Wasserläufe ... Mein Körper ist durchdrungen von all diesen Landschaften, die ihm ihre Energien eingehaucht haben. »Der Geist der Landschaft und mein Geist haben sich verdichtet und verwandelt, sodass die Landschaft nun in mir ist«, sagte der chinesische Maler Shitao.

Ich lebe, ich bin ganz da, im Hier und Jetzt, ich bin ein Ausdruck des Lebens! Nichts ist geschuldet, alles ist ein Geschenk, alles wird uns gegeben! Wir haben viele Gründe, dankbar zu sein. Anstatt »Bitte« zu stammeln, sage ich heute »Danke«. Ja, ich danke dir, Leben, für deinen Schöpfergeist, dafür, dass du mich zu diesem unglaublichen Abenteuer eingeladen hast, vielen Dank für das Wunder, das du mir in jedem Moment offenbarst, vielen Dank für dieses wunderbare Geschenk!

Während meines Dankbarkeitsrituals setze ich mich auch in Verbindung mit dem Lebensstrom meiner Abstammung, eine Herkunft, die weit mehr umfasst als nur mich und meine Familie. Sie ist ein Baum, dessen Zweige sich in den Mäandern der Zeit verlieren, eine »lange Kette von Liebenden«[25], die mir vorausgingen und durch die mir von den ersten Stunden der Welterschaffung an der Atem dieses Lebens weitergegeben wurde, der mich heute belebt. Seid gedankt! Danke auch für eure liebevolle Präsenz an meiner Seite, die ich vor allem in der Stille der Pfade wahrnehme, wo mich das Echo

---

25 Christiane Singer, *N'oublie pas les chevaux écumants du passé*, Albin Michel 2005.

eurer Freuden, Sorgen, Zweifel, Hoffnungen, eures Lachens, eurer Lieder streift. Gelobt seien alle diese Ahnen. Sich bedanken bedeutet vielleicht anfangen, das Leben mit neuen Augen zu betrachten.

24. Juli – Unerfreuliche Begegnungen
Nach einem ausgiebigen Frühstück begleitet mich meine Wirtin zur Tür, umarmt mich und beglückt mich auf Englisch mit einem wunderbaren »*happy*«. Ihr strahlendes Lächeln rührt mich. Außerdem soll ich in Tempel 37 eine Opfergabe für sie niederlegen, bestehend aus *o-nigiri**, das sind Reisbällchen pur oder mit Algen, Sesam, Lachs und anderen Zutaten, aber auch einem Umschlag mit Kleingeld und guten Wünschen.

Ich folge der Straße, die sich mit ihrem gewundenen Verlauf und den Tunneln, dem Ozean und den Hügelketten zu einem großartigen Gemälde zusammenfügt, und vermeide so den steilen Aufstieg in den dichten Wald und vor allem die vielen Schlangen! Tatsächlich erweist sich Shikoku seit meinem Eintritt ins Stadium der Disziplin als eine äußerst schlangenreiche Insel, und es vergeht kein Tag, an dem ich nicht mindestens einem dieser Furcht einflößenden Reptilien begegne. Grüne, schwarze, beige, kurze, lange … Ein richtiges Open-Air-Vivarium! Vorläufiger Rekord: zehn Schlangen in acht Marschstunden! Auf diesem Weg der fortlaufenden Beschränkung und des Loslassens, gleich einem Initiationspfad, verleitet mich das zu großen metaphysischen Betrachtungen … Sind diese unerfreulichen Begegnungen etwa Prüfungen, um den Geist zu reinigen, ihn seiner Fesseln zu entledigen und ihn zum Erwachen zu führen? Oder sollte dieses kriechende Getier vielleicht eine Metapher sein für den dunklen Leviathan, der in meinem Unterbewusstsein lauert, versteckte Schatten in meinen Tiefen, an denen ich vorbeimuss, um weiterzukommen, Schritt um Schritt, hin zu mehr Verwirklichung? Ich betrachte die Reptilien auch als Metapher für die schwierigen Ereignisse in der Vergangenheit, gegen die ich nicht ankämpfen, sondern mit denen ich eine Einheit bilden muss, um von ihnen zu lernen. Oder könnten sie eine Allegorie sein für die sich häutende Pilgerin, für das neue Äußere, mit dem sie sich in dem Maße schmückt, wie sie vorwärtsschreitet?

Während eines lang ersehnten Halts am ersten Getränkeautomaten des Tages lerne ich Tochi kennen, einen sechzigjährigen Architekten aus Tōkyō, seit Kurzem im Ruhestand und ebenfalls ein *aruki* henro**, der allerdings die Pilgerreise etappenweise macht. Ein paar Kilometer weiter begegnen wir uns erneut und nehmen das Mittagessen gemeinsam ein, das aus einer Schüssel *sanuki udon* besteht, den handgefertigten, für ihre Festigkeit und geschmeidige Textur bekannten Weizennudeln in Algenbrühe. Die Suppe wird sehr heiß serviert und muss geräuschvoll geschlürft werden. Und wiederum kommt Kūkai ins Spiel! Der Legende nach hatte er diese Nudeln in Japan eingeführt, nachdem er eine Zeit lang im China der Tang-Dynastie gelebt hatte.

Da wir beide im *shukubo** von Tempel 37 übernachten wollen, wandern wir an diesem Nachmittag gemeinsam weiter. Tochi leidet darunter, dass er unterwegs fast keine anderen Pilger trifft, und er freut sich sehr über unsere Begegnung, fasst dadurch wieder Mut, um das Ende der Tagesetappe zu erreichen. Er unternimmt diesen Pilgerweg als eine körperliche Herausforderung, aber auch aus religiöser Inbrunst heraus und weil er über einen aktuellen Wendepunkt in seinem Leben nachdenken möchte. Seit der Nuklearkatastrophe von Fukushima ist Tochi ein leidenschaftlicher Anti-Atomkraft-Aktivist. Er betet auch für diese Sache und trägt unter seiner weißen Jacke stolz ein T-Shirt mit dem Slogan seines politischen Kampfes.

Nachdem wir bei Tempel 37, Iwamoto-ji (»Ursprung des Felsens«), angekommen sind, vereinen wir unsere Stimmen in einem Herz-Sutra. An der Decke des *hondō** ist, inmitten von 575 bunten Gemälden, neben Buddhas, Blumen und Pfauen auch Marilyn Monroe zu erkennen.

Ich gleite ins Land der Träume, betört vom süßen Geruch des *shukubo** und glücklich.

8

Brücken zum Licht

25. Juli – Atem des Lebens
Freudigen Herzens nehme ich bei Sonnenaufgang am Morgenritual im Tempel teil – unter dem verführerischen Blick von Marilyn Monroe –, zusammen mit Tochi und Marie-Tsuji, einer 27-jährigen *aruki* henro** aus Ōsaka, die ebenfalls im *shukubo** übernachtet hat. Ihre spontane Art, die große weiße Brille und die Pippi-Langstrumpf-Zöpfe haben mir auf Anhieb gefallen. Marie-Tsuji zieht als Erste weiter, ich nehme mir Zeit, um mich von Tochi zu verabschieden, der nach Tōkyō zurückkehrt und sichtlich gerührt ist über unsere Begegnung.

Im Laufe unseres Gesprächs belehrt Tochi mich über die Symbolik der großen Bronzeglocke am Tempeleingang. Sie mit dem horizontal an einem Seil aufgehängten Rundholz zum Schwingen zu bringen soll nicht nur die bösen Geister vertreiben, sondern auch die dunkle Seite in unserem Innersten besänftigen. In jedem Tempel durchdringt mich dieses sonore Beben, das an die Tiefen meines Wesens rührt und in alle Winkel meines Körpers ausstrahlt. Ich bleibe oft regungslos, die Augen geschlossen, und lausche, bis die letzte Schwingung verebbt. Es folgt die Souveränität der Stille, die sich breitmacht. Eine große Ruhe. Auch Paul Claudel sah in der Glocke »das Mittel, um den Menschen richtig zum Erklingen zu bringen«.[26]

Der Tag steht im Zeichen der Zahl 56. Nach dem heißen Asphalt der Route 55 folgt nun die dröhnende Route 56, auf der ich mit ausgreifenden Schritten mein heutiges Tagespensum von dreißig Kilometern zurücklege. Rechter Fuß, tock, pling, linker Fuß ...

Der nächste Tempel ist 87 Kilometer entfernt, was auf dem Pilgerweg von Shikoku den längsten Streckenabschnitt zwischen zwei Heiligtümern darstellt. Berge. Ozean. Ersehnte Getränkeautomaten. Bauarbeiten an der Straße, gut erkennbar an den beleuchteten Markierungen. Schmucke Verkehrspolizisten, die über meine Sicherheit wachen, schwenken anmutig Fahnen und Stöcke, um den Verkehr zu regeln und mir den Durchgang zu ermöglichen, grüßen mich mit respektvollen Verbeugungen. Reisfelder, vor denen ich gern stehen bleibe, um sie zu betrachten. Meine geschärften Sinne sind wie in Bann gezogen von dem großen Atem, der die weiten Flächen schlanker Halme streichelt und ihnen damit eine Bewegung verleiht, die an eine Welle erinnert, wie ein Tanz der Elementarteilchen. Ich genieße jedes Mal das Geschenk dieses Spektakels, das ich für mich die »Reisfeld-*Ola*« nenne und das in mir pure Freude aufsteigen lässt. Von Madagaskar bis Vietnam, Indonesien oder Brasilien war ich schon immer vom Anblick wogender Reisfelder fasziniert. Die anmutigen Halme, die ohne den geringsten Widerstand den Atem des

---

26 Paul Claudel, *La cloche, Connaissance de l'Est*, Gallimard 1957.

Lebens empfangen, ganz und gar im gegenwärtigen Moment: Das ist eine Lehre, die den großen Zen-Meistern würdig wäre! Oooolaaaaa!

Der Tag endet mit einem fröhlichen Abend in einem *minshuku** am Pazifik, widerhallend vom Gelächter junger japanischer Sportler auf der Durchreise. Mein Abendessen ist eine Hymne an den Ozean, bestehend aus *sashimi*, Garnelen-*tempura*, getrockneten Fischen und anderen Geschenken der Meerestiefe – was für ein Fest!

26. Juli – Leuchtender Segen

Das Frühstück ist eine würdige Entsprechung des Schlemmermahls vom Vorabend. Göttliche Morgendämmerung!

Es ist 6.30 Uhr, als meine Stöcke die Luft durchschneiden, die Sonne brennt bereits, und es ist schwül. Nach wenigen Metern schwitze ich schon stark, Schweißperlen rinnen mir in die Augen und übers Gesicht.

Die ohrenbetäubende Route 56 verläuft entlang der Pazifikküste, wo einige Surfer den tosenden Wellen des blauen Riesen trotzen. Unter einem wolkenverhangenen Himmel, so drückend wie eine Bleidecke, überquere ich den Shimantogawa, den längsten Fluss auf Shikoku. Die Zikaden unterbrechen ihren Gesang, die Reiher werden leise, der *aruki** *henro** beschleunigt seinen Schritt. Ein Gewitter droht. Dann wird der Himmel aufgerissen, und mit riesigem Getöse bricht ein Platzregen los. Die Tropfen rieseln von meinem Hutrand. Der Regen zwingt mich, in einem Straßenrestaurant Zuflucht zu suchen. Die Speisekarte in *kanji** ist wenig hilfreich, sodass ich mein kostbares Konversationswörterbuch hervornehme und in meinem besten Japanisch sage:

»*Konnichi wa**! – Guten Tag!«
»*Jimoto no meibutsu o, onegai shimasu kudasai. Omakase shimasu.* – Ich möchte gern eine lokale Spezialität essen. Bitte wählen Sie für mich aus.«

Eine Minute lang bleibt die Zeit stehen, dann fällt das Urteil über meine japanische Aussprache … Anscheinend war sie nicht so schlecht: Alle Gäste, die ihre Mahlzeit unterbrochen hatten, um mir in andächtigem Schweigen zu lauschen, tuscheln fröhlich miteinander, jeder macht einen Vorschlag, der mir ein kulinarisches Erlebnis bescheren soll. Und der köstliche Duft, der aus der Küche kommt, ist vielversprechend! Mir wird eine große, dampfende Schüssel mit *udon* hingestellt, dazu Fisch und Algen.

Ich lerne eine äußerst liebenswerte japanische Familie kennen: eine rund vierzigjährige Frau, ihre beiden Kinder und die Eltern. Die junge Frau lebt in den Vereinigten Staaten, irgendwo zwischen Kalifornien und Washington, und ist mit einem Pastor verheiratet. Bevor ich gehe, nimmt sie meine Hände und segnet mich, erbittet Gottes Schutz für mich. Erneut ein Widerhall des Segens auf dem Jakobsweg, den die Pilger in Le Puy-en-Velay erhalten. Diese Herzensinnigkeit mit einem Wesen, das mir wenige Augenblicke zuvor noch fremd gewesen ist, berührt mich tief. Ich bin sehr bewegt von den in den Himmel geschickten guten Wünschen für mich. Du und ich, wir sind eins … miteinander verbunden. Dasselbe Herz schlägt in unserer Brust, jenseits aller Unterschiede, derselbe Atem belebt uns. Und wenn auch draußen das Gewitter tobt, streicht durch meinen inneren Tempel nur eine sanfte Brise und darüber strahlt eine helle Sonne …

Als ich mich nach der längeren Pause wieder auf den Weg mache, fallen noch immer dicke Regentropfen. Warmer

Dampf steigt von der Straße auf. Ich muss den Shin-izuta, einen zwei Kilometer langen Tunnel, durchqueren ... Das hat seine gute Seite: zwei Kilometer lang geschützt vor dem himmlischen Zorn! Der dichte Verkehr zwingt mich allerdings, sehr gut aufzupassen. Es gibt weder eine Leitplanke noch ein Geländer zur Sicherheit, vereinzelte Betonplatten dienen als Gehsteig. Nachdem ich Kūkai um Schutz angerufen und meine Stirnlampe im Blinkmodus eingeschaltet habe, wage ich mich, meinen treuen Begleiter, das Glöckchen, griffbereit in der Hand haltend, in die finstere Röhre. Da der geringste Schlenker meinem Abenteuer ein fatales Ende bereiten könnte, drücke ich mich die Wand entlang, so gut es geht. Möge die Macht Kūkais mit mir sein! Und ich spüre, dass er an meiner Seite wandert, ohne jeden Zweifel. Steht etwa nicht *Dōgyō Ninin* auf meinem Stock und auf meinem Hut, was so viel heißt wie »Die beiden schreiten gemeinsam«? Dennoch bin ich sehr erleichtert, als ich schließlich wieder ans Licht und an die frische Luft gelange! Sogar der feine Nieselregen, der mich am Tunnelausgang erwartet, ist mir willkommen.

Ich gönne mir eine Pause in den Toiletten eines Einkaufscenters, um mich abzutrocknen. Hier mache ich die Bekanntschaft von Fuji-san, einem siebzigjährigen *aruki* henro** von ungeheurer Vitalität, der mich mit lebhaften Augen anlächelt. Von seiner Person geht eine unerschütterliche Ruhe aus, und auch ein Hauch von Geheimnis umgibt seine einzigartige Persönlichkeit. Er hat sich in der Toilette häuslich eingerichtet, um dort die Nacht zu verbringen, und nutzt die Zeit, um an einer improvisierten Wäscheleine den triefenden Inhalt seines Rucksacks zum Trocknen aufzuhängen. Er ist ein wandelnder Tante-Emma-Laden. Da steht ein Glas mit *umeboshi**, den runzeligen, sauer-salzig eingelegten Pflaumen, ein anderes mit getrocknetem Fisch, ein drittes mit gedörrten Algen, daneben liegen Salzbonbons. Kurzum, er macht sowohl durch die Art, wie er sich eingerichtet hat, als auch durch seine Ausrüstung den Eindruck, ein mehr als erfahrener *henro** zu sein. Dies wird bestätigt, als wir unsere wertvollen *fuda** austauschen: mein weißes Novizen-*fuda** gegen sein rotes Experten-*fuda**. Die Papierstreifen sind nämlich weiß bei den ersten vier Mal, die ein *henro** die Insel umwandert, grün bei fünf bis sieben Mal, rot bei acht bis 24 Mal, silbrig bei 25 bis 49 Mal, goldfarben bei fünfzig bis 99 Mal, und ab hundert Mal sind sie aus Brokat. Ich zeige ihm meine Bewunderung durch Lächeln und respektvoll ausgerufene »*Sugoi** *ne!*«, die er mit völlig unbewegtem Gesicht entgegennimmt.

Im *minshuku** des Dorfes Shimonokae erwartet mich wiederum ein äußerst zuvorkommender Empfang. Meine total durchnässten Schuhe gesellen sich auf dem Regal am Eingang zu anderem Schuhwerk jeder Art. Ich lasse ihnen große Sorgfalt zuteilwerden, ebenso wie meinen treuen Stöcken. Diesen muss man jeden Abend die Füße, sprich die unteren Enden, waschen, um sie dann in eine kleine Nische auf einen Ehrenplatz im Zimmer zu stellen. Und auch wenn die Spitzen allmählich stark abgenutzt sind, wäre es ein Sakrileg, sie mit einem Messer wieder ordentlich zurechtzuschneiden.

Zu meiner großen Freude treffe ich die schalkhafte Marie-Tsuji wieder an, sie ist abgespannt und erschöpft von den aufreibenden dreißig Kilometern, die sie hinter sich hat. Als ich mich auf die Suche nach einer Waschmaschine mache, ist das Einzige, was ich finde, ein Gerät, das nicht automatisch funktioniert – und das in diesem ansonsten hochtechnologisierten Land. Ich teile mit meiner Pilgerfreundin einen Moment einvernehmlicher Fassungslosigkeit!

27. Juli – Helles Gelächter
Nach dem Erwachen tausche ich die Hausschuhe gegen meine perfekt getrockneten Wanderschuhe. Der Himmel kündigt einen sonnigen Tag an, was bedeutet, dass es glühend heiß werden wird. Die Straße ist schön, und ich rücke energiegeladen aus. Zunächst wandere ich am Strand von Okinohama entlang und kann dem Vergnügen nicht widerstehen, meine Abdrücke im Sand zu hinterlassen und meine Füße im kühlen Pazifik zu erfrischen. Zahlreiche Familien sitzen an diesem Samstag beim Picknick am Strand, ein paar Surfer gleiten in vollkommener Harmonie mit der Melodie des Ozeans über das Wasser. Dieses heiter-gelassene und sorglose Schauspiel schenkt mir gute Laune.

Dann folgt eine Fotosession mit einem Biker, der am Straßenrand hält und auf mich zukommt.

»*Arigatō gozaimasu!** – Vielen Dank!«, wiederholt er unter zahllosen Verbeugungen.

Ich wage mich auf einem dunklen Pfad durch dichte Vegetation, der Boden ist mit Zweigen bedeckt und wimmelt bestimmt vor Schlangen. Als ich einmal fast auf eine von ihnen trete, entscheide ich mich für einen Umweg auf der asphaltierten Straße.

Bei einem Halt in einem hübschen Dorf, in dem ich mich im Schatten einiger Bäume ausruhen möchte, bringt mir ein alter Mann einen Tee, den er in einer raffinierten Zeremonie darreicht, bevor er zu seinem Fernseher zurückkehrt, dessen Lautstärke mich wach hält! So sieht die adrette Pilgerin jetzt aus: Anstelle meiner Kalebasse halte ich eine Teekanne in der einen Hand und eine Keramiktasse in der anderen.

Rechter Fuß, tock, pling, linker Fuß … Ich wandere durch Orte und Fischerhäfen. Bei einer weiteren Pause werde ich eingeladen, das Aquarium des Dorfes zu besuchen, wo neben lokalen Fischarten auch Haie und Wale zu bewundern sind. Hier mache ich die erstaunliche Entdeckung, dass es Toiletten gibt, die mit einem Präsenzmelder ausgestattet sind, damit eine sanfte Melodie eventuell unerwünschte Geräusche überdeckt. Jeden Tag ein neues Wunder! Der heutige Tag steht ganz eindeutig im Zeichen des Lachens.

Anschließend marschiere ich an einer kleinen Konservenfabrik vorbei, vor der eine Frau unter der glühenden Sonne Thunfische häutet. Sie unterbricht spontan ihre Arbeit und richtet mir einen Teller mit Thunfisch, Sojasoße und Wasabi mit Stangenbrot her, während sie sich fortwährend den Schweiß von der Stirn wischt. Dann fordert sie mich auf, das Mahl in der Fabrik zu genießen. Die Zeit bleibt stehen. Ich bin die Sensation des Tages, wie ich so dasitze und esse, inmitten der Arbeiter, die ihre Tätigkeit unterbrochen haben und im Kreis um mich herumsitzen, mich neugierig anstarren, bis die letzten Krümel auf meinem Teller verschwunden sind.

»*Arigatō gozaimasu.* Oishikatta!* – Vielen Dank. Es war köstlich!«

»*Dō itashimashite. Ganbatte kudasai! Ki o tsukete!** – Gern geschehen. Viel Glück! Geben Sie acht auf sich!«

Ich breche wieder auf, und in meinem Rucksack sind zwei große Thunfische für unterwegs. *O-settai**!

Etwas weiter treffe ich auf eine Pilgergruppe, die abwechselnd zu Fuß und im Bus reist. Kameras werden gezückt, ein jeder will mit mir fotografiert werden.

Nach diesen angenehmen Begegnungen erreiche ich auf dem Weg der Sieben Wunder endlich das Kap Ashizurimisaki. Der Ort ist sehr touristisch, aber auch wunderschön. Mächtige Wellen brechen sich an den steilen Klippen, über denen ein kreideweißer Leuchtturm thront. Eine Orientierungstafel prangt auf der durch Erosion entstandenen achtzig Meter hohen Klippe.

Tempel 38, Kongōfuku-ji (»Großes Glück des Diamanten«), liegt unmittelbar am Meer. Er ist Kame gewidmet, einer großen Steinschildkröte, die die Besucher am Tempeleingang empfängt. Im Zentrum dieser bemerkenswerten Tempelanlage liegt ein großes Wasserbecken, gesäumt von rosa, grauen und schwarzen Steinen. Darum herum sind die Gebäude und die vielen Statuen angeordnet. Nachdem er diesen Tempel gegründet hatte, soll Kūkai ein Bad im heißen Wasser eines Gebirgsbaches genommen haben, das seine Müdigkeit heilte und so zur südlichsten Thermalquelle von Shikoku, Ashizuri Onsenkyo, wurde.

Der *minshuku** Halto ist das Highlight des Tages. Ich begegne hier erneut Marie-Tsuji, die mit viel Freundlichkeit in beide Sprachrichtungen dolmetscht, ohne die geringste Ermüdung zu zeigen. Da wir die beiden einzigen Gäste sind, werden wir vom Wirt, einem extrovertierten Fischer und pensionierten Feuerwehrmann, der zwar angeberisch und schwatzhaft, aber auch witzig, charmant und exzentrisch ist, wie Prinzessinnen verwöhnt. Er ist einfach unbeschreiblich, und man muss ihn eigentlich selbst sehen, um sich ein Bild von diesem Unikat machen zu können! Jedenfalls ist er ganz aus dem Häuschen, weil er zwei junge Frauen unter seinem Dach beherbergt. Die üblichen höflichen Begrüßungsfloskeln verlieren sich in endlosen Sätzen. Der »*play-boy*« (seine Worte!) nutzt sein unverhofftes Glück, um den Abend in eine unvergessliche One-Man-Show zu verwandeln, wofür er von seinem weiblichen Publikum bejubelt werden möchte. Ich bin fasziniert von seiner in der japanischen Gesellschaft sehr ungewöhnlichen Persönlichkeit. Seine überschwängliche Art stellt meine Vorstellung von den allzeit beherrschten und reservierten Japanern infrage.

Seine Frau bereitet uns ein üppiges Abendessen zu, eine Hommage an die Wunder des Ozeans: eine Vielzahl von *sashimi*, raffiniert um einen kunstvoll zerlegten Bonito angerichtet. Vielerlei dekorative Gemüsesorten vervollständigen das Werk. Ganz große Kochkunst!

Beim Essen bringt mich Marie-Tsuji zum Lachen, als sie mir aufzählt, welche französischen Filmstars sie kennt:

»*Sophie Malseau, Amelie Poulain, John Lennon* …«

»John Lennon?«

Sie hat natürlich »Jean Reno« gesagt. Man wird leider kein Experte der japanischen Phonetik in nur so wenigen Tagen!

28. Juli – Großzügigkeit

Die Stunde des Abschieds von unserem *play-boy* ist gekommen. Zuerst wünscht er sich allerdings noch ein Erinnerungsfoto, für das er sich in Schale geworfen hat. Er ist ein wenig untersetzt, aber eitel und muss daher unbedingt vier Treppenstufen über uns stehen, um nicht kleiner als wir zu wirken. Wir lassen die Fotosession geduldig über uns ergehen. Dieser Tag zeigt sich bereits von seiner besten Seite!

Wie schon am Vortag marschiert Marie-Tsuji als Erste los. Sie hat einen langsameren Wanderrhythmus als ich, aber ihre Durchhaltekraft beeindruckt mich: Sie macht bis zum Etappenziel an diesem Abend nicht eine Pause.

Rechter Fuß, tock, pling, linker Fuß ... Ich begegne der *henro**-Gruppe vom Vortag, die gerade ihre morgendlichen Aufwärmübungen macht. Dann wandere ich entlang der Küste auf einer von Kamelien gesäumten Straße, deren Blumenreichtum eine Augenweide ist. Ein wahres Wunder!

Autos stoppen auf meiner Höhe, und man bietet mir an, mich ein Stück weit mitzunehmen. Wenn ich dankend ablehne, schauen mich die Fahrer oft verdutzt an. Ein Paar überholt mich im Auto, und etwas später treffe ich es erneut, die Arme beladen mit Essen für mich. Immer wieder begegnet man mir mit einer Großzügigkeit, die mich tief berührt. Ich entdecke das Wunder der Gastfreundschaft, das sich jeden Tag von Neuem ereignet ... Ich bin überwältigt! Du und ich, wir sind eins ... Der Refrain meiner Tage.

Als ich an einem Supermarkt vorbeikomme, kaufe ich Tüten voll unbekannter Lebensmittel. Ihre ungewöhnlichen Farben, Texturen und Aromen haben für mich den Reiz des Geheimnisvollen. Ein wahrer Schatz für mein Mittagessen.

Ich nehme die gleiche Straße wie am Vortag, diesmal in der entgegengesetzten Richtung, und habe deshalb einen anderen Blick auf den Weg. Wiederum gönne ich mir das Vergnügen, über den Sandstrand von Okinohama zu laufen. Zum *minshuku** marschiere ich schließlich gemeinsam mit Takumi, einem 29-jährigen *aruki** *henro** aus Tōkyō, der genug Englisch spricht, um ein Gespräch zu führen. Er bringt mich zum Lachen mit seinen Bedenken und der Sorge um meine Sicherheit! Er schreibt mir sogar einen Zettel mit den in seinen Augen unbedingt notwendigen Notfallnummern: seiner eigenen Telefonnummer, der der Polizei (110) und der Ambulanz (119). Donnerwetter, dieser Takumi meint es ernst!

29. Juli – Loblied der Schöpfung

Ein wunderschönes Licht leitet meine Schritte. Der Himmel trägt mich in seiner saphirblauen Unermesslichkeit. Das warme Wetter beflügelt meinen Gang.

Nach kaum zehn Minuten Marschzeit sehe ich schon die erste Schlange knapp vor meinen Schuhen vorübergleiten. Mehr als ein Dutzend dieser Reptilien kreuzen an diesem Tag meinen Weg. Ein Rekord! Zum Glück habe ich keine Phobie … Aber andauernd auf der Hut sein zu müssen wird mit der Zeit anstrengend.

Eine für meinen Geschmack sympathischere Begegnung mit der Tierwelt habe ich, als ich auf eine Horde Affen treffe, die seelenruhig mitten auf der Straße hockt und Reis schlemmt, den sie irgendwo gestohlen hat. Mir kommen die Jäger, denen ich letztens begegnet bin, in den Sinn, und erst jetzt verstehe ich den Zusammenhang. Als die Affen mich erkennen, machen sie sich ganz schnell unter Gekreische davon. Ich hatte ihre Schreie schon früher gehört, aber bisher habe ich noch keinen Affen zu Gesicht bekommen. Auch die Zikaden unterhalten sich munter mit ihrem intensiven Zirpen von Baum zu Baum, reiben sich lustvoll die Flügeldecken, singen unermüdlich von morgens bis abends.

Die durch Reisfelder und Hügel mit roten Zedern verlaufende asphaltierte Straße entlang des Shimonokae-gawa-Flusses bringt mich von der Pazifikküste weg. Ich mache in einer Pilgerhütte halt, glücklich über den Getränkenachschub.

Auf dieser Tagesroute scheint es in der Tat kaum Automaten zu geben, an die ich mich inzwischen gewöhnt habe und die eine segensreiche Einrichtung für die wenigen *aruki* henro** sind, die im Sommer wandern.

Ich sehe Marie-Tsuji ankommen, die sich eine kurze Pause gönnt, bevor sie beharrlich weitermarschiert.

Der schmale, friedliche Pfad führt über eine breite und viel befahrene Straße, wo ich auf Miazuki stoße, einen etwa dreißigjährigen *aruki* henro**, der abgekämpft aussieht, erschöpft nach den fünfzig Kilometern, die er am Vortag marschiert ist. Er will ein paar Stunden unter freiem Himmel schlafen und dann um halb zwei Uhr nachts weitermarschieren. Beeindruckend!

Es ist fünfzehn Uhr, als ich meinen *minshuku** erreiche, was mir reichlich Zeit lässt, den Rucksack abzulegen und gemütlich die zwei Kilometer zu Tempel 39, Enkō-ji (»Langes Licht«), zu spazieren, wo eine freudige Überraschung auf mich wartet. Keine Treppen, sondern eine ebenerdige Tempelanlage: Das Glück eines *aruki* henro** liegt wahrlich in den kleinen Dingen! Das Konzert der Zikaden vermischt sich mit den Schwingungen des Herz-Sutra, das von einer Pilgergruppe rezitiert wird. Natur und Menschheit sind innig vereint in diesem hingebungsvollen Gleichklang. Wie schön! Ich lausche, ich empfange, ich sammle mich.

Zurück in meiner Unterkunft, treffe ich wieder auf Takumi, der getreu seiner Fürsorge für mich eine Reservierung für die folgende Nacht im gleichen *minshuku** vornimmt, in dem auch er übernachtet.

Dritter Teil

DER SCHLÜSSEL ZUR HARMONIE

Tempel 40 bis 65 – Der Weg der Erleuchtung, 菩提
Iyo (heutige Präfektur Ehime)

*Im gegenwärtigen Augenblick zu leben ist ein Wunder.
Auf dem Wasser zu schreiten ist es nicht. Das Wunder besteht
vielmehr darin, im gegenwärtigen Augenblick über die grüne
Erde zu gehen, den Frieden und die Schönheit zu kosten,
die genau jetzt zur Verfügung stehen.*

Thich Nhat Hanh

9

Geschmack des Seins

30. Juli – Fülle im gegenwärtigen Augenblick
Das Ende der Reise auf dem Weg der Disziplin zeichnet sich ab. Heute werde ich in der Präfektur Ehime ankommen. Witziges Detail am Rand: Meine Füße betreten den Boden der Erleuchtung, die nächste Etappe auf dem Weg zum Nirwana, genau beim Verlassen eines der unzähligen Tunnels. Übergang von der Dunkelheit zum Licht. Kleine Tode zur symbolischen Wiedergeburt. Das illustriert doch ganz ausgezeichnet den Pilgerweg, diesen Wechsel zwischen den einzelnen Streckenabschnitten.

Je länger ich auf Pilgerschaft bin und je mehr Kalligrafien sich in meinem Büchlein ansammeln, desto leichtfüßiger werde ich. Mein inzwischen abgehärteter Körper, der sich an die tägliche Anstrengung gewöhnt hat, kann jeden Tag mehr leisten. Meine Sinne sind geschärft. Ich habe einen Marschrhythmus gefunden. Die Stunden gleiten flott dahin, folgen dem Takt meiner Schritte.

Ich genieße das wunderbare Gefühl, von einer leichten Brise vorangetrieben und von den Gedanken meiner Lieben zu Hause begleitet zu werden, von meiner Familie, meinen Seelen- und Herzensfreunden.

Während ich meine Gedanken frei schweifen lasse, bin ich auf einmal ganz aufgeregt, und leichte Heiterkeit überkommt mich. Als ob ein Funke etwas in meinem Inneren entfachen würde, das zunehmend lebendiger wird, und mit dem Finger auf all die Wunder um mich herum zeigen würde. Kleinigkeiten als Glücksvorrat: eine Pause, ein Duft, ein Blickwechsel, ein Lächeln, eine Handbewegung, ein angebotener Tee, eine Begegnung mit der Andersartigkeit ...

Ich bewege mich auf einen Bewusstseinszustand zu, in dem die Gegenwart eine andere Qualität hat. In dem die Erfahrung des Augenblicks in vollen Zügen gelebt wird. Der Weg wird zunehmend introspektiv. Mit jedem Tag unterwegs ergibt sich eine neue spirituelle Erfahrung. Heißt Erleuchtung etwa, die Dunkelheit, die sich tief in uns verbirgt, in Licht umzukehren, sich dieser spirituellen Alchemie hinzugeben, durch die wir unsere schattenhaften Bereiche erkennen und sie in Goldperlen umwandeln können? Erleuchtung ... Sich unserer göttlichen Natur bewusst werden und sich gleich der Sonnenblume dem Licht zuwenden, von dem wir abstammen, hin zu dem Stern, der uns leitet.

Heute bin ich auf der Route 56 unterwegs zu Tempel 40, Kanjizai-ji (»Avalokiteshvara«). Dort unterhalte ich mich sehr gut mit dem Kalligrafen. Unsere Kommunikationsversuche unterstützen wir mit erläuternden Skizzen:

»*This ist the Eiffel Tower, in Paris. I live nearby.*«
»*Heeey! Sugoi* ne!* – Hey! Das ist fantastisch!«

Als dann noch Marie-Tsuji dazukommt, ist das Kalligrafiebüro von unserem Lachen erfüllt. Bedeutet die Annäherung an das Wesentliche nicht auch, souverän mit Freude umzugehen?

Im *minshuku** treffe ich auch Takumi wieder, der sichtlich erleichtert ist, dass ich heil angekommen bin. Wir essen fröhlich zu dritt in einem Restaurant, dessen Spezialität Nudeln in Selbstbedienung sind: Man kocht sich die Teigwaren selbst und fügt ganz nach Geschmack Würze und weitere Zutaten hinzu. Zum Abschluss gibt es Eis in einem Tempel, wo gerade ein Fest stattfindet. Allerdings weiß ich nicht, warum ... Egal, wir feiern unter Lampions, und ein Blitzlichtgewitter bricht über die *aruki** *henro** in Partylaune herein.

31. Juli – Drückende Hitze

Aufbruch um sechs Uhr morgens. Begleitet von den aufmunternden Wünschen Takumis und der aufmerksamen Fürsorge meiner Wirtin, gehe ich die vierzig Kilometer bis Uwajima an. Mein Rucksack ist um einen Liter Eis (das eine Stunde später bereits geschmolzen ist) und eine riesige Pampelmuse schwerer.

Die wiedergefundene Nähe des Meeres und seiner belebenden Frische erfüllt mich mit Freude. Fließend reihen sich die Kilometer aneinander. Rechter Fuß, linker Fuß ... Ich nutze meine erste Pause, um die Pampelmuse zu verspeisen. Als ich mir gerade den letzten Bissen in den Mund schiebe, hält ein Auto neben mir. Und schon habe ich wieder eine neue, noch größere in der Hand beziehungsweise in meinem Rucksack ... Und natürlich in meinem Herzen, *o-settai**!

An dieser für seine Perlenaustern bekannten Küste folgt ein Fischerdorf auf das nächste. Und meine Erscheinung sorgt natürlich für Neugier. Gerne stelle ich mich dem üblichen Fragenkatalog, für den mir die Antworten mittlerweile schon ohne Nachdenken über die Lippen kommen.

Ein Fischer, dessen Haut so gefurcht ist wie eine Walnussschale, beschenkt mich mit einem »*I love you*«, das aus seinem strahlend lächelnden, fast zahnlosen Mund etwas komisch wirkt, während ein Kollege von ihm mir einen Geldbeutel mit Kleingeld übergibt, damit ich meinen Durst an den Automaten stillen kann.

Als die Sonne im Zenit steht, ist die Hitze unerträglich und wird am Nachmittag so drückend, dass ich meine Kilometer immer lustloser abspule. Sogar das Festhalten meiner Stöcke, die ebenfalls glühen, ist eine einzige Tortur. Ich habe den Eindruck, mich mitten in einem Athanor zu befinden, jenem Alchemistenofen, in dem die Flammen auf ein Rohmaterial so lange einwirken, bis daraus die Quintessenz gewonnen ist. Ja, genauso ich komme mir vor – wie ein Rohstoff, der einer tiefgreifenden Metamorphose unterzogen wird. Ob am Ende wohl Gold dabei herauskommt?

Seit mehr als zehn Stunden bin ich unterwegs, und dieser Tag, der mich durch Gegenden mit Einkaufszentren führt, scheint einfach kein Ende finden zu wollen. Später dann beim Einschlafen rechne ich die zurückgelegte Strecke noch einmal durch. Heute habe ich vierzig Kilometer bei vierzig Grad Celsius im Schatten hinter mich gebracht. Nicht schlecht!

1. August – Lebende Gegenwart
Wieder erlebe ich die unglaublichen Regenerationsfähigkeiten meines Körpers. Beim morgendlichen Packen tänzele ich doch glatt munter über die *tatami*-Matten, was gestern, als ich erschöpft auf meinen Futon gesunken bin, völlig undenkbar schien …

Ich durchquere Uwajima, als gerade Horden von Kindern auf dem Weg zur Schule sind, entweder zu Fuß oder mit dem Fahrrad. Schüchtern lächelnd sehen sie mir hinterher.

Oje, wieder die Schnellstraße! Aber zum Glück auch romantische Pfade, wie ich sie liebe, die sich zwischen Reisfeldern und Bächen dahinschlängeln. Ein Tag zum Träumen. In meiner Erinnerung häufen sich die Bilder an.

»*Hello!*«

In Tempel 41, Ryūkō-ji (»Licht des Drachen«), lerne ich Hideya kennen, einen 34-jährigen *aruki* henro** aus Shizuoka. Seine pechschwarzen Haare sind zu einem Pferdeschwanz zusammengefasst, und seine Augen funkeln schelmisch wie bei einem Kind, das gleich etwas Verrücktes anstellen wird. Sein Wesen und seine Spontaneität verleihen ihm eine starke Ausstrahlung. Er ist ein eifriger Anhänger der Meditation und bezaubert sowohl durch sein Verhalten wie auch seinen Lebensstil. Wie die Pilger von früher trägt er Strohsandalen und legt seinen Weg behände und anmutig zurück. Sein gelenkiger Fuß passt sich mühelos dem jeweiligen Gelände an und unterscheidet sich kaum vom Untergrund. Welkes Blatt auf abgestorbenem Laub, Fels auf Kieselpfaden, Asphalt auf Teerpisten. Er vermittelt diesen außergewöhnlichen Eindruck, mit der Natur eins zu sein, mit den Elementen im Einklang zu stehen. Und seine überbordende Fantasie macht ihn mir sofort sympathisch.

Wir laufen gemeinsam bis zu Tempel 42, Butsumoku-ji (»Baum des Buddha«), durch Reisfelder, Hügel voller Baumplantagen und bebauter Felder mit lebensechten Vogelscheuchen. Von dort gehe ich allein weiter. Der nun folgende Steilweg durch die Wälder hinauf zum nächsten Tempel bezaubert mich durch die dort herrschende gelassene Atmosphäre. Grillengezirpe und knarzende Bäume veranlassen mich, dem Konzert der Natur zu lauschen. Das Publikum ist wunschlos glücklich!

Ich treffe Hideya wieder, und wir ergänzen diese Weltensymphonie um unsere Freude, indem wir aus voller Kehle ein denkwürdiges »*I feel good, tana nana nana na!*« von James Brown schmettern, begleitet von unserer ganz eigenen Choreografie. Danach überlasse ich Hideya seiner Siesta und überquere den Pass von Hanaga-Toge mit vervielfachtem Schwung und dem Refrain auf den Lippen: »*Whoa! So good, so good ...*« Oh, wie gut ich mich doch auf diesem Weg fühle! Ich nehme ein himmlisches Licht wahr. Ich glaube, dass Gott auf allen Wegen wandelt. Er ist nicht an eine Kirchenmauer gebunden oder an eine starre, gegenständliche Abbildung. Ich bin mir ganz sicher, dass er mir auf diesem Weg entgegenkommt. Oder gehe etwa ich ihm entgegen? Wie auch immer, ich habe den Eindruck, dass wir uns gerade ziemlich oft über den Weg laufen.

Schon mein ganzes Leben lang begegnen wir uns regelmäßig: in der Schönheit einer Landschaft oder eines Kunstwerks, in den zeitlosen Minuten, die die Vereinigung des Flüchtigen mit der Ewigkeit feiern, in diesen Momenten uneingeschränkter Freude. Ich trage den christlichen Glauben in mir, aber jeden Tag kommen neue Weisheiten dazu aus der fruchtbaren Auseinandersetzung mit unterschiedlichen spirituellen Lehrmeistern – von Thich Nhat Hanh über Jean-Yves Leloup bis hin zu Karlfried Graf Dürckheim. Und auf diesem Pfad der heiligen Tempel lädt mich der Buddhismus dazu ein, mein Bewusstsein zu wecken, während ich mich dem Heiligsten in mir öffne.

Der Tempel 43 in seinem Felsenschrein bezaubert mich durch seine Schönheit. Meiseki-ji, »Stein des Lichts«: Er trägt seinen Namen zu Recht. Gleich darauf folgt wieder ein Szenenwechsel mit der Route 56 und ihren Einkaufszentren und Leuchtreklamen. Erst nach achtzehn Uhr erreiche ich meine Herberge. Und um neunzehn Uhr bin ich bereits in tiefen Schlaf gesunken.

10

Der Pfad des Loslassens

2. August – Verwundbarkeit
Der Himmel ist heute voller Wolken, die vor den stechenden Sonnenstrahlen schützen, was einen die Strecke ganz anders empfinden lässt. Rechter Fuß, linker Fuß ... Laute Autostraße, Industriegebiete, Eisenbahnlinien. Die Fahrer halten zuhauf an, und ich erhalte literweise Eistee als *o-settai**. Ich beschließe, den Verkehr zu meiden, und will mich lieber durch den Wald schlagen. Dennoch muss ich durch den düsteren Tunnel von Tosaka, in dem es keine Bürgersteige oder Sicherheitsgeländer gibt. Erneut beschwöre ich den Schutz des lieben Kūkai. Dann schwenke ich meine Stirnlampe und spüre den Lufthauch der Laster, wenn sie dicht an mir vorbeibrausen. Dieser Weg der Demut macht mir doch immer wieder meine Verwundbarkeit bewusst.

Tock, pling ... Ich mache einen Umweg zum Tempel Toyogahashi. Kūkai soll hier eine Nacht unter der zu ihm führenden Brücke verbracht haben. Daher rührt die Tradition, beim Überqueren einer Brücke niemals mit dem Stock aufzuschlagen, damit man ihn nicht aufweckt. Doch angesichts des ohrenbetäubenden Verkehrslärms um mich herum bezweifle ich, dass Kūkai überhaupt schlafen kann.

Welch eine Freude, als ich zum Ausklang des Tages wieder von der Stille der Wälder umgeben bin und von Reisfeldern, die sachte in der Brise erzittern ... Ein unermüdlicher Tanz der Verführung. Und in diesem großen himmlischen Atemholen spüre ich den Hauch des Göttlichen.

Der Empfang im *minshuku** ist höchst aufmerksam. Ich treffe wieder auf Takumi, der seine selbst gewählte Aufgabe als mein Leibwächter sehr ernst nimmt. An diesem Abend sind wir fünf Pilger, die hier übernachten: ein Rekord seit meiner Ankunft! Die Nacht verläuft daher genauso wie der Tag: laut! Meine Bettnachbarn, von denen ich nur durch dünne Schiebewände getrennt bin, geben sich alle Mühe, mich in den Schlaf zu wiegen .... Rrrr ... Zzzz ... Bis zur Morgendämmerung zähle ich Schäfchen, Teeblätter und Reiskörner, doch die Augen kann ich trotzdem nicht schließen. Ich nehm's mit Gelassenheit, erinnere ich mich doch an etliche durchwachte Nächte in den Schlafsälen des Jakobswegs, in denen man manchmal ähnliche Geräuschpegel messen konnte wie auf dem Flughafen Paris-Charles-de-Gaulle.

3. August – Flüchtigkeit

Ich betrachte Kaktusblüten, deren Schönheit nur einen Tag andauert, und sinne während der nächsten 24 Stunden über die Flüchtigkeit unseres Aufenthalts auf Erden nach. Wir sollten jeden Moment auskosten, stets achtsam sein mit dem, was ist. Nichts gehört uns allein. Alles gehört der gesamten Menschheit. Alles vergeht, und wir sind nichts als Passanten auf den Straßen der Welt ... Ach ja, wieder so etwas allzu Offensichtliches, möchten Sie mir jetzt vielleicht entgegnen. Stimmt, aber wir vergessen es so oft. In dem wunderbaren

Abenteuer des gegenwärtigen Lebens ist das Dasein reich an täglich neuen Morgendämmerungen.

Los, auf zu den nächsten 35 Kilometern! Rechter Fuß, tock, pling, linker Fuß, tock ... Die Strecke ist schön und die Sonne mild. Elan und Leichtigkeit sind mit von der Partie! Ich lasse mich von dieser Stimmung tragen und genieße die lebendige Stille der Natur, in der jedes kleine Geräusch eine ungewohnte Bedeutung erlangt. Das Murmeln der Bäche, das Knarren der Bäume, der Gesang der Vögel begleiten den ewig gleichen Takt meiner Schritte bis nach Kuma, wo ein Futon auf mich wartet.

Und was für ein glücklicher Zufall, ich komme gerade richtig für das Sommerfest! Die Straßen sind mit bunten Bändern und Lampions geschmückt. Die Stille des Tages weicht den hämmernden Rhythmen der *taiko*, dieser energischen Trommeln, die mich durchdringen und auch noch die letzte Zelle mobilisieren wollen. Ich bewundere das Können der Musiker und berausche mich an der Kraft dieser Rhythmusinstrumente in der Sternennacht. Teams von Männern mit Stirnbändern, mit denen sie wie moderne Samurai wirken, tragen im Laufschritt Baumstämme durch die Stadt. Das ausgelassene Publikum am Rande der Rennstrecke unterstützt sie mit jubelndem Applaus.

Im *minshuku** lerne ich eine dieser Mannschaften kennen, weil der Wirt Mitglied ist. Augenscheinlich sind sie zufrieden mit ihrer Leistung. Die Stimmung ist gut, beschwipste Männer in kurzen Hosen beglücken mich mit trunkenen »*I love you!*«-Sprüchen. Und dann wird gesungen und gebechert.

Das Hauptportal von Tempel 3, Konsen-ji (»Goldquelle«)

Statue von Kūkai im Innenbereich von Tempel 21, Tairyū-ji (»Großer Drache«)

Der *hondō* in Tempel 21

Immer wieder habe ich herzliche Begegnungen mit der Bevölkerung.

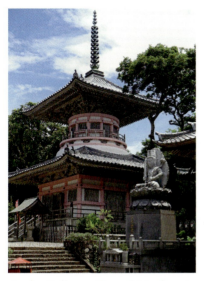

An der Stelle von Tempel 24 erkannte Kūkai seine Bestimmung zum Mönch.

Buddhistische Gottheit in Tempel 36, Shōryū-ji (»Blauer Drache«)

Am Eingang zu jedem Tempel schöpft der *henro* reinigendes Wasser mithilfe einer kleinen Kelle mit hölzernem Stiel aus einem Becken.

Die Küstenstraße, »Yokonami Skyline« genannt, bietet einen hervorragenden Ausblick auf den Pazifik.

Typische Einrichtung im *shukubo* von Tempel 37, Iwamoto-ji (»Ursprung des Felsens«)

Jizō Bosatsu, die buddhistische Gottheit, die über der Küste des Pazifiks thront, bringt Fruchtbarkeit und Langlebigkeit, wacht über Kinder und Reisende.

In traditioneller Pilgerkleidung stehe ich im Innenbereich von Tempel 42, Butsumoku-ji (»Baum des Buddha«).

Matsuyama, die größte Stadt auf Shikoku, ist berühmt für seine Burg und den Dōgo Onsen, eine der ältesten Warmwasserquellen Japans.

Glücklich wandere ich durch den Nadelwald zu Tempel 66.

Die Pagode von Tempel 75, wo Kūkai geboren wurde

Japanische Pilger im Innenbereich von Tempel 80, Kokubun-ji (»Provinztempel«)

Der Garten des Ritsurin-kōen in der Stadt Takamatsu, der seit 1953 zu den »Ausgezeichneten Sehenswürdigkeiten« des Landes gehört

Die traditionelle Küche, *shōjin ryōri*, wurde von den Mönchen im Rahmen ihres buddhistischen Unterrichts überliefert.

Kōya-san ist der wahre Endpunkt des Pilgerwegs der 88 Tempel. Der *henro* begibt sich zu Kūkais Mausoleum, um ihm für sein Geleit zu danken.

4. August – Wegmarkierungen

Die Nacht war kurz, und der Aufbruch um sieben Uhr ist etwas hart. Egal, der vor mir liegende Tag sollte eigentlich keine großen Schwierigkeiten für mich bereithalten: Der Weg ist angeblich leicht und asphaltiert bis zu den Tempeln 44 und 45. Tempel 45 liegt zwar mitten in den Bergen, aber man soll über eine flache Straße dorthin gelangen.

Allerdings hält der Weg wieder neue Streiche für mich bereit. »Wenn du es eilig hast, nimm einen Umweg.« Heute erschließt sich mir dieses japanische Sprichwort in seiner Gänze ...

Meine Füße fliegen über den Asphalt bis zu dem hübschen Tempel 44, Daihō-ji (»Großes Juwel«). Schnell ziehe ich weiter auf einem Weg, der steil nach oben führt. In der Ferne wedelt ein Mann mit den Armen und zeigt in eine andere Richtung: Er gibt mir in der allgemein gültigen Zeichensprache zu verstehen, dass ich eine falsche Abzweigung genommen habe. Also stapfe ich zurück, verlaufe mich wieder und muss mehrfach umkehren. Etwas später verlockt mich eine weitere Gabelung, eine steile Abzweigung durch die Bäume zu wählen. Ich kämpfe mich auf diesem bergigen Pfad vorwärts und passiere nacheinander etliche Hügelrücken. Das entspricht so gar nicht meinen Erwartungen vom mühelosen Einfach-nur-einen-Fuß-vor-den-anderen-Setzen ... Die Straße ist bald nur noch eine ferne Erinnerung. Der Anstieg ist hart, mein Körper neigt sich immer mehr, wie angezogen von der Erde, die ihn trägt. Ich schleppe mich unter Schmerzen vorwärts, jeder Schritt geht mir durch und durch und macht doch nur Platz für den nächsten. Ganz elementar ... Element Erde. Wenigstens ist die Umgebung reizend, das hält mich davon ab aufzugeben. Jedes Mal, wenn ich wieder einen Pass überwunden habe, jubele ich auf wie trunken vom Gipfelrausch.

Trotzdem bin ich wie benommen vor Erschöpfung. Meine Trinkflasche ist leer, und auf der Karte kann ich mich auch nicht mehr orientieren. Ich komme mir vor wie vor etlichen Tagen beim Aufstieg zum berüchtigten Tempel 12. Metapher meiner Irrwege im tatsächlichen Leben wie im übertragenen Sinn. Illustration der leichten Versuchung, mal eben eine Abkürzung zu nehmen ... Das dauernde Auf und Ab des Pfads kommt mir vor wie die Höhen und Tiefen in meinem Inneren auf dem Weg zum Kern meiner Einzigartigkeit.

Nach dreizehn Uhr erreiche ich völlig entkräftet endlich Tempel 45, Iwaya-ji (»Felsengrotte«). Etwas überraschend, weil ich zum ersten Mal oberhalb eines Tempels herauskomme und zunächst sogar noch einige Stufen nach unten klettern muss, damit ich ihn betreten kann. Die Mühen, den Gipfel zu erreichen, werden jedoch durch die Besonderheit des Tempels belohnt. Der Weg öffnet sich zum Tal, und eine großartige Aussicht entschädigt für diese schmerzhafte Etappe.

Majestätischer Frieden geht von diesem Ort aus. Die Gebäude schmiegen sich an die Bergflanken, und die Gebete der Pilger werden von Höhlen in Empfang genommen, in denen sich aus dem Dämmerlicht gutmütige Buddhas erheben, sanft umstreichelt vom flackernden Licht der Kerzen. Mir wird ganz schwindlig. Nach all der Anstrengung der letzten Kilometer werde ich von meinen Gefühlen überwältigt: Mir laufen die Tränen über die Wangen, sie tropfen durch die Weihrauchspiralen und landen schließlich auf dem felsigen Untergrund. Ich lasse es gut sein, lasse alles in mir leben.

Nach einer erholsamen Pause breche ich wieder auf, diesmal mit dem festen Vorsatz, stets auf der Straße zu bleiben und meine Sohlen mit dem aufgeheizten Teer verschmelzen zu lassen. Eine klare Entscheidung zugunsten des Asphaltreichs. Unterwegs überhole ich einen betagten *henro**, dessen gebrechliche Gestalt eine geheimnisvolle Aura umgibt. Er zieht einen Karren hinter sich her und schreitet mühsam voran. »*Ganbatte kudasei! Ki o tsukete!** – Alles Gute! Seien Sie vorsichtig!« Du und ich, wir sind eins ... Herz an Herz. Gegenseitige Abhängigkeit, gegenseitiges Vertrauen ... Diese Worte kommen mir bei jeder neuen Begegnung in den Sinn wie ein Mantra. Einheit der menschlichen Spezies jenseits der Diversität der Gesichter. Es gibt nur ein Du und ein Ich, einfach ein kollektives »Ich bin«, das durch ein unsichtbares Wurzelgeflecht verbunden ist.

Route 12, Route 33 ... Ich spule die Kilometer nur so ab, umgeben von einem gleißenden Licht, in dem sich die Landschaft klar abzeichnet. Ein Lieferwagen hält neben mir. Es ist mein Wirt für heute Abend, der sich Sorgen um mich gemacht hat, weil ich noch nicht eingetroffen bin, und mir daher entgegengefahren ist. Da er selbst den Pilgerweg bereits sechsmal hinter sich gebracht hat, weiß er, dass zu viel Fürsorge einem freiheitsliebenden Wanderer eher unangenehm sein kann, daher schlägt er mir gar nicht vor, zu ihm in den Wagen zu steigen. Aber wie ein Lichtlein, das mir den Weg weist, wartet er hinter jeder Abbiegung dieser letzten fünf Kilometer auf mich, die ich noch hinter mich bringen muss, ehe ich mir endlich Ruhe gönnen darf. Als einziger Gast an diesem abgelegenen Ort mitten im Wald werde ich wieder einmal herrlich umsorgt.

5. August – Brennendes Feuer
Nach einer Fotosession mit lauter albernen Posen folgt ein gefühlvoller Abschied: Langsam verschwinden die Umrisse meiner Gastgeber im Nebel. Im morgendlichen Sprühregen voller Melancholie leidet mein Körper immer noch unter den Anstrengungen des Vortags. Meine Schritte sind schwerfällig, meine Laune ist im Keller. Meine Gedanken, die ungeordnet mal hierhin, mal dorthin springen, entsprechen der Farbe des Himmels: bleigrau. Heute Morgen habe ich wirklich gar keine Lust weiterzuwandern.

Doch das ändert sich schlagartig, als ich nach einer Kurve plötzlich wieder Hideya gegenüberstehe, Mister *I feel good* persönlich, der mich aus dem Nebel meiner schwermütigen Gedanken reißt. Als ich ihn sehe, habe ich das Gefühl, einen alten Freund wiedergefunden zu haben. Ich lasse mich von seiner Lebensenergie und seiner guten Laune mitreißen. Sein Funke gibt mir den Schwung zurück, der mir heute gefehlt hat. Was beweist, dass wir füreinander wie ein brennendes Feuer sein und uns mit Heiterkeit und Tatendrang anstecken können.

Wir erzählen uns von unseren letzten Abenteuern und lernen voneinander die linguistischen Feinheiten der Tierlaute auf Französisch und Japanisch:

»Wie macht der Frosch auf Französisch?«

»*Croa croa*. Und auf Japanisch?«

»*Kero kero*. Und die Katze?«

»*Miaou miaou.*«

»In Japan macht sie *nyā nyā*.«

Der Takt unserer Schritte gleicht sich in einem ruhigen Tempo an, und wir wandern den ganzen Tag gemeinsam in aufrichtiger Freude. Ich kann mein japanisches Musikrepertoire um ein Lied erweitern: *Nada Sōsō*, eine Ballade über eine verlorene Liebe.

Des stressigen Alltags in Tōkyō überdrüssig, wo es nur darum ging, verbissen seiner Arbeit nachzugehen, ist Hideya gerade von einem anderthalbjährigen Aufenthalt auf den Philippinen zurückgekehrt, wo er in einer Schule für ausländische Studenten Englisch unterrichtet hat. Diese Pilgerreise stellt für ihn einen Übergang zu einem neuen Leben dar, das er erneut in Kūkais Hände legt.

Die Tempel folgen aufeinander – 46, 47, 48, 49 … Die heitere Gelassenheit, die von diesen Orten ausgeht, inspiriert auch die Wünsche, die ich in meine Gebete einschließe. Tempel 47, Yasaka-ji (»Acht Böschungen«), beherbergt einen Schatz in seinem Inneren: ein großes Wasserbecken, in dem Lotosblumen ihre rosige Pracht demonstrieren. Ich nehme mir die Zeit, diesen Anblick in mich aufzunehmen.

In Tempel 49, Jōdo-ji, zu Recht »Paradies« genannt, spricht mich eine junge Frau spontan an, als ob ich fließend Japanisch könnte. Hideya übersetzt für mich: »Sie möchte dir eine Nacken-, Rücken- und Schultermassage schenken.«

»Oh ja! Mit großem Vergnügen!«

Und so sitze ich kurz darauf auf einer Bank im Eingangsbereich des Tempels und lasse mir beglückt von ihren flinken Händen die angesammelten Spannungen wegstreichen und auf diese Weise Raum für eine freie Atmung schaffen! Mein Rucksack ist plötzlich viel leichter, und mein Körper scheint beinahe zu schweben.

Hideya und ich gönnen uns eine lange Mittagspause im Schatten eines Parks, in dem Kinder zwischen Wasserstrahlen hin und her laufen. Und wir teilen uns die kleinen Köstlichkeiten, die sich in unserem Gepäck verborgen hatten: von Reisbällchen über saftige Pampelmusen bis hin zu *mochi*, den traditionellen Kuchen aus Klebreis – ein wahres Festmahl. Zu zweit schmeckt es gleich noch einmal so lecker. Wir beenden unser Schlemmermahl mit einem *Garigari kun*, einem äußerst durststillenden Wassereis, das quietschblau ist und ziemlich künstlich schmeckt, aber fortan Grund vieler Zwischenstopps an den *konbini** ist.

Unser Lachen gibt den Takt unserer Schritte vor. Wir trödeln, erfreuen uns an den milden Temperaturen und legen vermehrt Pausen ein, als wollten wir diese gemeinsam verbrachte Zeit, so gut es geht, in die Länge ziehen. Und so ist der Tag schon weit fortgeschritten, als wir in Tempel 50, Hanta-ji (»Äußerste Sorge«), ankommen. Hier wählt Hideya den Weg zum *onsen** in der Nähe, während ich weiter bis nach Matsuyama laufe, die Hauptstadt der Präfektur Ehime. Ich verlasse die friedlichen kleinen Ortschaften und lande mitten im Trubel der größten Stadt auf der Insel Shikoku, wo die Autos mich gleich mit ihrem hektischen Ballett begrüßen.

Angesichts der späten Stunde steuere ich direkt das Sen Guesthouse an, wo mich eine lockere Atmosphäre und der warmherzige Empfang durch Nori und Matthew erwarten.

Letzterer erklärt mir, dass er aus Texas stammt: »Ich habe mich auf meiner Pilgerreise zu den 88 Tempeln in Japan verliebt. Zuerst habe ich mich in Ōsaka niedergelassen, um Englisch-Unterricht zu geben. Dann habe ich Nori kennengelernt, und wir haben diese Jugendherberge auf Shikoku eröffnet.«

»Und, Nori, bist du auch schon mal auf diesem Pilgerweg gewandert?«, frage ich sie.

»Noch nicht, aber wir sind gemeinsam auf dem Jakobsweg in Spanien bis nach Santiago de Compostela marschiert. Und nächstes Jahr möchten wir den französischen Teil ab Le Puy-en-Velay erwandern«, erwidert sie. Es gibt ganz offensichtlich ein großes Einvernehmen zwischen dem heiligen Jakobus und Kūkai!

Matthew und Nori informieren unverzüglich meinen Wirt der letzten Nacht, der sie schon mehrfach am Nachmittag angerufen hat, um sich zu erkundigen, ob ich denn auch gut angekommen sei. Welch rührende Aufmerksamkeit!

Das Gasthaus ist sehr nett, aber da ich bis jetzt gut damit gelebt habe, keinerlei Kontakt zu anderen Menschen aus westlichen Gefilden zu haben, stört mich auf einmal die Gegenwart von so vielen Touristen. Ich höre sogar ein paar Brocken Französisch! Ja, ich weiß, ich bin auch eine Touristin, aber trotzdem ... Ich würde lieber ganz weit weg von meiner Welt sein.

Schnell habe ich mich eingerichtet und eile zu meinem täglichen Bad. Auf dem Weg stolpere ich über komische Anachronismen. In dem Viertel mit den Thermalquellen flanieren die Einheimischen in Kimonos, die sich an Eleganz übertreffen, an den Füßen die *geta* (die traditionellen Schuhe), in der einen Hand den Fächer und in der anderen das Multimedia-Tablet ... Suche den Fehler! Ebenso schräg ist meine japanische Mahlzeit am Abend: Ich sitze so anmutig, wie meine schmerzenden Muskeln es erlauben, auf *tatami*-Matten, und dazu gibt es Hamburger und grünen Tee. Eine ungewöhnliche Kombination!

11

Fragmente von Weisheit

6. August – Süße Wehmut
Die Sonne steht bereits hoch am Himmel, als ich mich von meinem Futon erhebe. Heute ist Ruhetag, Erholungstag, frei. Endlich ... aber erst nachdem ich meine Pilgerpflichten in Tempel 51, Ishite-ji (»Hand aus Stein«), erfüllt habe. Hier herrscht nicht die übliche Tempelruhe, denn in diesem Heiligtum, in dem einige Gebäude als »Nationalschätze« und »wichtige Kulturgüter« klassifiziert sind, tummeln sich jede Menge Führer und Touristen. Alles drängt sich um eine imposante Pagode mit drei Dächern. Die Luft ist erfüllt vom schweren Duft der Räucherstäbchen. Die überdachte Straße, die hierherführt, ist von Restaurants und Andenkenläden gesäumt, dazwischen liegen Geschäfte für regionale Spezialitäten wie *oyaki*, ein süßer Kuchen, der mit Roter Bohnenpaste gefüllt ist. Dieser Ort scheint mir mehr auf Kommerz ausgerichtet zu sein als auf Andacht. Mir wird ein wenig schwindlig von diesem Tohuwabohu der Tempelhändler, in dieser Umgebung fühle ich mich nicht wohl. Daher verschwinde ich von hier, sobald ich das Kalligrafiebüro aufgesucht habe.

Der Ruhetag, der diesen Namen auch verdienen soll, kann endlich beginnen, und zwar am besten mit einem Bad in der

Thermalquelle des Dōgo Onsen. Mit ihrer 3000-jährigen Geschichte ist diese Thermalquelle die älteste von ganz Japan. Man schreibt ihrem schwefelhaltigen Wasser therapeutische Heilkräfte zu, besonders bei Rheuma und Nervenschmerzen. Das Hauptgebäude sieht mit seinen drei imposanten Stockwerken schon beinahe aus wie eine Burg. Es war die Vorlage für das Badehaus in dem Anime-Film »Chihiros Reise ins Zauberland« von Hayao Miyazaki und wurde auch im literarischen Werk von Natsume Sōseki verewigt, dem berühmten japanischen Schriftsteller, der auf den Tausend-Yen-Scheinen abgebildet ist.

Gemäß der Legende soll die Quelle dank eines Reihers mit einem verletzten Fuß entdeckt worden sein. Dieser ließ sich auf dem Wasser des Dōgo nieder, und als er wieder aufflog, war er geheilt. Das hört sich doch nach einem guten Omen für schmerzende Pilgerbeine an!

Nachdem ich auf den *tatami*-Matten im *yukata** grünen Tee und *senbai*, japanische Reiscracker, zu mir genommen habe, genieße ich das Erlebnis eines traditionellen öffentlichen Bads in dem *kami-no-yu* – wörtlich das »Bad der Götter« –, das mit Mosaiken von grazilen Reihern geschmückt ist. In dieser malerischen Umgebung entspannen sich die Muskeln, und ich hoffe, dass beim Verlassen meine Beine wieder frisch und startklar sind, ganz so wie die des weißen Vogels, dessen Statue oben auf dem Hauptgebäude thront. In dieser dampfigen Atmosphäre gleitet mein Geist zu den Zeiten zurück, als die kaiserliche Familie zum Entspannen hierherkam. Ein Moment reiner Glückseligkeit!

Ich könnte Matsuyama allerdings nicht verlassen, ohne oben auf dem Hügel Katsuyama gewesen zu sein, der die Ebene überragt. Ihn ziert eine der zwölf Burgen, die um 1600 errichtet wurden und heute noch stehen. Ich gestehe, dass ich diesmal den Fußpfad nach oben ignoriere und mich stattdessen für eine Hin- und Rückfahrt mit der Seilbahn entscheide. Ja, selbst zurück ins Stadtzentrum werde ich mit der Straßenbahn fahren. Ich fühle mich heute mehr als Touristin denn als Pilgerin. Aber ich gebe zu, dass das ab und zu ganz angenehm sein kann. Die Burg ist großartig und bietet im Inneren eine wahre Attraktion: Ausstellungen über die Geschichte der Stadt und der Burg sowie einen unverbauten Blick auf Matsuyama. Das Meer und die Berge vereinen sich zu einem wunderbaren Motiv.

Zurück in der Stadtmitte lasse ich mich treiben, wohin mich meine Beine tragen, und als eine Menschenansammlung meine Neugier erregt, werde ich dazu eingeladen, meine Füße in eines der *ashiyu* einzutauchen, die es über die ganze Stadt verteilt gibt. Das sind öffentliche Fußbäder, die aus demselben Thermalwasser gespeist werden wie der Dōgo Onsen. Ich plansche mit dem größten Vergnügen und versuche, mit den Besitzern der Nachbarfüße eine Unterhaltung anzufangen. Diese Stadt ist wirklich ein Paradies, um Pilgern wieder auf die Beine zu helfen!

Der Tag endet auf dem Dach der Jugendherberge in Gesellschaft von Nori, Matthew, einigen Japanern im Urlaub, einem Schweizer und einem Deutschen. Gemeinsam bewundern wir den Sonnenuntergang. Doch obwohl die internationale Gesellschaft wirklich sehr herzlich ist, kann ich es kaum erwarten, wieder in meine Pilgerkluft zu schlüpfen und mich erneut auf den einsamen Weg auf den Spuren von Kūkai zu machen.

7. August – Geschmack der Stille

Sechs Uhr. Ich bin bereits fertig und möchte meinen Weg fortsetzen, erfüllt von Freude an einem Körper, der vor Energie nur so sprüht. Heute bin ich allerdings nicht allein, Paolo, ein 26-jähriger Tessiner, der den Weg für einen Tag ausprobieren möchte, begleitet mich.

Was für ein Glück, am frühen Morgen voller Schwung in einen neuen Wandertag zu starten, mit dem fahlen Licht des anbrechenden Tages an meine Pilgerreise anzuknüpfen. Ich atme tief ein, im Einklang mit dem Atem des Universums.

Aber es fällt mir schwer, dem ununterbrochenen Wortschwall meines Reisegefährten zu folgen, so charmant er auch sein mag … Ich habe die Stille meiner selbst gewählten Einsamkeit einfach zu lieb gewonnen! Im Allgemeinen bin ich ja eher ein kommunikativer Typ (gelinde gesagt!), und daher war eine zweimonatige Reise so ganz allein eine große Herausforderung für mich. Mit mir selbst konfrontiert zu werden, auf Entdeckungsreise nach unbekannten Regionen in meinem Wesen zu gehen war eine gewagte Sache. Doch mit der Zeit habe ich Geschmack an der Stille gefunden. Jeder Tag hat meine Wahrnehmung verfeinert, die es mir erlaubt, in einen fruchtbaren Dialog mit der Intensität des Mysteriums zu treten.

Tempel 52, Taizan-ji (»Großer Berg«), lädt zum Spazierengehen ein. Umgeben von einem großen Park ist die Anlage wunderschön, und ich liebe es, die Ruhe dieser Andachtsstätten in mich aufzunehmen. Doch dann werde ich brüsk von einer Stimme aus meinen Träumen gerissen: »*Hey, Marie? I heard about you! So happy to meet you!*«

Da steht mit funkelnden Augen eine junge Koreanerin namens Jienn vor mir, ebenfalls eine *aruki* henro**. Ihr rundes

Gesicht wird von einem schwarz-weißen Bandana eingerahmt, das die junge Frau vor dem Scheuern des Huts schützen soll. Mit dem auf den Rucksack geschnallten Wäscheständer, stolzes Banner ihrer Freiheit, der Campingausrüstung und der Tränengasdose in Griffweite ist sie eindeutig keine Anfängerin. Sie ist ebenfalls von Tempel 1 aufgebrochen mit dem festen Vorsatz, den Pilgerpfad komplett zu wandern. Immer wieder kommen sie Freunde besuchen, die dann ein Stück mit ihr zusammen gehen. Ihr derzeitiger Gefährte pflegt gerade seine Blasen und versucht, Stoffstreifen ersatzweise als Pflaster anzubringen. Der Ärmste hat große Schwierigkeiten, mit dieser erfahrenen Wanderin mitzuhalten, aber er gibt mir mit Humor zu verstehen, dass er überzeugt ist, seinen üppigen Bauchumfang bereits ein wenig reduziert zu haben.

Knapp drei Kilometer später treffen Paolo und ich sie in Tempel 53, Enmyō-ji (»Kreisrunde«), wieder. Heute genießen wir ein großes Mittagessen am Tresen eines *sushi*-Restaurants, in dem der Koch die Objekte unseres Begehrens in feine Streifen schneidet. Richtiges *sushi*, das nichts mit dem zu tun hat, was in einigen pseudojapanischen Restaurants in Paris serviert wird. Große Kochkunst. Ein wahres Spektakel, das von den fröhlichen Rufen der vier Kinder des Kochs begleitet wird, die uns neugierig beobachten, während sie nebenan auf den *tatami*-Matten spielen.

Nach dem Essen breche ich auf, um meinen heutigen Wirt und seinen Golden Retriever zu begrüßen. Meinen Rucksack lasse ich in der Familienpension, in der fröhliche Unordnung herrscht, da ich noch einen Ausflug auf die Insel Hojo Kashima (wörtlich »Hirschinsel«), die eine Fährminute vor der Küste liegt, unternehmen möchte. Tatsächlich laufen dort, auf diesem von Wasser umgebenen Land, Hirsche und Pfauen frei herum. Ich werde auf eine Bootstour eingeladen. Die Insel ist eine Attraktion für die jungen Japaner, die hier einen Sandstrand in wildromantischer Umgebung genießen wollen. Was für ein Vergnügen, in der Bucht zu baden!

Zurück auf Shikoku, nehme ich das Abendessen in Gesellschaft der anderen beiden Gäste der Pension ein. Die Atmosphäre ist sehr herzlich. Die beiden Japaner arbeiten seit einigen Wochen auf einer nicht weit entfernten Baustelle. Je mehr Bierflaschen sie leeren, desto lauter dröhnt ihr Lachen. Unser Gastgeber ist ein ganz untypischer Japaner. Er hat in seiner Jugend in Australien gelebt. Bei ihm ist alles selbst gemacht, vom Mobiliar bis hin zum Geschirr, und er erklärt, absoluter Selbstversorger zu sein. Er erweist sich auch als militanter Atomkraftgegner und hat sich als Akt des Widerstands stark verschuldet, um sein Haus mit Solarpaneelen auszurüsten.

8. August – Mit offenen Händen und das Herz so weit
Beim ersten Licht des Tages setze ich mich in Bewegung. Das Thermometer zeigt schnell 35 Grad Celsius, und dabei steht die Sonne noch lange nicht im Zenit ...

Ich folge der Küste. Das Blau des Binnenmeers, jenseits der Raffinerien mit ihren rot-weißen Hochfackeln und den großen Hafenbaustellen, zieht meinen Blick magnetisch an. In der Ferne erkenne ich die Ufer von Honshū, der größten Insel Japans, und die Küstenlinie auf Höhe von Hiroshima, der Stadt von trauriger Berühmtheit.

Mehrmals begegne ich zwei ehrwürdigen Pilgern um die sechzig, mit denen sich eine von höflichem Lächeln begleitete Unterhaltung entspinnt:

»*Atsui desu ne?* – Es ist heiß, nicht wahr?«
»*Hai, mushi mushi.* – Ja, es ist drückend schwül.«
Man erkennt sich sofort als Mitglieder einer Gemeinschaft – und zwar unabhängig von unserer Kultur oder unserem Glauben: Es ist die Gemeinschaft der Pilger auf ihrer Reise. Vielleicht ist es ja auch nur reine Einbildung meinerseits, aber dieses Gefühl hat mich schon auf dem Jakobsweg stark beeindruckt. Wann immer Pilger sich begegnen, entsteht zwischen ihnen diese gegenseitige Anerkennung von Menschen auf einer universellen Sinnsuche, dieses Einverständnis, das über alle Unterschiede hinweg verbindet, diese Einheit jenseits aller Verschiedenheit.

Als ich in Tempel 54, Enmei-ji (»Langes Leben«), ankomme, ist dort nur ein einziger anderer Pilger: ein junger Japaner, der den Spuren Kūkais auf dem Motorrad folgt und gerade vor dem *hondō** betet. Ich ruhe mich auf einer Bank aus, und er setzt sich dann zu mir. Wieder dieses Gemeinschaftsgefühl, das ganz natürlich entsteht. Wir wechseln ein paar Worte, und er dankt mir für diesen Moment: »*Ichigo ichie.*« Dieser Ausdruck heißt wörtlich übersetzt »eine Chance, eine Begegnung«, oder besser gesagt: »Feiere jede Begegnung, denn sie wird nur einmal geschehen.« Ein wunderbares Beispiel für die Vorstellung von der Vergänglichkeit, die im Zen-Buddhismus so wichtig ist. Und ich erhalte eine wunderbare Belehrung, den Alltag im unendlichen Reichtum jedes Augenblicks zu leben. Ja, es existiert nur der gegenwärtige Augenblick. Leben wir ihn in vollen Zügen, empfangen wir ihn in all seinem Geheimnis, mit offenen Händen und das Herz weit. Unser Weg ist so vergänglich …

Ich breche wieder auf, nähre mich von diesen Gedanken, als ich einige Kilometer später von einem Polizisten angehalten werde, der den Verkehr regelt. Mit dem Walkie-Talkie in der einen Hand und einer Flagge in der anderen, hält er mit durchdringenden Pfiffen den gesamten Verkehr an, damit ich Vorfahrt habe, und eskortiert mich sogar ein paar Meter. Wieder fühle ich mich wie ein *Very Important Pilgrim*!

Auch in Tempel 55, Nankōbō-ji (»Licht des Südens«), ist hinter dem schönen Eingangsportal nur ein einziger Pilger in Andacht versunken: Tomoyuki, ein 29-jähriger Lehrer aus Kōchi. Er nutzt die Sommerferien, um einen Teil der Pilgerstrecke mit einem Mobylette-Mofa zurückzulegen. Um sich die Hotelkosten zu sparen, will er die Nacht in einem Café verbringen, das rund um die Uhr geöffnet hat und hinter dem folgendes Konzept steht: jede Menge Mangas und Computer mit freiem Internetzugang.

Der Tag endet mit einem Fest in der Tempelanlage, wo Hawaiitänze und ein gemeinsames Essen auf der Esplanade mitten im Herzen des Heiligtums für eine seltsame Atmosphäre sorgen.

12

Gesang des Lebens

*9. August – Aufmerksames Zuhören und
bewusste Präsenz*
Dieser neue Tag steht im Zeichen von Begegnungen. Zunächst treffe ich in Tempel 56, Taisan-ji (»Berg des Friedens«), meine beiden Pilgersenioren vom Vortag wieder. Wie jedes Mal habe ich das Gefühl, alte Freunde wiederzutreffen.

Allerdings ist unsere Unterhaltung auch heute nicht allzu tiefschürfend:

»*Atsui desu ne?* – Es ist heiß, nicht wahr?«

»*Hai, mushi mushi.* – Ja, eine feuchte und schwüle Hitze.«

Als die beiden *henro** losmarschieren, scheint von ihrem Alter nichts mehr zu spüren zu sein. Ich bin schwer beeindruckt von der Kraft, mit der sie ausschreiten.

Tempel 57, Eifuku-ji (»Viel Glück und Wohlstand«), Ort der Gebete für Seeleute, wird gerade von einer Pilgergruppe aus dem Reisebus gestürmt. Im Moment stehen sie alle andächtig vor dem *hondō**. Alle? Nein, nicht alle, denn ein spitzbübischer Großvater lässt doch glatt das Herz-Sutra sausen, um mich zu fotografieren.

Auf einer Bank beim Eingang überlasse ich mich dem Klang des vereinten Mantra-Chors, in den die Grillen mit ihrem Zirpen einstimmen, als plötzlich eine ganze Gruppe westlicher *aruki* henro** über die Schwelle schreitet: ein schon beinahe surrealer Anblick! Fröhlich gehe ich ihnen entgegen und quatsche sie begeistert auf Englisch an, als sie meinen Schwung brüsk unterbrechen und mir in einem mir nur allzu vertrauten Idiom entgegnen:

»*Vous êtes française?* – Sie sind Französin?«

»Aber ja! Ich habe doch extra für Sie meinen schönen Akzent herausgekramt! Und Sie, Sie sind auch aus Frankreich?«

Und da erfahre ich, dass sie aus Zürich in der Schweiz stammen und eigentlich von Tempel 1 mit dem Vorsatz gestartet sind, alle 88 Tempel zu Fuß zu erwandern. Doch angesichts der Temperaturen hat man sich dazu entschlossen, doch von Zeit zu Zeit auf die Annehmlichkeiten eines Zuges zurückzugreifen.

Heute höre und spreche ich gern ein wenig meine Muttersprache, es ist doch ganz angenehm, mal über etwas anderes zu reden als nur über das Wetter. Und eifrig plaudernd, bringen Marianne, Olivier und ich die 500 Meter Höhenunterschied bis zum nächsten Tempel, Sen'yū-ji, hinter uns. Dabei spüren wir gar nicht, wie anstrengend es eigentlich ist, auch wenn wir ganz schön schwitzen!

Mitten im Anstieg treffen wir wieder auf den charmanten Tomoyuki, der frisch und munter den Motor seiner Mobylette abstellt, um uns Mut zuzusprechen und mit Eistee zu erfrischen. Nach einem schroffen Weg an einem stürmischen Bach entlang begrüßt uns eine Kūkai-Statue auf einem Felsvorsprung zu unserer Ankunft in Tempel 58. Es ist der Tempel des »Meditierenden«, voller Zauber und sehr reizvoll gelegen auf dem waldigen Bergrücken. Ein perfekter Ort für eine gemeinsame Rast im Schatten der Bäume, mit bestem Ausblick auf die Küstenebene, den Golf von Imabari und das Binnenmeer.

Die Kilometer des Nachmittags sind, obwohl es abwärtsgeht, wegen der Hitze sehr anstrengend. Und so vertrödle ich gern ein wenig Zeit bei Tadasuke, seiner Ehefrau und ihrer kleinen Tochter, während ich ein erfrischendes hausgemachtes Eis genieße. Tadasuke betreibt einen Andenkenladen bei Tempel 59 und hat dabei einen sehr schönen Brauch initiiert: Er bietet dem *henro** ein Handtuch an, in das er die Worte stickt, die ihn auf seinem Weg begleiten, und fotografiert es anschließend. *Henro** und Handtuch werden unverzüglich auf einer Facebook-Seite[27] gepostet, auf der eine Pilger-Community so gemeinsam ein Wörterbuch von Sprüchen des Lebens erstellt. Ich liebe diesen Moment der Rückbesinnung. Sich erst Zeit für das »Sein« zu nehmen, anstatt etwas zu »machen«. Aber was ist das, was da gerade in meinen Zellen singt? Was flüstert mir die Stimme meines inneren Führers zu? Es sind die Worte »Harmonie« und das japanische Sprichwort »*Ichigo ichie*«, die sich mir ganz selbstverständlich aufdrängen. Diese Pause spricht zu mir und klingt in der Meditation der Achtsamkeit wider, die ich seit einigen Monaten sehr eifrig praktiziere: einen Moment in meinen Tätigkeiten innehalten, mir die Zeit für eine Pause gönnen, um den Kontakt zum gegenwärtigen Moment herzustellen und mich mit meinem Innersten zu verbinden. Und weiter diese Intimität mit mir selbst zu pflegen, in einer geruhsamen Betrachtung meiner inneren Landschaft. Atmen, reglos und schweigend. Aufmerksames Zuhören und pure Präsenz. Zu-

---

27 Tadasuke Tokonaga.

rückkehren zur »Stille, diesem Geschenk der Engel, das wir nicht mehr wollen, dem wir uns gar nicht mehr zu öffnen versuchen«.[28]

Da muss ich an ein Erlebnis zurückdenken: Mein von meinem sesshaften Leben unbefriedigter Durst nach mehr hat mich dazu bewogen, meine ersten Schritte in die Welt der Meditation ganz nach Art der orthodoxen Tradition des Herzensgebets zu machen, und zwar im Kloster Sylvanès im Département Aveyron. Mir war dabei allerdings nicht bewusst gewesen, dass dieser mehrtägige Kurs in absoluter Stille stattfinden würde. Hmm ... Freud hätte bestimmt auch hier ein Wörtchen mitzureden. Obwohl ich heute ganz gern die Stille genieße, war es damals eine große Prüfung. Ich habe unter Einsatz all meiner Kräfte durchgehalten, bin allerdings in mir nur auf ein endloses Hin und Her ungeordneter Gedanken gestoßen, weit entfernt von dem angestrebten Frieden und der erwarteten inneren Ruhe. Ein weit verbreitetes Phänomen unter Anfängern der Meditation, aber auch erfahrene Meditierende werden nicht davon verschont.

Der Zwischenstopp bei Tadasuke lädt mich erneut dazu ein, ein wenig auf diese Stille zu achten, damit sich in mir jener Teil bemerkbar machen kann, der mein Geheimnis birgt. Auf meine innere Stimmgabel zu lauschen, damit ich mich mit meinem ureigenen Gesang abstimme. Welche Wegzeichen leiten gerade in dem Moment mein Herz?

Und wenn wir es wagen, die Schnellstraße unserer Konditionierungen und die vom Massenglück ausgetretenen Pfade zu verlassen? Wenn wir einfach den Mut haben, dieses Risiko

---

28 Christian Bobin, *L'homme-joie*, Èditions de l'iconoclaste 2012.

einzugehen, uns auf schiefe, verkehrte Wege zu begeben, die uns näher an unsere Einzigartigkeit heranführen? Einfach das zuzulassen, was an unserer persönlichen Verwandlung wirkt, und dann wieder gemeinsam eine Welt zu errichten, in der humanistische und ökologische Werte gelten sollen? Unserer inneren Stimme Zeit und Raum geben und ihr eine Ausdrucksmöglichkeit zugestehen, wo der Verstand nur schweigen kann und das Undefinierbare zum Vorschein kommt?

Das ist allerdings nicht so einfach in unserer Welt, in der gestresste Menschen den Ton angeben und die »Waffen der allgemeinen Ablenkung« uns zu einer Verödung unseres Seins führen. Und schnell zu übersehen in unseren überbordenden Terminkalendern, die das Leben in Stückchen zerlegen, während das Leben uns doch auffordert, uns zu sammeln, uns in unseren Herzen mit uns selbst zu vereinen.

In Tempel 59, Kokubun-ji (»Provinztempel«), empfangen mich die Statuen der Shichi Fukujin, der Sieben Glücksgötter, die im Shintōismus wie im Buddhismus verehrt werden, mit ihrem breiten Lächeln, das wie ein Augenzwinkern angesichts der schweren Gedanken, die mich in dem Moment beschäftigen, wirkt.

10. August – Schicksalsgemeinschaft und Untrennbarkeit des Lebendigen

Sechs Uhr morgens. Meine Gastgeberin führt mich zunächst durch ein Labyrinth kleiner Häuser und begleitet mich noch ein Stück auf den ersten Kilometern dieses neuen Tages.

Mich erfüllt Glück, ganz einfach da zu sein und der Welt beim Erwachen zuzusehen. Freude, das Rauschen der Bäume zu hören, das Murmeln der Blätter in der leichten Brise, das Knacken der Zweige unter meinen Sohlen und all die tausend Feinheiten im Chor der Vögel zu entdecken. Gesang des Lebens, Feld des Lebendigen …

In der Ebene entlang der Gebirgskette mit dem heiligen Berg Ishizuchi, mit seinen 1982 Metern die höchste Erhebung auf Shikoku, passe ich mich dem Wesen der Landschaft an. Die ganze Schöpfung atmet sachte, ich bin da und nehme daran teil. Ich lasse mich gehen, und ich empfange. Es entsteht eine tiefe Innigkeit mit den Elementen. Ich verschmelze mit dieser Natur, mit dieser Topografie des Seins. Diese kleinen Täler, die steilen Pfade, die kurvige Küste, das bin ich. Und sie sprechen mit mir. Ich trete in perfekte Harmonie mit der Natur, die mich umgibt. Mein Atem fließt in dem der Bäume und Blumen. Meine Gestalt verschwimmt in der Landschaft und wird integraler Bestandteil davon. Ich werde selbst zu Kurven und Umrissen dieser Unermesslichkeit, voll und reich an Weltenpräsenz.

Ich durchquere die Ebene, dann steige ich einen steilen Weg nach oben zu Tempel 60, Yokomine-ji, der zu Recht »Nebengipfel« heißt, weil er sich auf über 700 Metern befindet. Ich treffe eine Pilgerin, die aus Shikoku stammt und sich mit dieser Wanderung einen Traum erfüllt. Außerdem begegnet mir eine Japanerin, die zusammen mit Freunden und ihrer achtjährigen Tochter im Auto angereist ist und mit mir ihre Reisbällchen teilt. Nach der Anstrengung die Belohnung!

Der Abstieg in den Wald soll lang sein und gilt als *henro korogashi**, ehe es dann wieder sanft im Tal weitergeht. Ich genieße es, in meine Umgebung einzutauchen. Atme ein … Atme aus … Doch plötzlich behindert Asche meine Atmung und schlägt sich auf meinen Kleidern nieder. Wasserflugzeuge fliegen am azurblauen Himmel hin und her und werfen ihre Schatten auf die Bergflanken. Der Wald brennt, und das erfüllt mein Herz mit Trauer. Meine Seele weint. Als ob ein Teil meines eigenen Körpers in Rauch aufgehen würde. In dem großen Körper des Universums unterscheidet sich die Rinde der Bäume kaum von den Zellen, aus denen ich bestehe, und der Saft dieser Pflanzen ähnelt meinem Blut. Dieselbe Luft belebt das Laub und weitet meine Lungen. Ich empfinde mich als Zelle und Partikel des Kosmos. Oder mit den Worten von Hubert Reeves: »Wir sind alle Sternenstaub. Denn die Atomkerne, aus denen wir bestehen, waren alle Bestandteile von Sternen, die vor vielen Milliarden Jahren gestorben sind.«[29]

In diesem Zustand klarsichtiger Öffnung des Herzens spiele ich mit der Idee des Quantenbewusstseins. Ich lege den Finger auf die Beziehung zwischen allen Dingen, diese Schicksalsgemeinschaft, diese Untrennbarkeit des Lebenden. Das Gebot, sich um das Lebendige zu kümmern, in uns und um uns herum, erscheint mir mehr denn je dringend und zwingend. Wir haben die Verantwortung für unsere Taten. Der englische Dichter Francis Thompson meinte, dass man keine Blume pflücken kann, ohne einen Stern zu stören, und das ist nicht nur eine Metapher: Genau das ist die Weltanschauung, die von der zeitgenössischen Quantenphysik bestätigt wurde. Das Ganze ist in jedem Teil sichtbar und jedes Teil im Ganzen. Alles ist eins. Diese Transzendenz, dieses Grundprinzip an der Quelle des Lebens – ganz egal, was man ihm für einen Namen geben möchte: Gott, Elohim,

---

29 Hubert Reeves, *Poussières d'étoiles*, Seuil 2008.

der ganz Andere, das Göttliche Licht, das Absolute, das Sein, ER, der Himmel, das Universum etc. – wirkt in allem und allen.

Fernsehteams sind bereits vor Ort, um über den Brand zu berichten. Und als ich an Tempel 61, Kōon-ji, ankomme, verfinstert sich mein Herz beim Anblick des *hondō**, eines hässlichen modernen Gebäudes aus Stahl und Beton. Der Name »Tempel der Parfüme« – das Wort Parfüm kommt aus dem Lateinischen *per fumum*, also »durch den Rauch« – passt seltsam zum aktuellen Tagesgeschehen. In den alten Kulturen waren die Rohstoffe für Parfüme (Blumen, duftende Pflanzen und Harze) der Götterverehrung vorbehalten. Die Rauchspiralen, die heute in den Himmel steigen, Spiegelbild der Schwaden dieser in Rauch aufgegangenen Natur, enthalten für mich eine bittere Note. Ihr Zauber wirkt nicht mehr.

Doch dann gibt es ein Wiedersehen mit Jienn, meiner lachenden Koreanerin, und Koji, einem jungen Japaner, dem ich bereits begegnet bin. Wir laufen auf der Route 11 ein paar Kilometer zusammen, begehen in Tempel 62 die Rituale gemeinsam und rezitieren zusammen das Herz-Sutra – das alles bringt wieder ein wenig Farbe in mein verdüstertes Herz.

Meine finsteren Gedanken können sich nicht lange dem Pilgergeist des *minshuku** widersetzen, der sich wie eine heilende Salbe auf mein verwundetes Herz legt. Ich mag ja meine einsamen Ruhepausen, aber heute Abend genieße ich diese gemeinsam verbrachte Zeit, die mich an die fröhlichen Tage unter Pilgern auf dem Jakobsweg erinnert. Zu sechst sitzen wir in heiterer Runde beisammen: meine beiden *henro**-Senioren, Koji, Suzuki, die ihre Pilgerreise etappenweise hinter sich bringt, und Makoto, ein Motorradpilger aus Ōsaka.

Das Essen in Form eines *shabu shabu*-Feuertopfs, diesem japanischen Fondue, bei dem man Gemüse- und Fleischscheiben in einen Kessel Brühe taucht, ist sehr lecker. Über alle Sprachgrenzen hinweg wird in aller Einfachheit geteilt, (ein wenig!) getrunken und (viel!) gelacht. Das ist fröhlich, schlicht und voller Menschlichkeit.

11. August – Hymne an die Freude
Am Morgen beim Frühstück findet die lebhafte Runde noch einmal zusammen, ehe ich mich wieder auf den Weg mache, der nun ganz flach an der Nationalstraße entlangführt. Das sanfte Licht der Morgendämmerung erhebt sich langsam über dem Dunkel der Nacht. Makoto überholt mich wild hupend. Wir haben uns in der Gewissheit voneinander verabschiedet, uns in Ōsaka wiederzusehen, wo er mich mit seiner Freundin erwarten wird. Tempel 63, Kichijō-ji oder auch »Gutes Omen«, klingt wie eine Bestätigung. Zumindest möchte ich das glauben.

Rechter Fuß, tock, pling, linker Fuß, tock …

Tempel 64, Maegami-ji (»Antlitz Gottes«), erinnert an einen Shintō-Schrein und bietet einen wunderbaren Anblick in einem grünen Rahmen aus Reisfeldern, Hügeln und Bergen. Meine Füße gleiten sanft federnd über den Boden. Tock, pling …

Heute Abend werde ich von Rumi empfangen, bei deren Namen ich an Dschalāl ad-Dīn Muhammad ar-Rūmī erinnert werde, den persischen Mystiker aus dem 13. Jahrhundert. Das klingt nach einem Abend, angereichert mit Weisheit! Und wirklich ist der Empfang durch Rumi wunderbar. Sie lebt hier mit ihrem Vater, der seit einem Schlaganfall vor dreizehn Jahren nicht mehr richtig sprechen kann. Da kommt die Logopädin in mir zum Vorschein, und ich zeige ihnen mit dem englisch-japanischen Wörterbuch in der Hand Wege zur Kommunikation auf. Die verschlungenen Windungen des Gehirns faszinieren mich, die neurologischen Ursachen einer Sprachstörung sind ein Fachgebiet der Logopädie, mit dem ich ganz besonders liebäugle.

Rumis Kinder, eine Tochter von zwanzig Jahren und ein Sohn von 27, wohnen nicht mehr hier, und ich werde wie ein Kind in den Schoß der Familie aufgenommen. Ein Bad wartet bereits auf mich, und so gleite ich in das heiße Wasser und hoffe auf anschließende Abkühlung unter einer eisigen Dusche.

Rumi ist Musiklehrerin. Genauer gesagt unterrichtet sie *koto*, ein traditionelles Musikinstrument, das an eine lange Zither erinnert und einen sehr sanften Klang erzeugt, ähnlich einer Harfe. Rumi beherrscht auch die *shamisen*, eine dreisaitige Laute, und den *shakuhachi*, eine Bambusflöte.

Da ich den Schlüssel zu meiner Wohnung verloren habe, bestimmt nun der Violinschlüssel, der G-Schlüssel, unsere Begegnung. G-emeinschaft, G-etrenntsein, G-enießen … Der Bass- oder F-Schlüssel folgt auf dem Fuß: F-antastisch, F-aszinierend, F-reundschaft …

Der Tag endet mit einem Konzert ganz für mich allein. Rumis Finger gleiten virtuos über die traditionellen Instrumente, die sie mit ihrer hellen Stimme und ihrem Schatz an Volksliedern begleitet. Sie ist eins mit der Musik, die sie durchdringt. Die Musikerin schweigt, das Leben selbst singt. Und vom Ohr zum Herzen ist der Weg kurz, die Gefühle sind unmittelbar. Bewegt von dieser Symphonie, höre ich das Echo ihres Herzens im Grund meines Seins, den Nachhall ihrer Seele im Sammelbecken meines Bewusstseins. Durch die Musik gelangen wir zum Universellen. Eine Gemeinschaft entsteht durch diese Schwingungen, die jede ästhetische Bewertung transzendieren. Refrain aus der Tiefe, gemeinsamer Takt. Gesang des Seins, Hymne an die Freude, Annäherung an das Absolute ... Zeit, die in der Magie des Augenblicks schwebt, Raum, der im Zauber der Umgebung ruht. Dieses abendliche Konzert verstrahlt einen Schimmer der Ewigkeit.

Auch in Paris nimmt die Musik einen wichtigen Platz in meinem Leben ein. Ich spiele schon seit Jahren leidenschaftlich gern E- und Kirchenorgel und habe durch diese Fertigkeit auch Zeiten wahrer Freude und göttlicher Erhebung, vor allem durch die Werke von Johann Sebastian Bach, erlebt. Ich habe mich auch am Klavier und an der Gitarre versucht. Und ich kann kaum ein Blueskonzert auslassen, denn dort ertönen die Noten im Gleichklang mit meinem Herzen.

Auf jeden Fall erlebe ich diesen gemeinsamen Abend als Aufforderung, meine eigene Melodie im großen Orchester des Universums zu spielen. Die Musik meines Seins erklingen zu lassen, wobei sich das passende Instrument nirgendwoanders als in meinem Herzen befindet.

Folgende Worte, die dem Dichter Rūmī zugeschrieben werden, erscheinen mir passend:

»Ihr habt Flügel.
Lernt, sie zu benutzen, und fliegt davon.«

Die schwebenden Töne der Musik und der Augenblick, den wir vor dem für das Gebet bestimmten Alkoven geteilt haben, bringen meine Träume zu mir. Morgen wird ein großer Tag: mein Eintritt ins Nirwana!

Vierter Teil

DER SCHLÜSSEL ZUM PARADIES

Tempel 66 bis 88 – Der Weg des Nirwana, 涅槃
Sanuki (heutige Präfektur Kagawa)

Nach innen geht der geheimnisvolle Weg.

Novalis

13

Der wundersame Faden

12. August – Glut und inneres Feuer
»*Beautiful dreams, thanks to Malie-san!*«

Die liebenswerte Rumi! Ich werde wie eine hohe Prinzessin empfangen, und jetzt bedankt sie sich auch noch bei mir. Du und ich, wir sind eins … Loslösung von unseren selbstbezogenen Kümmernissen und Hinwendung zum anderen in einer spirituellen Achtsamkeit. Dies ist ein musterhaftes Beispiel dafür.

Die Sonnenstrahlen, die durch die dunstige Morgenluft dringen, brennen bereits auf der Haut, als ich mich auf den Weg mache. Nach einigen Kilometern treffe ich wieder auf Koji, der mich mit einem *o-settai** in Form eines Snickers beglückt, dessen Schokolade bei diesen Temperaturen bereits geschmolzen ist. Macht nichts! Die Geste ist aufrichtig, und seine Ermutigungen für die 35 Kilometer bergigen Geländes, die ich an diesem Tag vor mir habe, sind voller Mitgefühl: »Viel Glück!«, wünscht er mir mit sorgenvollem Blick.

Kurz danach holt mich ein charmanter Herr auf dem Fahrrad ein, überreicht mir 150 Yen und wiederholt dabei immer wieder »*o-cha*«. Ich soll mir mit dem Geld also beim nächsten Getränkeautomaten einen erfrischenden Tee kaufen. Ein paar Kilometer weiter, in einem kleinen Dorf, das völlig verlassen wirkt, begegne ich ihm erneut. Er steht neben seinem Fahrrad und scheint auf mich gewartet zu haben. Nun winkt er mir zu, ich soll ihm in ein Café folgen. Hier haben sich sämtliche Dorfbewohner versammelt, die sich die Attraktion des Tages, das heißt mich, nicht entgehen lassen wollen. Rund dreißig neugierige Augenpaare sind auf mich gerichtet. Die westliche Welt übt in diesen Gegenden eine unverhohlene Faszination aus. Diese Anziehungskraft ist allerdings gegenseitig, jeder von uns fühlt sich fremd in der Kulturwelt des anderen und gleichzeitig durch dieselbe Quelle verbunden.

Ich stehe im Mittelpunkt, und jeder hat eine Gabe für mich. Lebhafte Bewunderung wird mir zuteil, unterstrichen durch staunende Mienen. Ich beantworte bereitwillig die üblichen Fragen, und meine Antworten kommen mir jetzt schon viel flüssiger über die Lippen, wenn auch mein Vokabular rasch erschöpft ist.

»*Eeeeh! Sugoi* ne!* – Hey! Das ist fantastisch!«, erwidern sie einstimmig.

Der charmante Herr auf dem Fahrrad begleitet mich wieder aus dem Café und beschenkt mich mit einem neuen o-*settai**: tausend Yen für mein Mittagessen. Alles an ihm strahlt Güte aus. Aber nicht die Art von Güte, die leicht mit Naivität verwechselt wird, sondern, im Gegenteil, eine Kraft der reinen Menschenliebe. Dieser Mann verkörpert die Philosophie des selbstlosen Schenkens. Dass dies ein grundlegendes Potenzial ist, das in der menschlichen Natur angelegt ist, wird mir gerade auf meinem Pilgerweg von Tag zu Tag klarer.

Wie Nelson Mandela sagte: »Die Güte des Menschen ist eine Flamme, die zwar versteckt, aber nicht ausgelöscht werden kann.«[30]

Jede dieser Begegnungen verwandelt mich und leuchtet wie ein Funkenregen in unserer angeblich von Gleichgültigkeit und Individualismus geprägten Welt. Die Beziehungen, die ich hier erlebe, sind ganz und gar von Herzensoffenheit und Solidarität gekennzeichnet.

»*Eeeeh, henro*-san! Henro*-san!*« Ein paar Kilometer weiter stürzt ein junger Mann auf mich zu und spricht mich an. Er lädt mich zu sich nach Hause ein, wo ich von seiner Mutter und seiner Schwester empfangen werde, unter dem fürsorglichen Blick Kūkais, dessen Drucke an den Wänden hängen. Auch hier finden die vielen Geschenke ihren Weg direkt in mein Herz. Unserer Unterhaltung sind zwar sprachliche Grenzen gesetzt, aber immer wieder fällt ein Wort, dessen Musikalität meine Aufmerksamkeit erregt: Es lautet *heiwa*.

Ich frage meine Gastgeber: »*Heiwa wa dōiu imi desu ka?* – Was bedeutet *heiwa*?«

Die drei antworten einstimmig: »*Peace.*«

Ich habe großes Glück! Dies ist wahrscheinlich eines der ganz wenigen Worte, die sie aus dem Stand ins Englische übersetzen können. Innerlich aufgetankt, mache ich mich wieder auf den Weg. Mein Herz fließt über vor Dankbarkeit für all diese kostbaren Begegnungen, die ich erleben darf.

Ich wandere auf Pfaden, die sich durch den Wald winden, zu Tempel 65 hinauf. Dabei denke ich die ganze Zeit über

---

30 Nelson Mandela, *Der lange Weg zur Freiheit. Autobiografie*, Fischer 1997.

das Wort *heiwa* nach, frage mich, was es mir wohl mitteilen möchte.

Heiwa ... In Tempel 65, Sankaku-ji (»Dreieck«), von dem ein himmlischer Charme ausgeht, nehme ich das Wort in meine Gebete auf. *Heiwa*, die letzte sinnende Betrachtung auf meinem Weg zur Erleuchtung. Das Nirwana kündigt sich vielversprechend an!

Ich klettere einen steilen Hang hinauf und stehe unvermittelt am Eingang eines 885 Meter langen Tunnels, durch den ich die aktuelle Präfektur der Erleuchtung verlasse und die Präfektur Kagawa erreiche, der vierte und letzte Streckenabschnitt des *henro michi*, des Pilgerwegs von Shikoku. Ich liebe diese Metapher des Tunnels, eines dunklen Geburtskanals, der mich zwingt, die Finsternis zu durchqueren, um dann im Nirwana ans Licht zu treten.

Ich passiere also diesen letzten Tunnel. Und dann bin ich da, meine Füße betreten den Boden dieser gesegneten Präfektur! Juchhuuu! Ich stoße einen triumphierenden Schrei aus, berauscht von der Ankunft im Nirwana. Mein Herz hüpft vor Freude! Ich halte am ersten Getränkeautomaten an, um das Ereignis zu feiern. In Ermangelung von Champagner nehme ich ein kohlensäurehaltiges Erfrischungsgetränk mit künstlichem Pfirsicharoma. Macht nichts, es hat auf alle Fälle Bläschen, und in mir prickelt es sowieso überall! Ich höre dem Gesang meines Herzens zu und lasse meinen Körper tanzen. Ich verspüre einen unwiderstehlichen Drang, diese Geburt in eine andere Welt zu feiern. Ich jauchze.

In diesem Moment klingelt mein Mobiltelefon, das mir großzügigerweise von der Vereinigung der Shikoku-Pilger zur Verfügung gestellt wurde.

»*Moshi moshi?** – Hallo?«
»*Matsuoka-san desu.* – Hier spricht Herr Matsuoka.«
»*Konnichi wa!** – Guten Tag!«
»*A key ... in my house ... yours?*«

Nein!? Das gibt es doch nicht! Herr Matsuoka, bei dem ich vor anderthalb Monaten meine erste Nacht auf japanischem Boden verbracht habe, hat gerade meinen Schlüssel bei sich zu Hause gefunden. Was für ein erstaunlicher Zufall! »Zufall ist vielleicht das Pseudonym Gottes, wenn er nicht selbst unterschreiben will«[31], schrieb Théophile Gautier. Ich bin fassungslos. Ich habe den Eindruck, den Ariadnefaden meiner Pilgerreise in der Hand zu halten. Was für eine mächtige Symbolkraft enthält dieses Erlebnis!

Natürlich weiß ich, dass das Konzept des Nirwana im Buddhismus wesentlich komplexer ist, aber meine westliche Kultur lässt es mich im populären Sinn als ein Äquivalent des Paradieses, einen Ort der Freude, ein Reich des reinen Glücks sehen. Mein Schlüssel, dieses Symbol meines Alltags, taucht wie von Zauberhand ausgerechnet in dem Moment wieder auf, in dem ich den Weg des Nirwana betrete! Das erscheint mir doch alles andere als banal.

Tatsache ist, dass wir in einem Korsett ersticken, das wir uns selbst zu eng geschnürt haben. Doch die Panzertüren und Fenster, die mich im Kerker meines Alltags gefangen halten, werden plötzlich durchlässig. Ritzen brechen an den Wänden meiner inneren Abgeschiedenheit auf. Das Gefängnis meines monotonen Alltags kommt allmählich ins Wanken. Ein

---

31 Théophile Gautier, *Lettre III*, *La Croix de Berny: roman steeple-chase*, Éditions Librairie Nouvelle 1855.

Schloss springt auf. Die Angeln meiner Haustür beginnen zu ächzen, setzen sich knirschend in Bewegung – zaghaft, aber entschieden – und geben einen neuen Raum frei. Die Tür steht einen Spalt weit offen. Als ob Wesenheiten der unsichtbaren Welt meine Schritte lenkten auf dem Weg meiner Kohärenz und mich zum Erkennen dieser Wahrheit geleiteten: Das Nirwana ist hier und jetzt! Als ob das Leben mir ins Ohr flüsterte: »Das ist der Schlüssel zu deiner substanziellen Verwandlung. Das Paradies ist hier und jetzt! Alles ist schon da, in deinem eigenen Herzen ebenso wie um dich herum. Das Paradies ist nicht an einem fernen Ort, sondern besteht ganz einfach in dem Schritt, den du gerade tust, wo auch immer du bist. Das Paradies liegt nicht in fernen Trugbildern, sondern im Gewöhnlichen deiner Existenz.«

Ich erkenne verblüfft, dass ich diese offenkundige Tatsache einfach vergessen habe. Wie konnte ich den Kontakt mit der lebendigen Erfahrung des Augenblicks so sehr verlieren? Wie konnte ich mein gegenwärtiges Leben, das Einzige, was letztlich eine greifbare Realität darstellt, durch eine Konjugation im Konditional vergiften? Das Paradies liegt da, wo ich bin, in meinem Alltagsleben, vor dem ich weggelaufen bin. Überall habe ich es gesucht, eifrig und unermüdlich, außer dort, wo es die ganze Zeit schon war ... Der Schlüssel wurde mir hingehalten, aber ich fand keine Tür, die sich damit öffnen ließe.

Ich gebe mich meinen Gedanken hin, mit dem Ziel einer Versöhnung mit meinem Pariser Leben. Als hielte ich nun den Schlussstein vom Gebäude meines Lebens in Händen, jenen Keilstein, der zuallerletzt gesetzt wird, aber alle anderen zusammenhält, und ohne den kein Bau sich in die Höhe erheben kann. Als ob ich hergekommen wäre, um auf den Spuren Kūkais den Schlüssel zu einer Tür zu suchen, die ich selbst von innen verschlossen habe: die Tür, die zur Vorhalle meiner inneren Kathedrale führt, dem göttlichen Anteil, der mich begründet. Ich lasse mich von den Assoziationen leiten, die spontan und ungelenkt in mir aufsteigen.

Ein Traum, den ich kurz vor meiner Abreise nach Shikoku hatte, kommt mir in den Sinn. Darin suche ich eine hübsche Wohnung auf, die sich als mein Zuhause herausstellt. Mein Gast ist eine Person, von der ich keine klaren Gesichtszüge erkennen kann, die aber sehr wohlwollend wirkt. Ich führe diesen Gast vom ersten Raum in den zweiten, als er mich auf eine Tür hinweist, die ich bis dahin noch nie gesehen habe. Ich staune über dieses Rätsel und bin auch neugierig angesichts dieser Perspektive, die sich vor meinen Augen auftut. Mein Begleiter fordert mich auf, die mysteriöse Tür zu öffnen, die nicht verriegelt ist. Große Verblüffung! Ein riesiger, lichtdurchfluteter Raum öffnet sich vor meinen geblendeten Augen. Gleich einer Ermutigung, diesen Raum zu erforschen, der mir vom Unendlichen erzählt. Symbolische Dekodierung, Schlüssel zur Traumdeutung … An dem Punkt wachte ich damals auf, aber der starke Eindruck, den diese Traumsequenz hinterlassen hat, ist heute noch lebendig. Als ob sich das Sein in mir nach seiner Erleuchtung sehnte. Und nun, da ich in das Nirwana eintrete, vernehme ich wieder diesen ausdrücklichen Befehl. Der Schlüssel zur heiligen Kapelle meines Innersten ist in Reichweite.

Sollte man nicht jeden Tag empfangen wie ein wundersames Mysterium, jeden Morgen die Tür aufsperren für all die Möglichkeiten, von denen es wimmelt am alltäglichen Horizont?

Ich erreiche den *minshuku** Okada voller Energie, multipliziert von dem in mir Gestalt annehmenden Leben. Als ob die Pilgerreise, die eigentliche Akteurin in diesem Abenteuer, mir den Weg weisen würde, auf dem ich wie Hänsel Kieselsteine auflese, die mich zu meinem inneren Zuhause führen. Es fehlt nicht viel, und ich würde von einem Wunder sprechen. Alles klärt sich.

Der Abend steht wieder ganz im Zeichen des Pilgergeistes. Die Herberge lebt nur für die *henro**, und der Empfang ist von beispielhafter Großzügigkeit. Eine Vielzahl von Postkarten, Zeitungsartikeln und Fotos von Pilgern sind an die Wände gepinnt. Der Wirt, ein betagter Herr, der eine geradezu kindliche Lebensfreude ausstrahlt, seine Frau, sein Sohn, drei *aruki** *henro**-Gefährten und ich, wir lassen uns das Abendessen schmecken bis spät in die Nacht. Die Schlüsselwörter sind Freundschaft und Gesellligkeit. Dazu spielt die Hintergrundmusik: »Das Paradies ist hier und jetzt!« Unser Lachen erfüllt den Raum, und ich kann mich voll und ganz identifizieren mit den Worten von Christiane Singer: »Ich dachte bisher, dass die Liebe Bindung wäre, dass sie uns miteinander verbinden würde. Aber es ist viel umfassender! Wir brauchen gar nicht miteinander verbunden zu werden: Wir sind bereits ineinander enthalten. Das ist das Geheimnis. Dies ist die schwindelerregende Wahrheit.«[32]

Schwindel erfasst auch mich bei all diesen Begegnungen auf dem Weg zum Verbindungspunkt, wo wir nur noch eins sind. In dem Maße, wie meine Schritte auf dieser japani-

---

32 Christiane Singer, *Alles ist Leben: Fragmente einer langen Reise*, btb 2011.

schen Insel voranschreiten, nähere ich mich dem Geheimnis der Einheit unserer gemeinsamen Menschlichkeit. Du und ich, wir sind eins …

13. August – Das Flüstern des Göttlichen
An diesem Tag ziehe ich mit Akihisa los, einem meiner *minshuku**-Gefährten. Er ist 36 Jahre alt, läuft aber viel schneller als ich, sodass er mich schon nach wenigen Kilometern bergauf zu Tempel 66, Unpen-ji, »Nachbarschaft zu den Wolken« genannt, abhängt. Der Pfad, der zum Gipfel auf 927 Metern über dem Meeresspiegel führt und zu Recht als *henro korogashi** bezeichnet wird, ist wunderschön: Nadelwälder und Azaleen, zwischen denen Dunstschwaden aufsteigen. Das Licht fällt durch das Blattwerk. Mein Schritt tanzt mit diesen leuchtenden Arabesken, die mich einladen, an ihrer Choreografie teilzunehmen. Der Weg führt zaghaft in die Höhe, und ich erreiche den Gipfel, fast ohne es zu merken. Die Bäume, die Sonnenstrahlen, alles scheint mir unentwegt ins Ohr und ins Herz zu flüstern: »Das Paradies ist hier und jetzt! Koste den Geschmack, lebendig zu sein! Nimm teil an der Realität!«

Ich flaniere eine geraume Weile durch den Tempel, dem die Himmelsnähe eine starke spirituelle Ausstrahlung verleiht. Ich höre das Flüstern des Göttlichen:

»*Und wieder bin ich lebendig!*
Oben am Himmel
eine rote Libelle.«[33]

---

33 Natsume Sōseki, *Haiku (Zen-Gedichte 3)*, Angkor Verlag 2014.

Ja, ich bin lebendig und verharre andächtig vor der Unendlichkeit des Himmels, der gleichzeitig so fern und doch so nah ist.

Der Ort ist fast vollkommen verlassen, und die Seilbahn fährt leer. Die Gebäude leuchten in der Sonne und strahlen eine beschauliche Schönheit aus. In dieser Stille genieße ich den Ausblick über die bläulichen Gipfel und die goldenen Gebirgskämme.

Eine erstaunliche Aneinanderreihung von 500 Steinstatuen, die Buddhas Jünger darstellen, säumt die Straße, die in Serpentinen zu Tempel 67 hinunterführt. Diese Skulpturen begleiten den vorbeiziehenden *aruki* henro** über mehr als einen Kilometer. Einige lachen, andere sind ernst, doch insgesamt sind sie eine willkommene Gesellschaft auf diesem Abstieg, der mir endlos vorkommt.

Die Freude über die Ankunft in Tempel 67, Daikō-ji (»Großer Wohlstand«), ist umso größer, als ich meinen Reisegefährten Koji wiedersehe. Wir tauschen *fuda** und empfehlen uns damit gegenseitig unter Kūkais schützende Hand. Wir lachen, unsere Blicke sind tief und aufrichtig, schließlich rezitieren wir gemeinsam das Herz-Sutra.

An diesem Abend habe ich geplant, in der Stadt Kan'onji zu übernachten. Der Weg dorthin ist noch lang, und die vor mir liegenden Kilometer auf dem sengenden Asphalt wiegen schwer. Ein strahlend weißes, klimatisiertes Auto hält auf meiner Höhe. Ein älterer Herr mit seinem Enkel fragt mich sichtlich besorgt, ob alles in Ordnung sei, und schlägt mir vor, mich mitzunehmen.

»*Aruite*. Arigatō gozaimasu.** – Ich gehe zu Fuß. Vielen Dank.«

Angesichts meiner abschlägigen Antwort wirft er mir einen mitleidsvollen Blick zu und setzt seine Reise fort. Doch wenige Kilometer später erwartet mich vor einem Haus am Straßenrand ein richtiggehendes Begrüßungskomitee. Als ob die Nachricht von der hellhäutigen Pilgerin, die so verrückt ist, bei einer solchen Hitze zu Fuß zu wandern, sich wie ein Lauffeuer verbreitet hätte! Die ganze Familie stürzt auf mich zu: der Großvater, seine Schwester, sein Schwager, der Enkel und sein Neffe Koji.

Sie sind alle nach Shikoku für das buddhistische *O-Bon*-Fest, einen Feiertag zu Ehren der Ahnengeister, zurückgekommen. Damit sie den Verstorbenen Ehre erweisen können, nehmen viele Japaner Urlaubstage und verbringen sie mit der Familie. Um die Seelen der Toten zu geleiten, werden Laternen vor jedem Haus angezündet. Kerzen und Speiseopfer werden auf die *butsudan* gestellt, die Hausaltäre zu Ehren der Ahnen. Ich nehme mir Zeit und setze mich hin, versuche, diese Andersartigkeit zu verstehen, die unsere Kulturen unterscheidet, aber in unserer gemeinsamen Natur so ähnlich ist.

»Vergesst die Gastfreundschaft nicht; denn durch sie haben einige, ohne es zu ahnen, Engel beherbergt«[34], rät Paulus. Ich für meinen Teil werde unaufhörlich von einer Vielzahl von Engeln bewirtet! Erneut werde ich mit Aufmerksamkeit überschüttet: Ich werde gefüttert, getränkt und aufgepäppelt von dem fürsorglichen Koji, einem jungen Studenten der traditionellen chinesischen Medizin, der mir zudem eine Moxibustionstherapie-Sitzung[35] anbietet.

---

34 Paulusbrief an die Hebräer, 13,2.
35 Stimulationstechnik durch Erwärmung bestimmter Akupunkturpunkte des Körpers.

Durch all diese Begegnungen fühle ich mich voll und ganz vom Geist der Brüderlichkeit durchdrungen, der hier auf erhabene Weise zum Ausdruck kommt. Ich werde mitgetragen von all diesen Gefährten der inneren Reise, deren Bekanntschaft mir jeden Tag von Neuem zum Geschenk gemacht wird. Als Pilgerin auf dem Weg des Herzens werde ich zum Sammelbecken einer immensen Liebe. Wenige Minuten zuvor kannten wir uns noch nicht, und dennoch habe ich den Eindruck, von lieben Freunden umgeben zu sein, gleich einer Schar von Götterboten. Das Entstehen einer innigen Gemeinschaft. Du und ich, wir sind eins ... Auch die demütige Grußgeste rührt mich jeden Tag mehr an, die leichte Verbeugung des Oberkörpers, durch die ich anzeige, dass ich im anderen diesen göttlichen Teil erkannt habe, der unser aller Fundament ist.

Und wieder heißt es, sich loszureißen, auf den Weg zu machen, immer wieder ... anderen Begegnungen entgegen.

Die Tochter meines Gastgebers an diesem Abend ist eine 34-jährige junge Frau, die mit einem Deutschen verheiratet ist, der eine Zeit lang in Japan gelebt hat. Die beiden haben zwei Kinder: einen vierjährigen Jungen und ein zweijähriges Mädchen. Seit vier Monaten leben sie nun in Deutschland. Die Frau ist nach Shikoku zurückgekehrt, um ihre Familie zu besuchen. Sie spricht perfekt Englisch und ist so sehr verwestlicht, dass sie die traditionelle Gesellschaft Shikokus ablehnt und sogar mit einer gewissen Geringschätzung über sie spricht. Während ich mein Staunen über die jahrhundertealten Traditionen und die alten Bräuche zum Ausdruck bringe, die ich als so lebendig erfahre, vermittelt sie mir ihren Durst nach Modernität und ist stolz auf ihre Weltoffenheit. Während ich von meiner Bewunderung für die so inbrünstig befolgten religiösen Riten erzähle, zeigt sie sich ihrerseits begeistert von unserer europäischen, vom Säkularismus gekennzeichneten Kultur. Unser Austausch ist ungemein bereichernd, und ich kann die Komplexität der japanischen Gesellschaft fast mit Händen greifen. Ein faszinierendes Land, eine von Gegensätzen durchdrungene Zivilisation.

14. August – Aufstieg in den Himmel

Der Tag beginnt mit einem morgendlichen Spaziergang unter den Kirschbäumen, Azaleen und Kamelien im Park Kotohiki, der als »nationales Denkmal malerischer Schönheit« gilt. Zu dieser frühen Stunde ist der Ort noch ruhig. Am höchsten Punkt kann ich die Zenigata Sunae sehen, ein in Sand gegrabenes Abbild einer Münze von 350 Meter Durchmesser, dessen Anblick Glück bringen soll. Das wollte ich mir natürlich auf keinen Fall entgehen lassen, die paar zusätzlichen Marschkilometer müssen schon sein!

Auf diesem Streckenabschnitt der Pilgerreise drängen sich die Tempel in großer Zahl, und so besuche ich heute ein Heiligtum nach dem anderen. Rechter Fuß, tock, pling, linker Fuß, tock ... »Segen der Götter«, »Hauptberg«, »Acht Täler«, »Mandala« ... um schließlich zu Tempel 73 zu kommen, Shusshaka-ji, »Erscheinung Buddhas« genannt und an dem Ort erbaut, wo Kūkai im Alter von sieben Jahren von einer Klippe sprang und dabei schwor, dass er sich künftig um die Seelen kümmern werde, wenn Buddha ihm zu Hilfe komme. Er wurde von einer Engelschar gerettet.

Tock, pling ... Tempel 74, Kōyama-ji (»Bewehrter Berg«). Der gleich darauf folgende Tempel 75, Zentsū-ji (»Rechter Weg«) ist der Geburtsort Kūkais. Dieses Heiligtum, das erste, das dem Shingon-Buddhismus gewidmet wurde, ist hoch verehrt. Die Tempelanlage umfasst sieben Hauptgebäude, eine große Pagode, umgeben von riesigen Kampferbäumen, und einen Stupa. Dieses in Japan eher seltene Bauwerk wurde mit Sand aus den acht heiligen Stätten Indiens errichtet. Die Steine singen. Die Erhabenheit des Ortes, zusätzlich erleuchtet vom goldbraunen Licht des Spätnachmittags, kommt in allem zum Ausdruck.

Überall an diesem heiligen Ort hängen Amulette, um eine Heilung zu erflehen, böse Geister abzuwehren, Glück zu erbeten.

Ich werde im *shukubo** erwartet, wo die Organisation sich dem Ansturm der zahlreichen Pilger und Besucher gewachsen zeigt. Ich bin angenehm überrascht, als ich beim Abendessen Akihisa wiedersehe, dem ich vor zwei Tagen begegnet bin.

14

Erbeben des Absoluten

15. August – Universelle Gebete
5.30 Uhr. Die prächtige Morgenzeremonie wird von den Stimmen der Mönche getragen, die die versammelten Herzen emporheben. Heute ist Mariä Himmelfahrt, ein Feiertag für die Katholiken, und ich fühle mich zutiefst eingebunden in eine universelle Spiritualität, wo Völker und Kulturen in einen wahrhaftigen Dialog treten, wo der Pluralismus und das Eine konvergieren. Hier wie dort, auf der anderen Seite des Globus, ist ein Land im Gebet vereint, eine Welt dürstet nach Transzendenz, eine Menschheit begeistert sich für das Absolute. Einfache und bedeutungsvolle Gesten, Hände, die sich etwas entgegenstrecken, das größer ist als wir, Knie, die sich beugen, Oberkörper, die sich neigen, Gesang, der sich darbietet, Flammen, die in die Unendlichkeit emporzüngeln. Ein ganzer Planet, der in dieser flüchtigen Gegenwart zum Ewigen betet. Ich nehme teil an dem umfassenden kollektiven Gebet ohne Altersgrenze, Unterscheidung der Hautfarbe oder geografische Schranken. Jenseits der Riten und Liturgien gibt es nur ein einziges Loblied. Du und ich, wir sind eins.

Ein Mönch ergreift das Wort, aber ich verstehe natürlich nicht das Geringste. Inmitten all dieser wirbelnden Klänge kann ich zumindest *migi*, rechts, und *hidari*, links, heraushören, das sind Begriffe, die in meinen Pilger-Wortschatz für Japan eingeflossen sind.

Unvermittelt erheben sich auf Anweisung des Mönchs die Teilnehmer der Morgenzeremonie leise und begeben sich zum Frühstück – zumindest nehme ich das an. Ich folge also dem Menschenstrom und befinde mich zu meiner Verblüffung plötzlich in einem unterirdischen Gang, eingetaucht in völlige Dunkelheit. Undurchdringliche Finsternis umgibt mich, als ich in diesen endlos langen Tunnel vordringe. Als einziger Lichtstrahl bleibt mir nur das unerschütterliche Vertrauen, das mich auf diesem Weg begleitet. Meine linke Hand ertastet und streichelt die glatte Oberfläche einer Mauer, die ich mehr als hundert Meter blind entlanglaufe. Später erfahre ich, dass dieser Korridor, Kaidan Meguri genannt und ausgemalt mit Mandalas, Engeln und Lotosblumen, sich unterhalb der Geburtsstätte von Kūkai befindet und den Weg Buddhas darstellt, dem man folgen soll, um symbolisch im Licht wiedergeboren zu werden. Ich höre das flüsternde Echo der Stimme von Victor Hugo: »Jeder Mensch in seiner Nacht geht dem Licht entgegen.«[36] Ich muss zugeben, dass ich froh bin, als ich aus diesem finsteren Labyrinth herausfinde, an die Oberfläche steigen und wieder tief durchatmen kann. Mag die Erhebung zu den Gipfeln meines inneren Lebens während des Aufstiegs zu Tempel 12 schmerzhaft gewesen sein, das Abtauchen in dieses Schattenreich, verbunden mit einem inneren Abstieg in meine Unterwelt, ist wahrlich kaum einfacher.

36 Victor Hugo, *Les Contemplations*, Gallimard 1967.

Rechter Fuß, tock, pling, linker Fuß ... Tempel 76, Konzō-ji (»Goldene Halle«). Ich durchquere Marugame und Utazu mit ihren aufeinanderfolgenden Geschäftsvierteln.

An Tempel 77, Dōryū-ji (»Vortrefflicher Weg«), lerne ich Kazunobu kennen, einen vierzigjährigen *henro**, der mit dem Zug aus Ōsaka angereist ist. Er ist schlank, schlemmt aber anscheinend sehr gern, denn bei der Erwähnung meiner Nationalität wird ihm der Mund ganz wässrig, und er redet von »*foa goa*«, was *foie gras*, also Gänseleberpastete, heißen soll, sowie von »*fumase*«, womit er *fromage*, also Käse, meint. Und von Wein! Er ist ein Liebhaber von gutem Essen und ein Feinschmecker. Dieser Kazunobu gefällt mir!

Gute Küche ist das Schlüsselwort dieses Tages, denn nach Tempel 78, Gōshō-ji (»Erleuchtung des Dorfes«), bin ich bei Mie Ozaki, einer Freundin von Léo Gantelet, zu einem Festessen eingeladen. Sie ist Professorin für Französisch in Marugame und Präsidentin des Vereins Shikoku Muchujin.[37] Mie, eine dynamische Großmutter, organisiert alljährlich originelle Veranstaltungen, um für Shikoku in Europa, insbesondere in Frankreich, zu werben. Wir haben uns später mit großem Vergnügen in Paris wiedergetroffen. Genau wie nach dem Jakobsweg überdauern die beim Pilgern geknüpften Beziehungen, weil etwas Wesentliches miteinander geteilt wurde.

Ein Sprichwort sagt: »Kein Jahr ist des nächsten Bruder.« Welch krasser Gegensatz liegt doch zwischen dem heutigen Festmahl und dem bescheidenen Picknick am 15. August des Vorjahres auf dem Jakobsweg. Da wir nichts Überflüssiges

---

37 Siehe die Webseite fr.muchujin.jp

mit uns herumtragen wollten, dabei leider den Feiertag übersehen und es verpasst hatten, uns rechtzeitig mit Lebensmitteln einzudecken, mussten meine Pilgerfreundin Francine und ich die letzten Reste aus den Tiefen unseres Rucksacks klauben und zusammenlegen, um wenigstens ein bisschen zu essen zu haben. Aber wir haben mit großer Freude zwei Reiswaffeln, garniert mit einer getrockneten Aprikose, drei Haselnüsse und vier Rosinen verspeist. Dies ist der Zauber von Wegen, die ein einfaches Mittagessen in ein Festmahl verwandeln und eine Wiese in eine feine Spitzentischdecke.

16. August – Erhebung der Seele
Rechter Fuß, linker Fuß ... Ein Tempel folgt auf den nächsten, und ich erreiche heute die symbolische Zahl 80. »Hohe Erleuchtung«, »Weißer Gipfel«, »Aromatischer Baum«: So viele Tempel thronen in der Höhe. Alle praktisch menschenleer. Ich lasse den Blick über die vom Hitzedunst vernebelte Bucht von Takamatsu schweifen, die sich am Horizont abzeichnet.

17. August – Der Schlüssel zum Himmelreich
Tock, pling ... Tempel 83, Ichinomiya-ji (»Erster Shintō-Tempel«). Ich bin voller Rührung, als ich in die Stadt Takamatsu zurückkomme, wo meine Füße zum ersten Mal den Boden Shikokus betreten haben, anderthalb Monate liegt das jetzt zurück. Ich treffe mich wieder mit dem lieben Harunori, und wir machen eine Bootstour und besuchen den Ritsurin-Park. Dieser 75 Hektar große Park stammt aus der Edo-Zeit, das heißt dem frühen 17. Jahrhundert, und ist bis heute un-

verändert geblieben. Ich bin bezaubert von dem Anblick, der sich meinen Augen darbietet: In der Ferne der von Kiefernwäldern bedeckte Berg Shiun, sechs Seen, dreizehn Hügel, felsige Anhöhen, wunderschöne Iris- und Lotosblüten. Die bezaubernde Landschaft verändert sich laufend, wie eine Vielzahl kunstvoller Grafiken, die an meinen Augen vorüberzieht.

Dann besuchen wir den unerschütterlichen Herrn Matsuoka bei sich zu Hause, in der Wohnung, in der ich meine erste Nacht in Japan verbracht habe. Die Bilder von meiner Ankunft in diesen unbekannten Gefilden steigen wieder in mir auf. Es kommt mir so weit weg vor!

In einer Geste, die für mich einen eminent spirituellen Akt darstellt, überreicht Herr Matsuoka mir den Schlüssel zu meiner Wohnung, zu meinem inneren Königreich. Ein wenig klingt in mir jene biblische Episode an, die dem Schlüssel seine hochspirituelle Bedeutung verleiht, nämlich die Verheißung Christi an Petrus: »Ich werde dir die Schlüssel des Himmelreichs geben.«[38] Ich sehe den Gegenstand in einem neuen Licht, wie ich ihn noch nie zuvor betrachtet habe. Ich halte in meiner Hand das Werkzeug meiner Verwandlung. Ein seltsames Gefühl von »nach Hause kommen«, ins Heim meines Ursprungs, überfällt mich. Ich bin »begeistert«, und zwar ganz im etymologischen Sinn »mit göttlichem Geist erfüllt«. Raum öffnet sich in mir. Dieser Schlüssel ermöglicht es mir, zu einer neuen Lebensphilosophie zu gelangen. Einfach »Ja« zu sagen zu dem, was da ist.

---

38 Matthäus 16,19

Herr Matsuoka zeigt mir anschließend einen Teil des Films, den das Fernsehteam während meines ersten Pilgertags gedreht hatte. Die Bilder ziehen vor meinen Augen vorüber, die ergriffen sind von dem Weg, den die Pilgerin zurückgelegt hat, seit sie die Rituale des Shingon-Buddhismus entdeckte, dessen Gesten, zu der Zeit noch zögerlich nachgeahmt, zum Refrain aller folgenden Tage wurden. Was für ein langer Weg! Lang in Bezug auf die tatsächlich zurückgelegten Kilometer, aber vor allem auch ein gutes Stück vorwärts auf meinen inneren Wegen, in die Tiefe meines Wesens.

15

Feier des Unendlichen

18. August – Seine Wünsche erfüllen
Rechter Fuß, linker Fuß ... Ich entferne mich zunehmend von der städtischen Hektik Takamatsus und erreiche schließlich Tempel 84, Yashima-ji (»Dach der Insel«), der einen atemberaubenden Blick auf das Binnenmeer von Seto und Takamatsu freigibt. Von hier kann man sogar auf dem Gipfel des gegenüberliegenden Hügels den nächsten Tempel erkennen. Das verspricht einen höllischen Abstieg, gefolgt von einem ebenso harten Aufstieg. Im Eingangsbereich des Tempels, neben der *tanuki*-Statue, diesem Fabeltier, halb Waschbär, halb Dachs, begegne ich zu meiner großen Freude Marianne und Olivier wieder, dem Pilgerpaar aus der Schweiz.

Harunori stößt am Hafen von Yashima zu mir, um mit mir zu wandern. Ich schätze seine fröhliche Art und freue mich, einen Reisegefährten zu haben. Das beflügelt den Schritt auf den steilen 300 Metern bis zum Gipfel des Bergs Goken. Tempel 85, Yakuri-ji (»Acht Kastanien«), glüht unter der Mittagssonne. Dieser Ort an einem Berghang, umgeben von Felsklippen, ist durchdrungen von einer heiteren Gelassenheit, die die Andacht und Erholung der ermatteten Pilger fördert. Wir rezitieren gemeinsam das Herz-Sutra, genau wie am ersten

Tag meiner Pilgerreise. In diesem Heiligtum treten unsere beiden Stimmen in engen Kontakt mit dem Unsichtbaren. Wieder einmal verflüchtigen sich Raum und Zeit. Was zählt, ist einzig unsere Gegenwart innerhalb einer viel größeren Präsenz, die mit uns singt.

Durch Gewerbezonen und anonyme Straßen geht es heute weiter mit einer Pilgerreise innerhalb der Pilgerreise. Harunori bringt mich nämlich genau zu dem Geschäft, wo ich mich bei meiner Ankunft in eine Shikoku-Pilgerin verwandelt habe. Dann finden wir, nicht ohne Rührung, Tempel 86, der für die Generalprobe gedient hatte, als ich die rituellen Gesten für die Tempel lernte. Schwindel erfasst mich, während ich an diese Orte zurückkehre, die ich nun mit neuen Augen sehe. Nichts ist mehr gleich. Alles ist neu.

Tempel 86, der den harmonischen Namen Shido-ji trägt, ist der perfekte Ort, um meine Wünsche zu erneuern, denn sein Name bedeutet: »Seine Wünsche erfüllen«. Ich lege hingebungsvoll ein *fuda** mit der Liste all der guten Vorsätze, die ich in mir trage und die ich Kūkai anvertraue, in die Urne des *hondō** und des *daishidō**.

Heute Abend bin ich ein bisschen traurig bei dem Gedanken an die wenigen Stunden, die mir noch bleiben bis zur letzten Kalligrafie. Es krampft mir das Herz zusammen. Ich fühle mich so gut, während ich auf diesen Pfaden am Ende der Welt wandere!

19. August – Hoffnung und Erneuerung
Das Tageslicht ist noch von hellblauer Nacht umhüllt. Ich schreite sanft durch die erwachende Natur. Meine Stöcke begleiten wispernd die schüchternen Anfänge der Morgendämmerung. Ein neuer Tag, der sich kühn durch den schwarzen Schleier der Nacht vorwagt und laut sagt, gestern ist vorbei, und heute muss neu erfunden werden. Diese glückliche Erkenntnis trägt und nährt mich jeden Tag von Neuem.

Ein paar Kilometer vor dem letzten Tempel erhalte ich ein Dokument, das so wertvoll ist wie die *Compostela* für die Jakobspilger, jene lateinisch abgefasste Urkunde, die den Abschluss der Wallfahrt bescheinigt und nach Prüfung der Stempel im Pilgerausweis ausgestellt wird. Das überreichte Zertifikat macht mich nun offiziell zur Botschafterin und Mentorin des Pilgerwegs von Shikoku. In dem Büro, das zugleich auch ein Museum der Geschichte des Pilgerwegs und des Lebens von Kūkai beherbergt, betrachte ich beeindruckt ein Modell der Insel mit allen Tempeln, in denen ich meine Wünsche, Kerzen, Räucherstäbchen niedergelegt und meine Gebete gesprochen habe. Was für ein spektakuläres Relief! Eine Vielzahl von Bergen, die aus den Tiefen des Ozeans emporgestiegen sind, so sieht Shikoku aus! Schlagartig wird mir bewusst, was für eine Wegstrecke ich zurückgelegt und welche Höhenunterschiede ich überwunden habe. Ich betrachte wieder Tempel 12, stolz und erhaben auf seinem Gipfel, die vielen Pässe, die zu überqueren waren, um ihn zu erreichen, und erinnere mich an die damit verbundenen Qualen. Mein Blick fällt auf Tempel 66, der ebenfalls hoch oben thront und zudem einen Pakt mit der grimmigen Augustsonne geschlossen hatte. Die Bilder ziehen noch einmal gestochen scharf vor meinem inneren Auge vorüber.

Tock, pling ... Aufstieg zum Berg Nyotai. Voller Freude über das Wandern in trauter Einsamkeit, möchte ich meine Ankunft in Tempel 88, Ōkubo-ji, ganz allein erleben und habe an diesem Tag keine große Lust, Reisegefährten zu treffen. Die Begegnung mit Marianne und Olivier setzt diesem Wunsch ganz unvermittelt ein Ende. Es scheint wohl die Zeit gekommen zu sein, meine Taucherglocke abzulegen und wieder an die Oberfläche zu steigen. Gleichsam eine Ermahnung an Herz und Körper, dass das Leben kein einsamer Weg ist. Wir beginnen ihn zwar allein, aber dann treffen wir auf das Andere, das ebenfalls da ist, damit wir uns selbst erkennen. Die Auseinandersetzung mit der Andersheit ermöglicht uns eine größere Klarsichtigkeit uns selbst gegenüber und ist integraler Bestandteil unseres Wachstumsprozesses. Jede Begegnung erfindet uns neu, eröffnet uns etwas Neues und legt einen weiteren Stein auf unser inneres Gebäude: »Der kürzeste Weg zu meinem Selbst führt über das andere Ich.«[39]

Noch eine Steigung, bevor ich durch das Portal dieses letzten Tempels schreite. Ich bin bewegt, wenn ich mir all die Pilger vorstelle, die vor mir auf diesen Pfaden gewandert sind, und beim Gedanken an alle jene, die nach mir kommen werden. Mein Blick verschleiert sich. Du und ich, wir sind eins. Das Mantra meiner Schritte. Ich bin keine unabhängige Wesenheit, sondern ein kleiner Tropfen in einem Ozean, ein Glied in der großen Kette des Lebendigen, eine Zelle des großen Organismus des Universums.

---

39 Paul Ricœur, *Das Selbst als ein Anderer*, Fink 2005.

Ich koste jedes Ritual, das ich an diesem Ort durchführe, ganz und gar aus und betrachte mit Bewunderung einen majestätischen *Ginkgo biloba*, den der *shimenawa*, ein um den Stamm gebundenes Seil aus Reisstroh, als heiligen Baum kennzeichnet. Der Ginkgo gehört als Fächerblattbaum zur ältesten bekannten Baumfamilie und ist die einzige Art, die den Abwurf der Atombombe vom 6. August 1945 über Hiroshima überlebt hat. In Asien als heiliger Baum, Symbol des Lebens, der Erneuerung und als Hoffnungsträger verehrt, erstaunt er mich mit seiner überlegenen Kraft und friedlichen Stärke. Ich lege meine Hände sanft auf seine Rinde und nehme mir Zeit, um mich ganz von ihm durchdringen zu lassen. Erneuerung, Leben, Hoffnung. Nach dieser Pilgerreise sind das Worte, die zu mir sprechen.

20. August – Tanz mit dem Leben

An diesem Morgen bleibe ich in Tempel 88, dem Tempel der »Großen Grotte«, wo ein wichtiges religiöses Fest stattfindet. Da niemand Englisch spricht, weiß ich nicht, worum es geht. Aber das macht nichts, ich fühle mich innig verbunden in der Gewissheit einer spirituellen Universalität jenseits aller Kulte. Die Hingabe der Menschenmenge, die sich hier zur Feier dieser jahrhundertealten Tradition versammelt hat, beeindruckt mich. Gläubige und Mönche haben sich festlich herausgeputzt. Vor einem großen Feuer singen und tanzen alle zum Takt mehrerer Instrumente, kraftvoll gespielt von den Mönchen in zeremonieller Kleidung. Rezitierte Gebete werden den Flammen übergeben. Opfergaben an die Götter verbrannt. Die Hitze, die von diesem Feuer ausgeht, steht der sengenden Sonne, der die Gläubigen auf dem Vorplatz ausgesetzt sind, in nichts nach. Die Luft ist zum Schneiden. Aber die Gesichter bleiben in ihrer Andacht unerschütterlich.

Nachdem die Glut auf einem großen Teppich verstreut worden ist, läuft eine lange Reihe von Gläubigen barfuß darüber, um regeneriert einen Neuanfang zu wagen. Aus Rücksicht auf meine geplagten Füße und die letzten Kilometer, die ich noch vor mir habe, verzichte ich auf diesen Feuerlauf.

Am folgenden Morgen kehre ich zu Tempel 1 zurück, um die Tradition des *Kechigan* zu erfüllen und den Pilgerrundweg beim Ausgangspunkt zu beschließen. Der kreisförmige Aspekt dieser Pilgerreise, gleich einem Mandala, ist wichtig und voller Bedeutung. Symbolisch steht der Kreis für die Unendlichkeit, die Vollkommenheit, das Absolute, das Göttliche, die Erhebung. Im Gegensatz zum Jakobsweg, wo der Pilger sich an einen bestimmten Ort begibt, wandert der *henro** auf Shikoku nicht zu einem endgültigen Bestimmungsort. Er ist aufgefordert, in einen Kreis zu treten – wie in das Lebensrad mit seinem Kreislauf von Tod und Wiedergeburt, unterwegs zu einem Neuanfang mit einem erweiterten Bewusstsein. Die Kreisbewegung vereint ein aus der Bahn geworfenes und wieder eingegliedertes Selbst, den Menschen und den durch den Buddhismus »verwirklichten« Menschen. Gleich einer Befreiung eines in seinem Kokon eingeschlossenen und dadurch in seiner Selbsterfüllung gehemmten Wesens. Wer zu Tempel 1 zurückkommt, ist ein anderer und doch gleichzeitig mehr denn je er selbst. »Nichts geht verloren, nichts wird erschaffen, alles wandelt sich«, meinte Antoine Laurent de Lavoisier. Auf diesem Pilgerweg hat mich jeder Schritt mir selbst nähergebracht, meinem In-der-Welt-Sein und dem Sein der Welt in mir.

21. August – Zur Welt kommen

Seit ich aufgewacht bin, bin ich ganz aufgewühlt bei dem Gedanken, dass dies mein letzter Tag auf dem Pilgerweg der 88 Tempel sein wird. Das Ende meiner Pilgerreise steht bevor. Ich fühle mich so wohl auf diesen Pfaden! Wie gewisse erfahrene Pilger könnte ich ewig weiterwandern auf diesem Rundweg. Ich verzichte darauf, meinen Reiseführer zur Hand zu nehmen, sondern lasse mich von meiner Intuition und meinem inneren Kompass leiten, vielleicht in der geheimen Hoffnung, dadurch den Weg noch ein wenig zu verlängern … Mein Schritt ist sicher und verlangsamt sich, um die verbleibenden paar Kilometer vor der allerletzten Kalligrafie ganz und gar zu genießen. Ich mache immer wieder Pausen in den letzten Dörfern, die ich durchquere. Ich mache Umwege, um diese Momente auszukosten, bevor ich schließlich in der Ferne die Silhouette meines Ausgangspunkts erkenne, die sich vom blauen Himmel abhebt.

In feierlicher Stille komme ich in Tempel 1, Ryōzen-ji (»Heiliger Berg«), an, und aus den Tiefen meines Herzens steigt Jubel in mir hoch. Mein ganzes Wesen ist an diesem Fest beteiligt. Es gibt keine Feier, keinen Applaus für irgendeine Heldentat, keinen Trommelwirbel und keine Hurrarufe, keinerlei Aufhebens. Mit meinem letzten Schritt öffne ich das Portal dieser heiligen Stätte, die Tränen steigen mir in die Augen und rinnen über meine Wangen. Ich rühre an das Göttliche! Ich spüre, wie das Leben in mir explodiert. Ein glühendes Siegel wird meinem Herzen aufgedrückt. Große unermessliche Freude bricht aus meinem Innersten hervor, und gleichzeitig erfüllt mich eine unendliche Dankbarkeit dem Leben gegenüber. Schwindel erfasst mich beim Gedanken an den Weg, den ich hinter mir habe. Jeder Schritt war berauschend.

Während die Ankunft in Santiago de Compostela und dann später am Kap Finisterre den Reiz einer abschließenden Weihe hatte, ein wahrhaftiger End- und Höhepunkt des Abenteuers war, wo der Pilgerweg sich mit den Tiefen des Atlantik vereint, komme ich hier auf Shikoku nirgends an. Im Gegenteil, alles beginnt von Neuem, und der Weg öffnet sich wieder. Ein Neustart. Ich habe eine Quelle gefunden. Die Rundstrecke hat keinen Abschluss, alles wird frei.

»Alles, was zählt, ist der Weg. Denn er ist dauerhaft, das Ziel ist nichts als eine Illusion des Reisenden, wenn er von Kamm zu Kamm wandert, als ob das Ziel so einen Sinn bekommen würde.«[40] Es ist eine ergreifende Erfahrung, auf mich selbst zurückgeworfen zu werden und mich auf den Angelpunkt meines Seins zu besinnen. Am Ende des Jakobswegs verbrennt der Pilger beim Sonnenuntergang seine Kleider, und das alte Ich stirbt in ihm. Auf dem Pilgerweg von Shikoku erhebt sich mit dem Sonnenaufgang ein neuer Mensch.

Es geht nicht mehr um »Menschliches, Allzumenschliches«, sondern darum, sich der Erhabenheit unseres Menschseins bewusst zu werden. »Menschliches, mehr als nur Menschliches«, bin ich versucht zu sagen. Ich spüre dabei eine überwältigende Vertikalisierung. Ich schlage tiefe Wurzeln und erhebe mich gleichzeitig weit in den Himmel hinauf. Ich richte mich auf der Achse meines Wesens aus. Stelle eine Verbindung her mit meinem Menschsein als Bindeglied zwischen Himmel und Erde. Ich fühle eine große Präsenz in meinem Herzen und in meinem Körper. Eine unvorstellbare, allumfassende Kraft erfüllt mich: Ich bin ein Sammelbecken,

---

40 Antoine de Saint-Exupéry, *Die Stadt in der Wüste*, Rauch 2009.

ein Kelch. Ich spüre, dass das Leben in mir auf seinem Höhepunkt ist. Die Apotheose dieser Initiationsreise, dieser Wallfahrt meiner Seele durch 88 Tempel.

Als ob ich durch die Lebensalter gewandert wäre, existiert in diesem Moment keine Grenze zwischen dem Kind, das ich war, der jungen Frau, die ich bin, der Mutter, die ich vielleicht sein werde, der Großmutter, wer weiß. Keine Trennung mehr, nur das Leben in all seiner Größe, das eine, unteilbare Leben, das sich darbietet, das in meinen Zellen und denen der Welt um mich herum prickelt. Als ob Geist und Körper, das Sichtbare und das Unsichtbare, das Menschliche und das Göttliche, die lineare Zeit und das Ewige, Dunkelheit und Licht, das Einzelne und das Universelle, die Leere und die Fülle nur noch eins wären. Als ob alle von unserem Geist vorgenommenen Dichotomien und binären Klassifizierungen sich auflösten in einer ursprünglichen Osmose. Die von unserem Intellekt geschaffenen willkürlichen Grenzen und künstlichen Spaltungen, von unserem Geist, der einteilt, fragmentiert, unterscheidet und unterteilt, haben keine Gültigkeit mehr in diesem Moment, der mich über alle Gegensätze hinwegträgt.

Keine Hierarchie mehr, keine Vergleiche, keine Dualität. Nichts widersetzt sich, nichts verschwindet, nichts ist ausgeschlossen. Alles summiert sich, alles fügt sich zusammen, alles löst sich auf. Die Zeit bleibt stehen. Der Raum verflüchtigt sich. Alles erstarrt, alles schweigt, alles ist aufgereiht. Dieser Augenblick schmeckt nach Unendlichkeit, duftet nach Ewigkeit. Auflösung in der Unermesslichkeit. Die Welt ist mir noch nie so schön vorgekommen! Als ob ich sie zum ersten Mal sehen würde. Wie ein Echo auf die große Botschaft des Herz-Sutra, wo alles eins wird. Die Barrieren im Gehirn brechen auf, und eine ontologische und fruchtbare Verbundenheit tritt an ihre Stelle. In diesem Moment nehme ich Kontakt auf mit der Einzigartigkeit in mir, mit dieser wunderbaren Erfahrung, lebendig zu sein. »Wir sind keine menschlichen Wesen mit einer spirituellen Erfahrung, sondern spirituelle Wesen mit einer menschlichen Erfahrung.« Diese berühmten Worte von Pierre Teilhard de Chardin entfalten für mich in diesem Moment ihren ganzen Sinn. Menschlichkeit des Göttlichen und Göttlichkeit des Menschen.

Kūkai erscheint mir nun als spiritueller Lehrer, der mich angeleitet hat, mein innerstes Wesen zu erforschen, diesen Raum im Kern meines Herzens, wo das Licht schwingt. Gleich einem Fremdenführer für die Seele hat er mich in der Endlichkeit meiner Schritte zum Unendlichen hingeführt.

Unter Hunderten von Laternen, die die Decke des *hondō** schmücken, klingt das letzte Herz-Sutra, das ich an diesem Ort rezitiere, wie eine Hymne an die Freude, eine Ode an die Erneuerung, eine Lobpreisung des Lebens. In der Leere nimmt alles Gestalt an. Die Leere ist Quelle unendlicher Möglichkeiten. Achtsamkeit entsteht durch einen Bewusstseinszustand der Leere. »Die Gnade erfüllt, aber sie kann nur da eintreten, wo es eine Leere gibt, durch die sie empfangen werden kann.«[41] Worte werden auf eine leere Seite geschrieben. Ein Gemälde entsteht auf einer weißen Leinwand. Klänge durchbrechen die Stille. Das Unsagbare äußert sich, wenn man schweigt. Die göttliche Dimension unseres Seins entspringt in uns, wenn erst einmal alles weggewischt ist, was den Zu-

---

41 Simone Weil, *La pesanteur et la Grâce*, Plon 1947.

gang versperrt: unsere Identifizierungen, unsere Konditionierungen, unsere Vorstellungen von uns selbst usw. Ich lese erneut das Herz-Sutra, dessen Inhalt mir zu Beginn unklar war. Jetzt erhalten die Worte einen Sinn.

Inmitten der dichten Weihrauchschwaden verbringe ich lange Minuten, betrachte die tanzenden Flammen der Kerzen, die ich zum letzten Mal vor dem *hondō** und dem *daishidō** entzündet habe. Sie flackern bei jedem Luftzug. Ein Gefühl tiefen Friedens erfüllt mich, heiße Tränen trüben meinen Blick auf das Kerzenlicht, das auf ein inneres Licht verweist, das ich in mir aufsteigen fühle.

Ich begebe mich ein letztes Mal ins Kalligrafiebüro. Mein Pilgerbüchlein ist jetzt voll von unterschiedlichsten Kalligrafien. Mit dem Pinsel einer manchmal festen, manchmal leichten Hand hingemalte Zeugnisse gelebter Erfahrungen dieses nomadischen Seinszustands. Wenn Sie es öffnen, treten Ihnen auf seinen Seiten eine Vielzahl von Gesichtern, berührende brüderliche Begegnungen entgegen, ein Kaleidoskop leuchtender Farben, Morgentau, irisierender Schimmer der Welt. Sie hören die Gebete einer zum Himmel gerichteten Menschheit. Sie vernehmen rumpelnde Donner eines nahenden Gewitters. Der Duft von Räucherstäbchen und *tatami*-Matten steigt Ihnen in die Nase. Sie machen sich vertraut mit einer verdichteten und konzentrierten Zeit. Sie lassen sich hinreißen von dem betörenden Takt Tausender Schritte. Sie fühlen auf Ihrer Haut die stechenden Sonnenstrahlen eines glühend heißen Sommers. Sie genießen die Fülle von Aromen. Sie erfahren Schmerzen, Zweifel und Wunder, die gnadenvollen Momente, die einfachen kleinen

Freuden, die jede dieser Stunden geprägt haben. Ein Destillat des Lebens wird unter Ihren Händen plötzlich wieder lebendig.

Die Kalligrafin schenkt mir das Armband aus Holzperlen, das sie am Handgelenk trägt, dann schaut sie mich mit einem freundlichen Lächeln an und bedeutet mir, ihr zu folgen. Sie führt mich zu den Statuen und schenkt mir die Opfergaben, die an diesem Tag hinterlegt wurden. Ich bin aufrichtig gerührt durch ihre Geste und die wunderbaren Energien, die diese materiellen Gegenstände spirituell aufgeladen haben.

Schließlich kann ich mich doch losreißen von diesem heiligen Ort und mache mich auf die Suche nach meinem Nachtquartier. Unweit des Tempels steht die Herberge, in der ich ein Zimmer gebucht habe. Der Besitzer hebt den Kopf, sieht mich eine Sekunde an, mustert mich und schenkt mir einen herablassenden Blick. Ganz offensichtlich habe ich seine Ruhe gestört. Dann versenkt er sich wieder in seine Lektüre. Mir bleibt der Mund offen stehen, ich bin sprachlos angesichts dieses Empfangs ohne jede Wärme, ohne auch nur Höflichkeit vorzutäuschen. Aber macht nichts, ich bin erfüllt von strahlender Freude, die nichts und niemand mir rauben kann. Eine weitere wertvolle Lektion dieses Wegs, die ich mir jeden Tag zu Herzen nehmen will: »Es liegt nur an mir.«

Ich stelle mein Gepäck trotz allem auf das Zimmer. Für einen kurzen Augenblick überlege ich, die Nacht im Tempel zu verbringen, aber die zahllosen Schlangen, denen ich begegnet bin, lassen mich von dieser Idee wieder Abstand nehmen. Allerdings möchte ich doch noch einmal in das Heiligtum zurückkehren, das jetzt menschenleer und wieder der Einsamkeit überlassen ist. In der großen Stille des Gartens, wo die

Unendlichkeit nachklingt, neben den Karpfenteichen liege ich auf einer Bank in der lauen Sommernacht und schaue der sinkenden Sonne nach, beobachte, wie an ihrer Stelle ein leuchtender Mond aufsteigt, dessen Kreisform an den durchlaufenen Rundweg erinnert. Ein Sternenhimmel von großer Schönheit erscheint vor meinen Augen, Myriaden Gestirne als Zeugen der Ewigkeit. Berauscht von diesem intensiven Tag versenke ich mich begeistert in dieses kosmische Fest, das im Einklang mit dem fiebrigen Flimmern all meiner Zellen schwingt. Jetzt verstehe ich, dass man »am Ende der Welt und am Ende aller Tage immer sich selbst findet, und mit sich selbst einen dauerhaften Frieden schließen muss«.[42]

---

42 Ella Maillart, *Archives*, Genf; zitiert von Amandine Roche in *Nomade sur la voie d'Ella Maillart*, Payot 2005.

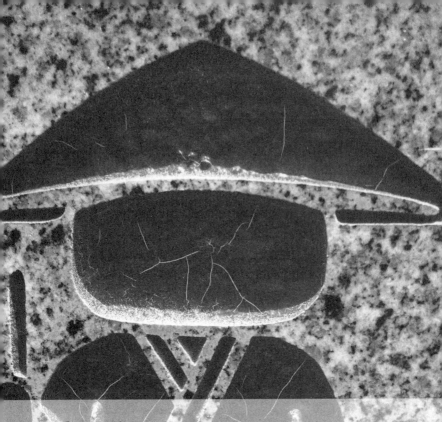

Fünfter Teil

»ULTREIA ET SUSEIA!«

Immer weiter, immer höher!

*Ihr bestimmt über euer Leben und habt den Schlüssel
zu eurem Gefängnis in der Hand.*

Dalai Lama

16

Über meine Schritte hinaus

22. August – Sayonara* Shikoku …
Konnichi wa* Kōya-san!
Ich sitze in Tempel 1 auf derselben Bank wie am Vortag und bewundere in andächtiger Stille das Erwachen der Welt bei den ersten Sonnenstrahlen, die in einem Lichthof tanzen. Ich bin gebannt vom Leben, das sich nun entfaltet. Wiedergeburt meines Seins, das nun ebenfalls auf dieser Welt erwacht, dem neuer Atem eingehaucht wird. Morgenlicht, lächelnde Sonne, das Leben, das die Samen des Lebendigen aussät. Nichts, was man erwerben kann, nichts, was man werden kann, einfach nur zulassen, dass diese Lebensqualität sich mitten im Augenblick entfaltet, das Leben genießen, das ich bin. Morgendämmerung eines neuen Tages.

Jetzt ist es an der Zeit, Abschied zu nehmen von diesem Boden, der meine Sohlen abgewetzt und mein Wesen erneuert hat. Zielrichtung Kōya-san. Um dorthin zu gelangen, stürze ich mich furchtlos in die Welt des öffentlichen Transportwesens und stehe dicht gedrängt mit Japanern, für die das zum Alltag gehört. Schnell befinde ich mich in einem Wettrennen gegen die Fahrpläne und lasse mich von den geheimnisvollen Ansagen schriller Frauenstimmen einlullen.

Zunächst nehme ich den Zug nach Tokushima, wo mein erkennbarer Status als *aruki* henro** mir noch *o-settai** einbringt. Dann fahre ich mit dem Bus zum Hafen. Oben auf dem Deck des Schiffes, das mich zur Insel Honshū bringen wird, beobachte ich mit gemischten Gefühlen, zu denen auch Dankbarkeit und Staunen gehören, wie die Ufer von Shikoku allmählich entschwinden.

Es fällt schwer, nicht der Wehmut nachzugeben, die mich in dem Moment überkommt ... Meine Tränen fallen in den weißen Schaum des Kielwassers. Ich sehe noch einmal die Tempel an mir vorüberziehen, die freundlichen Buddhas, das smaragdgrüne Wasser der Bäche, die Bambuswälder, die vom Wind bewegten Reisfelder, die emporsteigenden Spiralen der Räucherstäbchen, die flackernden Kerzenflammen. Ich durchlebe erneut die Aufregung der vielen Aufbrüche in den erwachenden Tag. Ich erinnere mich an meine Ankunft, an die Menschen, die ich kennengelernt habe, an all die Begegnungen mit lichten Wesen, die Beziehungen, die im Laufe der Zeit geknüpft wurden, diese so intensive Kommunikation von Herz zu Herz. Ich bewahre ein lebhaftes Andenken an all die freundlichen Gesten, die mir bei einem unkomplizierten Empfang oder in gemeinsamen Momenten zuteilwurden. Ich erinnere mich an die Gebete, die sich in allgemeiner Hingabe zu einer Transzendenz erhoben haben, eine überwältigende Symphonie des Himmels und der Erde. Dank dieses wunderschönen Abenteuers spüre ich in mir neue Lebensfreude, den heimischen Gefilden meines Alltags mit Gelassenheit entgegenzutreten. Ruhe, unendliches Vertrauen und Dankbarkeit werden mich dabei durch die Untiefen des Lebens lenken.

Als ich die vielen Brücken sehe, die die Inseln miteinander verbinden, rührt mich das sehr an. Als wollte man mich noch einmal darauf hinweisen: Alles ist miteinander verbunden, nichts ist abgetrennt. Das Abenteuer geht weiter. Alles ist vorübergehend, und wir sind nur Fährleute des Lebens.

Nach meiner Ankunft auf der Insel Honshū im Hafen von Wakayama nehme ich den Zug bis zum Bahnhof Wakayamashi, dann einen zweiten nach Wakayama, einen dritten nach Hashimoto und zuletzt einen durch enge Täler nach Gokurakubashi. Schließlich gleite ich in einer schwindelerregend steilen Seilbahn durch eine traumhafte Bilderbuchlandschaft mit dichten Wäldern bis zur Bergstation auf 900 Meter Höhe, bevor noch ein letzter Bus zu nehmen ist. Mitten in den acht Bergen, die für Kūkai das Reich der Matrix, der Lotosblüte mit den acht Blütenblättern, darstellt, in dem Buddha herrscht, befindet sich die riesige Klosteranlage Kōya-san, der wichtigste Tempelberg des Shingon-Buddhismus. Er wird jedes Jahr von Abertausenden Pilgern besucht und beherbergt heute mehr als 110 Tempel und 7000 Mönche. Die Shingon-Tradition stellt heutzutage eine der wichtigsten Buddhismus-Schulen nach dem Shintōismus dar.

22. bis 26 August – Kōya-san, hingebungsvolle Ruhe
Ich werde im *shukubo** des Muryōkō-in-Tempels erwartet, wo die Kalligrafin von Tempel 1 für mich eine Reservierung vorgenommen hat. Der Empfang ist mehr als herzlich. Weihraucharomen umfangen mich, und der Ort ist von Heiterkeit durchdrungen. Mein Zimmer ist wunderbar geschmückt mit *fusuma*, den Schiebewänden, die von großen Meistern früherer Epochen während ihres Aufenthalts im Kloster bemalt wurden. Weiße Kraniche, Blumen und leichte Zweige bieten sich meinem Blick dar. Schlanke Bäume säumen den Stein-

Sand-Garten, Ort der Verehrung des gereinigten Minerals. Traumhafte Impressionen eines bezaubernden Japans versetzen mich in längst vergangene Zeiten.

Die traditionelle Küche *shōjin ryōri*, die von den Mönchen mit der buddhistischen Lehre überliefert wurde, zeichnet sich durch die Suche nach verschiedenen Geschmacksrichtungen, Strukturen und Gerüchen aus. Sie wird aus rein vegetarischen Zutaten sorgfältigst zubereitet. Das Tablett mit verschiedenen Speisen, das mir direkt aufs Zimmer gebracht wird, ist ein Gesamtkunstwerk, das alle Sinne miteinbezieht: eine bunte Palette von Farben, milden Dämpfen und delikaten Aromen. Als Geräuschkulisse dringt das leise Lachen und Gemurmel der Mönchsnovizen zu mir durch die dünne Wand, die mein Zimmer von ihrem Studiensaal trennt.

Es gibt Orte, an denen die Magie sich ganz spontan entfaltet.

Nach dem Aufwachen eile ich in den Saal, in dem bei flackerndem Kerzenschein die morgendliche Andacht stattfindet. In diesem Zwielicht entdecke ich zu meiner Überraschung bekannte Gesichter:

»Marianne, Olivier und Jienn, ihr seid auch hier! Wie schön, euch zu sehen!«

»Na, so was, Marie-Édith!«

Es ist schon ein witziger Zufall, dass wir uns hier wiedertreffen, schließlich gibt es in dieser Anlage 52 *shukubo**! Ein Teufelskerl, dieser Kūkai!

In ihren ockerfarbenen Gewändern stimmen die Mönche mit den rasierten Schädeln wunderschöne Mantra-Kanons an. Wir sitzen im Halbkreis um den Mönch, der sich um das

Feuerritual kümmert. Er schürt die Flammen mit zusätzlichen Tannenscheiten. In dieser Zeremonie sollen schlimme Gedanken und Gelüste verbrannt werden, weshalb man ihm reinigende Kräfte zuschreibt.

Nach dem Frühstück, das dem Abendessen vom Vortag in nichts nachsteht, liegt es uns am Herzen, Kūkai zu ehren. Dabei erhalten wir die letzte Kalligrafie in unser *nōkyōchō** und dazu eine nicht weniger bedeutende vom Okunoin, dem Heiligtum, in dem sich das Gobyo, Kūkais Mausoleum, befindet.

Um dorthin zu gelangen, wählen wir einen Pflasterweg, der über eine Länge von zwei Kilometern durch den größten Friedhof Japans führt. Dem buddhistischen Glauben zufolge ist Kūkais physischer Körper unversehrt erhalten, in Meditation verharrend, und wartet auf die Ankunft von Miroku, dem zukünftigen Buddha. Noch heute werden ihm täglich Speiseopfergaben hingestellt, um ihn in seiner Meditation zu unterstützen. Gemäß der Prophezeiung wird Kūkai an dem Tag, an dem Miroku ankommt, aus seiner Meditation erwachen, und alle Seelen, die in den Gräbern ruhen, werden ihm folgen.

Im Dämmerlicht uralter Zedern legt sich ein leichter Dunstschleier auf diese einzigartige Ansammlung von vielen Tausend Steinmonumenten. Alles lädt zur stummen Andacht ein. Irdisch und himmlisch zugleich ist der herrschende Geist des Ortes. Das Gefühl von Heiligkeit wächst mit jedem Schritt auf dieser Allee, die vor unseren Augen zum Leben erwacht. Diese Steine erzählen uns eine Geschichte. Die Zeit scheint stehen geblieben zu sein seit dem Jahr 816, als Kūkai hierherkam, um ein Kloster zu gründen.

Je weiter wir vorwärtsschreiten, desto mehr ist uns nach Schweigen. Als die Umrisse des Tōrō-dō – des Laternenpavillons, in dem sich Hunderte von Lampions befinden, einige davon sollen seit mehr als 900 Jahren ununterbrochen leuchten – vor uns auftauchen, klopft das Herz aufgeregt in meiner Brust. Einige Meter weiter erreichen wir tief bewegt die ewige Ruhestätte des treuen Gefährten, der uns auf unserem Weg begleitet hat. Es herrscht eine mystische Stimmung wie in einer Kathedrale, majestätisch und einladend zugleich. Das inbrünstige Gebet eines Volks und die Ruhe der Ewigkeit sind dort miteinander verbunden. Ich bleibe lange Zeit allein, aufmerksame Beobachterin des von diesem Ort ausgehenden poetischen Zaubers. Ich lege meine Opfergaben – Kerzen, Räucherstäbchen, Kleingeld – in unendlicher Dankbarkeit gegenüber einem spirituellen Lehrmeister ab, der mich angeleitet hat, den göttlichen Teil in mir zu erforschen, und mich jeden Tag auf diesem Weg der alchemistischen Verwandlung geführt hat. Dieser Ort schenkt meiner Seele tiefen Frieden. Ich streiche den Himmel. Auf du und du mit dem Licht.

Diese wenigen Tage in Kōya-san sind von Heiterkeit geprägt. Ich sauge alles in mich auf, so, wie es die hier langsam vergehende Zeit zulässt. Ich nehme an zahlreichen Zeremonien teil und empfange die buddhistischen Gebote. Ich meditiere zusammen mit den Mönchen. Sich sammeln, das Bewusstsein erweitern hin zu mehr Ganzheitlichkeit. Ich übe mich auch in *shakyo*, der Kunst, die chinesischen Zeichen des Herz-Sutras mit Kalligrafiepinsel und schwarzer Tinte zu Papier zu bringen. Reine Momente totaler Präsenz, in denen der Verstand schweigt. Und außerdem erkunde ich gern diesen bedeutenden Ort der Verehrung: den Kongōbu-ji, das höchste Heiligtum des Shingon-Buddhismus, seinen weitläufigen Stein-Sand-Garten oder auch den Garan, die Tempelanlage, deren Große Pagode die Mitte der Lotosblüte darstellt, deren Blütenblätter die umliegenden acht Berge bilden.

Ich überlege eine Zeit lang, ob ich mit meinem Rucksack meine abenteuerliche Pilgerreise auf den Wegen der umliegenden Berge fortsetzen soll. Aber wegen des anhaltenden Regens und der zahlreichen Hinweisschilder, die vor Bären in den Wäldern warnen, verzichte ich darauf und beschließe, stattdessen nach Ōsaka zu fahren.

Am Tag meiner Abreise sitze ich verträumt auf einer Tempelstufe, die nackten Füße auf den glatten Bohlen, und koste die feuchte Luft aus, erfüllt vom Duft der Räucherstäbchen, einem Hauch von gelacktem Holz und den Gerüchen der Natur. Sommerregen über Kōya-san. Schlichte Freude beim Lauschen seiner sanften Melodie. Die Tropfen fallen leise auf das Vordach. In dieser friedlichen Atmosphäre wirft der Nebel seine zarten Spitzengespinste aus. Formen bilden sich und lösen sich wieder auf. Die Umrisse der uralten Bäume tauchen im Rhythmus dieses hingehauchten Tanzes auf und ab. Augenblicke der Anmut. Mich erfüllt ein Gefühl der Vollkommenheit. Ich bin. Ich atme. Ich lausche einfach auf das, was in mir und um mich herum lebt. Alles ist wie Gold.

Ein Mönch, ein ehemaliger Geschäftsmann aus Tōkyō, mit dem ich bereits ein paar Worte wechseln konnte, gesellt sich zu mir. Er setzt sich neben mich, ein Abbild echter Schönheit des Herzens. Seit vier Jahren ist er jetzt in Kōya-san.

»*Four years, Olympic Games!*«, sagt er lachend zu mir.

Sein leuchtender Blick, die Anmut in seiner Haltung, die Wärme seines Lächelns, alles an ihm strahlt Güte aus. Sein ganzes Wesen vermittelt bedingungslose Liebe und tiefe Freude. Er trägt seine Ausstrahlung wie einen himmlischen Schmuck, wie ein leuchtendes Diadem seiner inneren Krone. Wir teilen uns einen Moment wahrhafter Gegenwart, gewirkt aus unserem Schweigen in einem gemeinsamen Atem. Bruchstück der Ewigkeit. Seine Verbeugung zu meinen Füßen, von der Würde und Demut zugleich ausgeht, berührt mein Herz. Ich verlasse ihn angefüllt mit ruhiger Kraft.

26. bis 28. August – Ōsaka, fiebernde Großstadt

Im Trubel des Großstadtlebens von Ōsaka werde ich wieder zur anonymen Touristin. Plötzlich bin ich mittendrin in einer Megalopolis, das komplette Gegenstück zu der heiteren Gelassenheit von Kōya-san: vorbeihastende Passanten, an allen Straßenecken Anime-Charaktere, blinkende Leuchtreklamen, ohrenbetäubender Wettstreit um die meisten Dezibel zwischen dem Verkehr und dem elektronischen Gedudel aus den *pachinko* (Spielsälen mit Flippern und anderen Münzautomaten). In diesem »städtischen, allzu städtischen« Umfeld lasse ich mich von meinen Beinen treiben, flaniere und spaziere mal hierhin, mal dorthin.

Nachdem ich mich über Wochen von spirituellen Quellen habe durchdringen lassen, meine ich jetzt, wie in mehreren Dekompressionsstufen wieder an die Oberfläche zu steigen. Wie eine Schleusenkammer, ehe ich in meinen Pariser Alltag zurückkehre.

In dieser Umgebung komme ich mir ohne meine weiße *henro**-Kluft nackt vor. Wie ein Einsiedlerkrebs, der beim Wachsen sein altes Gehäuse verlassen muss, um sich ein größeres zu suchen, aber in dieser Übergangsphase verwundbar ist. Während ich mich auf dem Weg von Shikoku immer von großzügiger Liebe wie getragen fühlte, überkommt mich hier in dieser anonymen Großstadt ohne die warme Gegenwart meiner treuen Stöcke ein Anflug von Einsamkeit.

Mir wird klar, dass die vergangenen Tage in Kōya-san das Ende meiner Pilgerreise in Japan bedeuten. Ich hatte ursprünglich geplant, die Reise mit ein paar klassischen Stationen wie der Besichtigung der Tempel von Kyōto, einem Abtauchen in den Menschenmassen von Tōkyō oder der Besteigung des heiligen Berges Fuji fortzusetzen. Aber nach der intensiven Erfahrung meiner Pilgerschaft habe ich keine Lust auf Orte, die unter dem Massentourismus begraben sind. Ich beschließe daher, meine Rückkehr nach Frankreich um zwei Tage vorzuverlegen. Es ist an der Zeit, den Schlüssel ins Schloss meines Alltags zu stecken und die Tür aufzuschließen. Ich muss an die Kunst der Teezubereitung denken, an das uralte Ritual dieses Landes. Die Zeit, in der die Teeblätter ziehen, spielt eine große Rolle für die Geschmacksqualität des Getränks. Sie muss sorgfältig beachtet werden. Ist sie zu kurz, kann der Zauber sich nicht entfalten. Ist sie zu lang, wird der Tee bitter. Wie ein Teeblatt habe ich im Wasser des Pilgerwegs am anderen Ende der Welt gezogen. Bin eingetaucht in dieses von Wasser umgebene Land und habe mich durchdringen lassen. Jetzt ist der Moment gekommen, aufzutauchen und die feinen Geschmacksnoten dieser einzigartigen Erfahrung weiterzugeben und andere an den Aromen teilhaben zu lassen.

Frohgemut treffe ich Makoto wieder und lerne seine Freundin kennen, eine bezaubernde junge Frau. Wir verbringen fröhliche Stunden bei einem Abendessen miteinander, und ich koste eine Spezialität von Ōsaka, *okonomiyaki*, eine Mischung aus Pfannkuchen, Omelette und Pizza. Ein geselliger Abend, der dieses Abenteuer im Land der aufgehenden Sonne wunderbar beschließt.

Eine neue Sonne geht in mir auf. Ein neuer Tag dämmert im Westen herauf.

17

Schlussstein

Hier stehe ich nun also an der Tür zu meiner Pariser Wohnung. Ich drehe den Schlüssel um. Ohne Eile oder Ungeduld, aber auch ohne Wehmut oder Melancholie. Einfach nur durch und durch heiter und intensiv lebendig. Im Hier und Jetzt beginnt alles. Nach meinem Abenteuer erschließt sich mir ein neuer, ungemein faszinierender Weg: Jeder Tag soll in vollen Zügen ausgelebt, jeder neue Morgen als Wiedergeburt verstanden werden.

Während mich die Rückkehr vom Jakobsweg in mein familiäres Umfeld, in die engen Mauern und ausgetretenen Pfade meines Daseins eher aus dem Tritt gebracht hatte, ist meine Landung in Paris diesmal ganz sanft und weich. Ich werde von einem vollkommen anderen Bewusstsein getragen. Das Paradies ist hier und jetzt! Genau dort, wo ich bin, findet das große Abenteuer des Alltags statt, der es verdient hat, bedingungs- und vorbehaltlos erlebt zu werden. Mein Schlüssel öffnet mir die Tür zu einer neuen Dimension, wie ein »Sesam, öffne dich!«, das jeden Tag den Zugang zu Ali Babas Höhle freigibt. Als ob all das, was ich im Takt meiner Schritte aufgesammelt habe, erblühen, sich entfalten sollte. Ich taste mich nicht mehr wie im Halbschlaf durchs Leben. Um mich herum hat sich alles verdichtet.

Das Wort »Leben« ist Bestandteil des Ausdrucks »Alltagsleben«, und dem muss seine Bedeutung zuerkannt werden. Man muss die Würde sehen, die darin ununterbrochen am Werk ist. Und die Schlüssel, die ich bei meiner Wanderung gesammelt habe, öffnen mir die Tür dazu.

In vollem Bewusstsein leben
Ich dringe in Neuland vor, in dem es keine Monotonie gibt. Ich erneuere den Dialog mit meinem gewohnten Leben, das nun in anderem Licht erstrahlt. Ich lebe so bewusst wie möglich. Offen für eine neue Zeit und einen neuen Raum.

»Hier sein! Das ist das Geheimnis. Ein anderes gibt es nicht. Es gibt keinen anderen Weg, um aus der grauenhaften Lethargie, dem Halbschlaf, den endlosen Diskussionen herauszufinden, als endlich zu dem geboren zu werden, was man ist.«[43]

Ist nicht »ankommen« im Grunde das schönere Wort als »aufbrechen«? Vielleicht musste ich ja ans andere Ende der Welt reisen, um zu mir selbst heimzukehren. Natürlich bin ich losgezogen, um mich dort zu suchen, aber »ich bin« schlicht und ergreifend hier und jetzt. Ich habe den Blick auf ein »Anderswo« gerichtet, um das »Hier« besser zu sehen. Am Ende sind die Fülle und der Reichtum, die ich gesucht habe, nirgendwo anders als in mir selbst.

---

43 Christiane Singer, *Où cours-tu? Ne sais-tu pas que le ciel est en toi?*, Albin Michel 2001.

»Das ewige Leben ist das gewöhnliche Leben, das aus der Schläfrigkeit geweckt wurde«[44], verrät Christian Bobin. Ich will nie mehr abwesend sein in meiner Zeit, mein Land brachliegen lassen und unstet umherziehen. Nie mehr an der Oberfläche der Tage dümpeln, sondern mit Freuden in das frische Nass des Augenblicks eintauchen. Nie mehr die Gegenwart verpassen, sondern ihr mit Leidenschaft zurufen: »Anwesend!«, und noch eifrig hinzusetzen: »Lebendig!« Ich will den Geschmack des Seins voll auskosten. »Nun schaut der Geist nicht vorwärts, nicht zurück, die Gegenwart allein ist unser Glück.«[45]

Das Konzept von der Gegenwart in der Wirklichkeit ist mir eigentlich nicht neu. Ich bin schon durch meine Ausbildung in Achtsamkeitsmeditation dafür sensibilisiert worden, aber auch durch die Schulung, die ich in Plum Village, dem buddhistischen Meditationszentrum, das der vietnamesische Mönch Thich Nhat Hanh, gegründet hat, erhalten habe, oder die Entdeckung von Karlfried Graf Dürckheim. Doch mein Bewusstsein dafür ist nun erneuert.

Mein Leben ist nicht mehr vom Konjunktiv bestimmt, sondern vom bewussten Leben des Moments: Einfach da sein, wo ich tatsächlich bin, in jeder Bewegung verweilen, die ich ausführe, jeden Schritt und jeden Atemzug wertschätzen. Den Nektar jedes Augenblicks auskosten. Hier finde ich zur uralten Weisheit der großen Lehrmeister: Der Schlüssel zum Glück liegt in unserer Fähigkeit, voll und ganz präsent zu sein.

---

44 Christian Bobin, *Un assassin blanc comme neige*, Gallimard 2011.
45 Johann Wolfgang von Goethe, *Faust. Der Tragödie zweiter Teil*, Reclam 1986.

»Man sollte alles, selbst die gewöhnlichsten Dinge, vor allem die gewöhnlichsten Dinge – eine Tür öffnen, einen Brief schreiben, eine Hand ausstrecken –, mit der größten Sorgfalt und Aufmerksamkeit erledigen, als ob das Schicksal der Welt und der Lauf der Gestirne davon abhingen, was übrigens stimmt: Das Schicksal der Welt und der Lauf der Gestirne hängen tatsächlich davon ab.«[46]

Das Extra liegt im Gewöhnlichen. Paradigmenwechsel. Eine neue innere Ökologie ist entstanden, von dem Bewusstsein getragen, im Wunder jeden Tages zu leben.

Der Alltag wird nicht mehr als Hindernis erlebt. Er ist der Weg.

Den Alltag spiritualisieren
Durch meine Wohnungstür betrete ich ein Universum, das sich unter dem Siegel des Geheimnisvollen verbirgt, untrennbar verbunden mit einer großen Präsenz, die im Verborgenen wirkt. Das Rätsel einer Macht, die größer ist als ich, überwältigt mich. In allen Aktivitäten unseres menschlichen Lebens wirkt die Transzendenz heimlich, still und leise und drückt ihm den Stempel des Heiligen auf. Etwas war schon immer da, aber ich habe es nicht gesehen ... Ich erfasse die Welt nun mit einem tiefen Verständnis für das Wunder hinter dem Schleier der Realität. Das Materielle mit Spiritualität durchdringen. Die Materie spiritualisieren. Das Sichtbare ist eine offene Tür zum Unsichtbaren. Und das verleiht für mich den kleinsten Dingen und Taten Sinn und Bedeutung. Lasst uns

---

46 Christian Bobin, *L'Èloignement du monde*, Gallimard 2001.

praktizierende Gläubige des Alltäglichen sein! »Euer Alltag ist euer Tempel und eure Religion. Wann immer ihr ihn betretet, nehmt alles, was euer ist, mit«[47], fordert uns Khalil Gibran auf.

Lasst uns also die Alchemisten des Gewöhnlichen sein, um daraus die Quintessenz zu destillieren. Bemühen wir uns, Gold aus jedem Moment zu gewinnen und dessen göttlichen Kern zu bergen.

Um in Verbindung zu treten mit dem Sein, mit Ihm, dem ganz Anderen, ist es nicht wichtig, welches der zig Bilder man sich davon macht. Man muss ein Zuhause für das werden, was größer ist als man selbst, Kelch dieses Lichts.

Der Tag wird von mir nicht mehr durch einen schmalen Spalt wahrgenommen. Mein Schlüssel öffnet die Türen einer Gegenwart, in der es um das Wichtige innerhalb des Gewohnten geht. Dem täglichen Leben eine Größe zuweisen, die seiner heiligen Dimension entspricht. Der brennende Wunsch, sich um das Lebendige in all seinen Formen zu kümmern, ergibt sich dann wie von selbst.

Eine neue Lebenseinstellung annehmen
Die Welt um mich herum hat sich nicht verändert, aber ich werfe ein neues Licht auf sie. Meine Rückkehr aus dem Fernen Osten empfinde ich nicht als ein »westliches Exil«. Ich empfinde die aufrichtige Freude einer Ausgewanderten, die in die Heimat zurückkehrt, und zwar nicht im patriotischen Sinn, sondern in die Heimat ihres Inneren. Ich bin aufgebro-

---

47 Khalil Gibran, *Der Prophet*, Patmos 2012.

chen, um eine Insel zu entdecken, ohne zu ahnen, dass ich auf einen inneren Kontinent stoßen würde, der viel größer ist als die Erde ...

Plötzlich klingt der Vers von Rimbaud, der mich über viele Jahre begleitet hat, ganz anders: »Das Leben ändern.«[48] Diese erhabenen Worte haben mich noch vor Kurzem dazu angetrieben, die äußere Welt zugunsten nachdrücklich geforderter Ideale infrage zu stellen und immer wieder in den entferntesten Gegenden Fluchten aus dem Alltag zu suchen. Heute laden sie mich dazu ein, den Blick nach innen zu richten und in mir selbst eine neue Einstellung des Herzens zu bewirken.

»Sei selbst die Veränderung, die du in der Welt sehen willst«, forderte Gandhi. Angesichts der Krisen in der Welt tragen wir alle Verantwortung für die Menschheit. Beginnen wir damit, Frieden in uns selbst zu schaffen. Setzen wir die Veränderung des Inneren in Gang, um eine schöpferische Grundeinstellung zu entfalten.

Nicht meinem Alltag hat es an Substanz gemangelt, sondern ich war diejenige, der die Wirklichkeit gefehlt hat. Wir vergessen so oft, dass unser Dasein auf dieser Welt ans Wunderbare grenzt! Wir verfügen alle über ein Lebenspotenzial und haben die Verantwortung für unsere Erfüllung. Es liegt an jedem Einzelnen, eine offene Einstellung anzunehmen, empfänglich zu sein für die vielen Glücksmomente, so klein sie auch sein mögen, damit das Gewöhnliche eine Verwandlung erfahren kann. »Es gibt keine menschliche Befindlich-

---

48 Arthur Rimbaud, *Une saison en enfer* (*Eine Zeit in der Hölle*), Gallimard 1972.

keit, so klein und erbärmlich sie auch sein mag, die nicht täglich auch die Anlage zum Glück hat. Um es zu erlangen, muss man nur man selbst sein.«[49]

Obwohl mein Herz nicht aufhört, für die große Weite zu schlagen, verspüre ich nicht mehr diesen Drang fortzugehen wie früher. Das Lebendige, das ich so hartnäckig an den Grenzen der Welt gesucht habe, liegt vor meiner Haustür, in Reichweite meines gewohnten Alltags. Wo habe ich das Abenteuer so begeistert und eifrig gesucht? Wo habe ich nach dem Puls des Lebens gesucht? Alles war doch schon da ...

Heute habe ich Lust auf das Alltägliche, einen Riesenhunger auf mein Leben in der Gegenwart.

Die Welt poetischer machen
Friedrich Hölderlin hat so trefflich bemerkt: »Dichterisch wohnt der Mensch auf dieser Erde.«[50] Ähnlich Rilke, der auf die verwandelnde Kraft unserer Wahrnehmung hinwies: »Wenn Ihr Alltag Ihnen arm scheint, klagen Sie ihn nicht an; klagen Sie sich an, sagen Sie sich, dass Sie nicht Dichter genug sind, seine Reichtümer zu rufen (...).«[51]

Das ist nicht nur ein abstraktes Konzept für die verschlungenen Hirnwindungen der Dichter. Die Poesie wirkt in all den kleinen Dingen, über die wir nicht mehr staunen, weil wir so damit beschäftigt sind, uns mit dem Leben zu beeilen, zu sehr eingelullt von einer eintönigen Routine.

---

49 Jean Giono, *La Chasse au bonheur*, Gallimard 1991.
50 Friedrich Hölderlin, *In lieblicher Bläue*
51 Rainer Maria Rilke, *Briefe an einen jungen Dichter*, Insel Verlag 2007.

Im Schmelztiegel des Gewöhnlichen steigt Poesie hinauf zum Unendlichen: die Gerüche eines Gartens bei Tagesanbruch, das unaussprechliche Mysterium eines Sonnenaufgangs, ein prustendes Lachen, die Eleganz einer Handbewegung, eine wilde Blume, die zur Unendlichkeit strebt, das Rascheln eines Stoffs, ein paar Bluesnoten, ein Vogel im Wind, das Blau eines klaren Himmels, der Geruch von frischem Brot, der Blick eines Kindes, das Prasseln eines Kaminfeuers, ein weißes Blatt Papier, das mit Tinte beschrieben ist, auf einem Fensterbrett, an einer Straßenecke ... Jedes Detail der Wirklichkeit kann sich mit Gold füllen. Das Licht kann durch alles hindurchschimmern. Es gibt tausendundeine Gelegenheit zu staunen. Und ebenso viele Gründe, an einer bewussteren Welt zu arbeiten, die den Zauber betont, zu diesem Wunder eingeladen zu sein!

Dankbarkeit pflegen
Nach dieser tiefgreifenden Erfahrung kann von Verachtung für das alltägliche Dasein keine Rede mehr sein. Alles wird zum Vorwand für Dankbarkeit. Es geht dabei nicht um naive Glückseligkeit, sondern um eine Art und Weise, Freude zu schaffen.

Ich lege viel Wert darauf, jeden Tag am Ritual der *arigatō* time* festzuhalten, diesem besonderen Moment der Dankesbekundung, um die neue Einstellung zu meinem Leben aufrechtzuerhalten. Dem Leben Ehre zu erweisen, ihm meine Dankbarkeit zu bekunden und meinem Staunen Ausdruck zu verleihen, an seinem Wunder mitzuwirken.

18

Ein Initiationsweg, Schlüssel zur Verwandlung

Dieses unvergessliche Abenteuer war der entscheidende Schritt auf meinem spirituellen Weg. Es handelt sich nicht um einen flüchtigen Zustand, der in einem speziellen Kontext erlebt wurde, sondern um eine tiefgreifende Erschütterung von gewaltiger Auswirkung. Auf einen Pilgerweg begibt man sich nicht ungestraft. Durch die Schilder, die mir die Richtung wiesen, wie ich von einem Tempel zum nächsten gelange, hat mein ganzes Leben Sinn und Beständigkeit erhalten.

Ohne dass ich selbst anfangs wusste, was ich suchte und welche unterschwelligen Gründe mich auf diesen Weg getrieben haben, hat mich der Lebensstrom auf eine innere Pilgerschaft fortgerissen. »Jede Reise, jedes Abenteuer verdoppelt sich um eine innere Dimension. Diese verhält sich zu dem, was wir tun, und dem, was wir denken, wie die äußere Rundung einer Vase: Das eine modelliert das andere.«[52]

---

52 Marguerite Yourcenar, *Les yeux ouverts* (*Mit offenen Augen*), Le Centurion 1980.

Im Land der aufgehenden Sonne habe ich mich von meinem inneren Kompass leiten lassen. Ich habe die Finsternis durchquert, in die mich eine Sinnkrise geworfen hatte. Wie die Götter alter Zivilisationen, die die Schlüssel für die Türen des Tages zurückhielten, die sie dann aufschlossen, um die Morgendämmerung eintreten zu lassen, ist in mir eine neue Sonne aufgegangen. Ich erinnere mich übrigens, dass meine Eltern überlegt hatten, mich »Aurore« – Morgenröte – zu nennen, wegen der großartigen Morgendämmerung am Tag meiner Geburt im Mai 1979. Mein Abenteuer in Japan ist auch die Geschichte der Geburt einer neuen Morgendämmerung. Schritt für Schritt nahm eine Schwangerschaft ihren Lauf. Meine erste Geburt hat durch den Körper meiner Mutter stattgefunden, aber auf diesem japanischen Archipel, mitten im Herzen dieser umhüllenden Matrix, war ich aufgefordert, erneut zur Welt zu kommen. Ein neues Wesen ist in mir herangewachsen, anders und doch durch und durch ich selbst. Die Nacht geht, der Tag kommt. Neue Morgendämmerung …

Immer wieder von Neuem geboren werden, hin zu mehr Bewusstsein und Erwachen, sollte das nicht unser himmlisches Gebot sein?

Diese vielen Tausend Schritte Tag für Tag hätten auch nur eine sportliche Herausforderung oder eine exotische Abwechslung sein können. Doch diese Pilgerreise hat sich mit sanfter Macht zu einer innere Reise verdoppelt, in einen fruchtbaren Weg des spirituellen Wachstums. In den Abgründen dessen, was mir fehlte und das ich dunkel erahnte, hat dieser Weg in mir eine regelrechte Katharsis ausgelöst, hin zu mehr Kohärenz und Fülle. Ganz allmählich wurde er zu einem Initiationsweg, auf dem jede Menge Schlüssel lagen, die im Laufe eines Tages aufgesammelt werden mussten.

Geheimnisvolle Reifeprozesse haben in mir stattgefunden. So wie eine Traube erst den Tod in der Weinpresse erleiden muss, ehe sie den lebendigen Gärungsprozess im Fass erfährt, um dann als neuer Wein wiedergeboren zu werden. Oder wie das Weizenkorn, das erst in einer Mühle gemahlen werden muss, damit es in einem Regenerationsprozess zu einer nahrhaften Speise werden kann. Ein alchemistischer Prozess hat in meinen innersten Tiefen stattgefunden. Die Quelle meines Wesens wurde freigelegt. Mein Pilgerstab hat mich zum Kern meines Seins geführt. Was für eine fantastische Forschungsreise zu meiner Seele! Auf diesem Weg der 88 Tempel, unter dem symbolischen Stempel der Zahl 8, Zeichen für die Unendlichkeit, habe ich an die Unendlichkeit in mir selbst gerührt. Auf diesem Tempelrundweg habe ich mich im Uhrzeigersinn bewegt, ein Rundweg der Seele über 88 Tempel: »Obwohl es der Körper ist, der handelt, ist es die Seele, die den Weg zurücklegt«[53], betont Pierre-Yves Albrecht.

Die zurückgelegte Strecke erweist sich als ein Weg der Auslieferung durch die Befreiung von diesem Gefühl der Unvollständigkeit und des Eingeschlossenseins, das mich bis dahin gequält hatte. Ich dachte, ich sei die Gefangene in einem sesshaften Alltag. Dann habe ich entdeckt, dass ich frei bin und dass die Antwort auf den Ruf meines Lebens nicht in einem Anderswo besteht, sondern dass sie spiritueller Natur ist.

Ich bin nicht unbeschadet aus diesem Abenteuer zurückgekehrt, aber dafür um ein Vielfaches lebendiger. Meine Präsenz ist größer geworden, ich habe mein Bewusstsein erwei-

---

53 Annick de Souzenelle und Pierre-Yves Albrecht: *L'Initiation. Ouvrir les portes de notre cité intérieure*, Éditions du Relié 2013.

tert. Eine neue Lebenskraft belebt mich und treibt mich zu mehr Frieden, Harmonie und Kohärenz. Ich werde von einer stärker gelebten Spiritualität getragen. Freudiges Bewusstsein, eins mit allem Lebendigen zu sein. Pures Glück über meine Anwesenheit im Herzen des Mysteriums. Ich danke für das göttliche Wunder meiner Existenz. Ein großes »Ja« ist in mir erwacht. Ein frischer Wind belebt mich. Ich lächle dem Leben zu, das mich mit sich zieht, und empfinde unendliche Dankbarkeit.

Epilog

Versprechen der Ewigkeit

Sei immer ein Anfänger.

Shunryu Suzuki

Auf dem Weg von Shikoku wurde der Samen des Erwachens in mir ausgesät, aber ich muss mich nun darum kümmern, dass er dem Licht entgegenwachsen kann. Ich bin aufgefordert, die im Takt meiner Schritte gesammelten Schlüssel der Verwandlung einzusetzen, damit sie greifbare Realität meiner täglichen Aktivitäten werden. Die Geburt muss mit jedem neuen Sonnenaufgang bewusst neu erfahren werden. Die Pilgerreise geht mit jeder Stunde weiter. Vorwärts ohne Unterlass. Nichts ist jemals erreicht.

Ich behaupte keinesfalls, eine vorgefertigte Wahrheit anzubieten. Das Leben ist kein »schlüsselfertiges« Programm. Jeder hat seinen eigenen Weg, und jeder muss diesen selbst gehen. Aber ich spreche den aufrichtigen Wunsch aus, dass wir alle Zeugen des Wunders werden, lebendig zu sein, und am Wunderwerk des Lebens teilhaben können. Lasst uns alle zusammen Fährleute des Unsichtbaren sein, Menschen, begeisterte Übermittler des Lebens von ansteckender Freude! Und damit wir alle zusammen uns um jede Zelle des Lebens in all ihren Ausformungen kümmern können, vereinen wir unsere Stimmen zu einer mitreißenden Hymne auf das Leben!

Morgen liegt ein weißes Blatt vor mir ... Jede Minute ist wie ein neuer Anfang, von Augenblick zu Augenblick, von Ewigkeit zu Ewigkeit, »von Anfängen zu Anfängen hin zu Anfängen, die niemals ein Ende haben«.[54]

---

54 Gregor von Nyssa, *Die Taube und die Dunkelheit*

Anhang

Glossar

arigatō, arigatō gozaimasu: Vielen Dank!
aruite, aruki: zu Fuß
bentō: traditionelle Mahlzeit, in einem Kästchen mit Trennwänden dargereicht, damit die verschiedenen Speisen voneinander getrennt sind
daishidō: Kūkai gewidmetes Heiligtum
fuda: Papierstreifen, auf die der Pilger seinen Namen, seine Adresse und einen Wunsch schreibt und die er dann in die Urnen der Tempel legt. Er kann sie auch als Dankeschön oder Glücksbringer verschenken
ganbatte kudasai! Ki o tsukete!: Viel Glück! Geben Sie acht auf sich!
henro: Pilger auf dem Pilgerweg der 88 Tempel
henro korogashi: wörtlich »die Pilger-Kippe«; es handelt sich dabei um körperlich anspruchsvolle Etappen auf schwierigen, steilen und bei Regen rutschigen Wegen
hondō: Buddha gewidmetes Heiligtum
kampai: Zum Wohl!
kanji: der chinesischen Schrift entlehnte Schriftzeichen
kōan: in einigen Schulen des Zen-Buddhismus verwendete

kurze Phrase, eine absurde Anekdote oder ein Paradox, als Anreiz zur Meditation oder zur Bewusstmachung

konbini: rund um die Uhr und täglich geöffneter kleiner Supermarkt

konnichi wa: Guten Tag!

minshuku: traditionelle Herberge

moshi moshi: Hallo?

nōkyōchō: Büchlein des Pilgers, in das bei jedem Tempel ein Stempel und eine Kalligrafie eingetragen werden

o-furo: traditionelles japanisches Bad

ohayō gozaimasu: Guten Morgen!

o-nigiri: Reisbällchen

onsen: Thermalbad

o-settai: eine Gabe an den Pilger

ryokan: traditionelle Herberge

sayonara: Auf Wiedersehen!

shukubo: Pilgerunterkunft, direkt beim Tempel

sugoi: fantastisch

umeboshi: sauer-salzige, eingelegte Pflaumen

wagesa: Stola, die der Pilger um den Hals trägt

yukata: Kimono aus leichter Baumwolle

zenkonyado: kostenlose oder billige Unterkunft für *henro**, die zu Fuß unterwegs sind

Praktische Hinweise

Administrative Formalitäten
Reisende (Touristen) aus Deutschland, Österreich und der Schweiz dürfen sich drei Monate ohne ein Visum auf japanischem Staatsgebiet aufhalten. Diese Zeitspanne kann bei Bedarf vor Ort auf sechs Monate ausgedehnt werden. Ein gültiger Reisepass ist normalerweise für eine Reise nach Japan ausreichend.

Anreise
Es gibt mehrere Möglichkeiten, auf die Insel Shikoku zu gelangen. Die meisten Besucher reisen mit dem Zug von Okayama oder mit dem Bus von Ōsaka, Kyōto oder Tōkyō nach Shikoku. Es gibt auch Inlandsflüge, die Tōkyō, Ōsaka und andere große japanische Städte mit den wichtigsten Städten auf Shikoku verbinden.

Für Besucher aus Europa besteht die einfachste Anreise in einem Flug nach Ōsaka (Kansai Airport), dann nehmen Sie einen direkten Bus nach Naruto oder Tokushima (4500 Yen, Fahrtdauer zwei Stunden 45 Minuten) und erreichen so den

Ausgangspunkt für den Pilgerweg (Tempel 1). Das Busticket können Sie am Tourist Information Center am Flughafen kaufen.

Wann ist der ideale Zeitpunkt?

Der Frühling (März bis Mai) und der Herbst (Oktober und November) bieten ideale Bedingungen für eine Pilgerreise auf Shikoku. Im Juni ist Regenzeit, und im Sommer herrscht eine drückende und feuchte Hitze. Zudem fegen von Juni bis Oktober oft Taifune über die Pazifikküste. Im Winter wird es kalt, in den Bergen kann sogar Schnee fallen.

Der Pilgerweg

Der Pilger beginnt seinen *henro michi* (Pilgerweg) bei Tempel 1, Ryōzen-ji, in der Präfektur Tokushima. Er umrundet die ganze Insel Shikoku im Uhrzeigersinn, wandert dabei von einem Heiligtum zum nächsten, bis er bei Tempel 88, Ōkubo-ji, in der Präfektur Kagawa, ankommt, dann kehrt er gemäß der *Kechigan*-Tradition zum Ausgangspunkt zurück.

Es ist allerdings auch möglich, den Pilgerweg gegen den Uhrzeigersinn zu erwandern, doch in dieser Richtung sind weniger Wegmarkierungen angebracht, wodurch es schwieriger ist, sich zu orientieren.

Der Pilgerweg umfasst 1200 Kilometer (1400 unter Berücksichtigung von zwanzig zusätzlichen Tempeln).

Sechs Kilometer nach Tempel 87 trifft man auf den *Maeyama Ohenro Kōryū*, wo die Bescheinigung über die vollendete Pilgerreise ausgestellt wird, das japanische Äquivalent der *Compostela* für die Pilger auf dem Jakobsweg.

Der Pilgerweg der 88 Tempel endet traditionell in Kōya-san (auf der Insel Honshū), im Mausoleum von Kūkai, wo dem Pilger der letzte Stempel, der vom Okunoin, in das Kalligrafie-Büchlein gedrückt wird.

Wegmarkierungen

Der Pilgerweg von Shikoku ist insgesamt gut ausgeschildert.

Die Wegmarkierungen bestehen aus:

- roten Pfeilen;
- der rot-weißen stilisierten Darstellung eines *henro**;
- Markierungssteinen, auf denen die Nummer und der Name des Tempels stehen (das *kanji** 寺 bedeutet »Tempel« und ist ein wertvoller Hinweis, den man sich einprägen sollte) oder eine Hand abgebildet ist, die in die entsprechende Richtung zeigt;
- manchmal zwei gekreuzten *kongō* (die Waffen Kūkais zur Bekämpfung der Unwissenheit), die ein X bilden und mit schwarzer Farbe gemalt sind.

Die 88 Tempel

Was die Zahl 88 betrifft, gibt es verschiedene Interpretationen.

Die Zahl 8 ist eng mit der Figur Buddhas verbunden, der oft in der Mitte einer achtblättrigen Lotosblüte abgebildet ist.

Man kann auch eine Verbindung mit den 88 Leidenschaften sehen, die der Buddhismus für schädlich hält und von denen der Pilger auf seiner Reise geläutert werden soll.

Eine weitere Interpretation basiert auf der Summe der im buddhistischen Kalender als unheilbringend angesehenen Altersstufen, nämlich 42 Jahre für Männer, 33 für Frauen und dreizehn für Kinder (42 + 33 + 13 = 88).

Man kann sich die 88 Haupttempel und die zwanzig zusätzlichen Tempel auch als Perlen einer Gebetskette vorstellen, die entlang der Küste um die ganze Insel herum aufgereiht sind. So ergibt sich die Zahl 108, und das ist im Buddhismus eine heilige und ausgesprochen symbolträchtige Zahl: die 108 Perlen der *mala* (buddhistische Gebetskette, ein treuer Begleiter des praktizierenden Buddhisten), die 108 Prüfungen, die Buddha bestehen musste, um zur Erleuchtung zu gelangen, die 108 Namen Buddhas, die 108 Leidenschaften, die der Gläubige überwinden muss, um sich seinem Ideal der Meditation und der Askese anzunähern, die 108 Kniefälle im tibetischen Buddhismus, um sich von den 108 quälenden Sorgen zu befreien, die 108 *mudra* im Tantra, die 108 Positionen im Yoga, die 108 Feuer, die in Japan anlässlich der religiösen Zeremonien des Totenkults entzündet werden, die 108 Außengräber auf dem Berg Hiei in der Nähe von Kyōto, die 108 Gongschläge in der Nacht vom 31. Dezember auf den 1. Januar, um die Menschen von ihren bösen Neigungen zu befreien.

Präfektur	Nr. des Tempels	Name des Tempels	Übersetzung
Tempel 1 bis 23: Der Weg des Erwachens 発心 Awa (gegenwärtige Präfektur Tokushima)	1	Ryōzen-ji (霊山寺) ((Ideogramm))	Heiliger Berg
	2	Gokuraku-ji (極楽寺)	Paradies
	3	Konsen-ji (金泉寺)	Goldquelle
	4	Dainichi-ji (大日寺)	Große Sonne
	5	Jizō-ji (地蔵寺)	Jizō-Tempel
	6	Anraku-ji (安楽寺)	Ewiges Glück
	7	Jūraku-ji (十楽寺)	Zehn Freuden
	8	Kumadani-ji (熊谷寺)	Tal des Bären
	9	Hōrin-ji (法輪寺)	Rad des Dharma
	10	Kirihata-ji (切幡寺)	Schnitt des Gewands
	11	Fujiidera (藤井寺)	Glyzinienquelle
	12	Shōzan-ji (焼山寺)	Brennender Berg
	13	Dainichi-ji (大日寺)	Große Sonne
	14	Jōraku-ji (常楽寺)	Ewige Schönheit

Präfektur	Nr. des Tempels	Name des Tempels	Übersetzung
	15	Kokubun-ji (国分寺)	Provinztempel
	16	Kannon-ji (観音寺)	Kannon, Göttin des Erbarmens
	17	Ido-ji (井戸寺)	Brunnen
	18	Onzan-ji (恩山寺)	Gnadenvoller Berg
	19	Tatsue-ji (立江寺)	Tempel des aufrechten Gangs
	20	Kakurin-ji (鶴林寺)	Kranichwald
	21	Tairyū-ji (太竜寺)	Großer Drache
	22	Byōdō-ji (平等寺)	Gleichheit, Unparteilichkeit
	23	Yakuō-ji (薬王寺)	König der Medizin
	24	Hotsumisaki-ji (最御崎寺)	Äußerstes Kap (Kap Muroto)
	25	Shinshō-ji (津照寺)	Funkelnder Hafen
	26	Kongōchō-ji (金剛頂寺)	Emaillegipfel
	27	Kōnomine-ji (神峰寺)	Gipfel der Götter
	28	Dainichi-ji (大日寺)	Große Sonne

Präfektur	Nr. des Tempels	Name des Tempels	Übersetzung
Tempel 24 bis 39: Der Weg der Disziplin 修行 Tosa (gegenwärtige Präfektur Kōchi)	29	Kokubun-ji (国分寺)	Provinztempel
	30	Zenraku-ji (善楽寺)	Aufrichtige Freude
	31	Chikurin-ji (竹林寺)	Bambushain
	32	Zenjibu-ji (禅師峰寺)	Mönchsspitze
	33	Sekkei-ji (雪蹊寺)	Verschneiter Pfad
	34	Tanema-ji (種間寺)	Tempel des Aussäens
	35	Kiyotaki-ji (清滝寺)	Reine Quelle
	36	Shōryū-ji (青竜寺)	Blauer Drache
	37	Iwamoto-ji (岩本寺)	Ursprung des Felsens
	38	Kongōfuku-ji (金剛福寺)	Großes Glück des Diamanten
	39	Enkō-ji (延光寺)	Langes Licht
	40	Kanjizai-ji (観自在寺)	Avalokiteshvara
	41	Ryūkō-ji (竜光寺)	Licht des Drachen
	42	Butsumoku-ji (佛木寺)	Baum des Buddha

Präfektur	Nr. des Tempels	Name des Tempels	Übersetzung
Tempel 40 bis 65: Der Weg der Erleuchtung 菩提 Iyo (gegenwärtige Präfektur Ehime)	43	Meiseki-ji (明石寺)	Stein des Lichts
	44	Daihō-ji (大宝寺)	Großes Juwel
	45	Iwaya-ji (岩屋寺)	Felsengrotte
	46	Jōruri-ji (浄瑠璃寺)	Lapislazuli-Licht
	47	Yasaka-ji (八坂寺)	Acht Böschungen
	48	Sairin-ji (西林寺)	Westlicher Wald
	49	Jōdo-ji (浄土寺)	Paradies
	50	Hanta-ji (繁多寺)	Äußerste Sorge
	51	Ishite-ji (石手寺)	Hand aus Stein
	52	Taizan-ji (太山寺)	Großer Berg
	53	Enmyō-ji (円明寺)	Kreisrunde Erleuchtung
	54	Enmei-ji (延命寺)	Langes Leben
	55	Nankōbō-ji (南光坊)	Licht des Südens
	56	Taisan-ji (泰山寺)	Berg des Friedens

Präfektur	Nr. des Tempels	Name des Tempels	Übersetzung
	57	Eifuku-ji (栄福寺)	Viel Glück und Wohlstand
	58	Sen'yū-ji (仙遊寺)	Meditierender Einsiedler
	59	Kokubun-ji (国分寺)	Provinztempel
	60	Yokomine-ji (横峰寺)	Nebengipfel
	61	Kōon-ji (香園寺)	Tempel der Parfüme
	62	Hōju-ji (宝寿寺)	Wohlstand und langes Leben
	63	Kichijō-ji (吉祥寺)	Gutes Omen
	64	Maegami-ji (前神寺)	Antlitz Gottes
	65	Sankaku-ji (三角寺)	Dreieck
	66	Unpen-ji (雲辺寺)	Nachbarschaft zu den Wolken
	67	Daikō-ji (大興寺)	Großer Wohlstand
	68	Jinne-in (神恵院)	Segen der Götter
	69	Kannon-ji (観音寺)	Kannon, Göttin des Erbarmens
	70	Motoyama-ji (本山寺)	Hauptberg

Präfektur	Nr. des Tempels	Name des Tempels	Übersetzung
Tempel 66 bis 88: Der Weg des Nirwana 涅槃 Sanuki (gegenwärtige Präfektur Kagawa)	71	Iyadani-ji (弥谷寺)	Acht Täler
	72	Mandara-ji (曼荼羅寺)	Mandala
	73	Shusshaka-ji (出釈迦寺)	Erscheinung Buddhas
	74	Kōyama-ji (甲山寺)	Bewehrter Berg
	75	Zentsū-ji (善通寺)	Rechter Weg
	76	Konzō-ji (金倉寺)	Goldene Halle
	77	Dōryū-ji (道隆寺)	Vortrefflicher Weg
	78	Gōshō-ji (郷照寺)	Erleuchtung des Dorfes
	79	Tennō-ji (天皇寺)	Hohe Erleuchtung
	80	Kokubun-ji (国分寺)	Provinztempel
	81	Shiromine-ji (白峯寺)	Weiße Spitze
	82	Negoro-ji (根香寺)	Aromatischer Baum
	83	Ichinomiya-ji (一宮寺)	Erster Shintō-Tempel
	84	Yashima-ji (屋島寺)	Dach der Insel

Präfektur	Nr. des Tempels	Name des Tempels	Übersetzung
	85	Yakuri-ji (八栗寺)	Acht Kastanien
	86	Shido-ji (志度寺)	Seine Wünsche erfüllen
	87	Nagao-ji (長尾寺)	Langer Schweif
	88	Ōkubo-ji (大窪寺)	Große Grotte

Die Tempel und Rituale

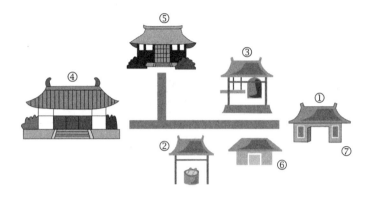

① Das Hauptportal
Beim Tempel angekommen, faltet der Pilger die Hände vor der Brust und verneigt sich.

② Der Brunnen
Am Brunnen liegen Schöpfkellen mit einem langen Holzgriff bereit. Damit schöpft der Pilger Wasser, lässt es erst über die linke, dann über die rechte Hand fließen und spült sich den Mund, ehe er sich mit einem der daneben ausliegenden weißen Handtücher abtrocknet.

③ Der Gong
Der Pilger schlägt den Gong, wenn es die Umgebung zulässt.
Achtung: Beim Verlassen des Tempels die Glocke zu läuten bringt Unglück.

④ Der *hondō**: Buddha geweihter Hauptschrein (本堂)
Der Pilger folgt dem Pappkarton-Wegweiser mit den *kanji** 本堂, auf dem ein kleines lächelndes Männchen die Richtung anzeigt.

Nun zündet der Pilger eine weiße Kerze an und stellt sie, windgeschützt, hinter Glas, dann entzündet er an dieser Flamme drei Räucherstäbchen und steckt sie in ein dafür vorgesehenes Sandbecken.

Anschließend steigt der Pilger die Stufen des *hondō** hinauf, zieht an einem Seil, um je nach Heiligtum eine Glocke oder ein kleines Glöckchen zum Erklingen zu bringen. Der Pilger legt eine Opfergabe in Form von ein paar Münzen in einen großen Holzstamm.

Dann legt er ein *fuda** in einen Metallkasten. Auf dieses *fuda** schreibt er seinen Namen, das Datum, eventuell sein Alter und seine Adresse sowie seine Wünsche, die er sich mit dieser Pilgerreise erfüllen möchte.

Üblicherweise spricht der Pilger dann das Herz-Sutra und psalmodiert das Gohonzon Shigon (ein Mantra, das der in diesem Heiligtum gehuldigten Gottheit gewidmet ist), aber er kann auch einfach mit gefalteten Händen in stiller Andacht verharren.

⑤ Der *daishidō**: Kūkai geweihter Tempel (大師堂)

Erneut von *kanji** 大師堂 mit der Pappkartonfigur geführt, begibt sich der Pilger zum *daishidō**, wo er dieselben Gesten wiederholt wie im *hondō**, diesmal jedoch an Kūkai gerichtet: die Kerze, die Räucherstäbchen, die Treppenstufen, die Glocke, die Opfergabe, das *fuda** und das Herz-Sutra.

⑥ Das Kalligrafiebüro (納経所)

Der Pilger folgt der durch die *kanji** 納経所 mit einer anderen Pappkartonfigur angegebenen Richtung.

Zum Preis von 300 Yen lässt der Pilger im Kalligrafiebüro sein *nōkyōchō** abstempeln und mit einer Kalligrafie versehen. Das Büchlein wird ihm zusammen mit einem *o-sugata* zurückgegeben, einem kleinen weißen Blatt mit

der Darstellung des *honzon*, das heißt der in diesem Tempel neben Kūkai verehrten Shingon-Gottheit.
Das Kalligrafiebüro ist von sieben bis siebzehn Uhr geöffnet. Wenn großer Andrang herrscht, kann es zu längeren Wartezeiten kommen.
⑦ Das Hauptportal
Der Pilger wendet sich beim Verlassen des Tempels um und verneigt sich dankend mit gefalteten Händen.

Das Herz-Sutra

Dieser Text, der aus 262 chinesischen Schriftzeichen besteht, wird »Herz-Sutra« genannt, weil er das Herz der Lehre des Prajnaparamita (Gesamtheit der Texte des Mahayana-Buddhismus oder Buddhismus des Großen Fahrzeugs) enthält. Der Pilger findet es im Wanderführer (siehe »Bibliografie«), den er für seine Pilgerreise unbedingt braucht. Hier die Übersetzung:

»Der heilige Bodhisattva der wahrhaftigen Freiheit und des aufrichtigen Mitleids erkennt, durch die tiefe Versenkung in die große Weisheit, dass der Körper und die fünf Aggregate (Gefühl, Wahrnehmung, Denken, Aktivität, Bewusstsein) – an sich leer sind, *Ku*, und durch diese Erkenntnis hilft er denen, die leiden. Oh Sariputra, die Phänomene unterscheiden sich nicht von der Leere, und die Leere ist nicht verschieden von den Phänomenen. Die Phänomene werden Leere, und die Leere wird zu Phänomenen (die Form ist Leere, und Leere ist die Form), und die fünf Aggregate sind selbst Phänomene. Oh Sariputra, jede Existenz hat diese Eigenschaft der Leere.

Es gibt keine Geburt (Beginn), keinen Tod (Ende), keine Reinheit, keine Flecken, keine Zunahme, keine Verringerung. Aus diesem Grund gibt es in der Leere keine Form, kein Aggregat, weder Augen noch Ohren, weder Nase noch Zunge, weder Körper noch Geist, es gibt keine Farbe, kein Geräusch, keinen Geruch, keinen Geschmack, keinen Kontakt, kein Sinnesobjekt, weder Wissen noch Unwissen, keinen Hinweis auf die Vergänglichkeit oder den Tod, weder Ursache von Schmerz noch Nachlassen von Schmerz, keine Weisheit, weder Gewinn noch keinen Gewinn.

Für den Bodhisattva gibt es wegen dieser Weisheit, die weiterführt, weder Angst noch Furcht. Jegliche Illusion, jede Bindung wird aufgehoben, und er kann das endgültige Ende des Lebens, das Nirwana, erreichen. Jeder Buddha der Vergangenheit, Gegenwart und Zukunft kann durch dieses unvergleichliche und unüberwindliche Mantra, das zur authentischen Wirklichkeit, der Leere, führt, das Verständnis dieser obersten Weisheit finden, die von jedem Schmerz befreit. Hier ist das Mantra:

›Geht, geht, geht alle zusammen weiter, bis an die Ufer des *satori* (bis zum Großen Erwachen). *Hannya Shingyo*!‹«

Die Ausrüstung

Die Grundausstattung
Die Grundausstattung entspricht der für jede lange Wanderung oder Fußreise, Leichtigkeit ist oberstes Gebot.

Besonderheiten für Shikoku:

- Schuhe, die man leicht an- und ausziehen kann, das ist bequem und praktisch zugleich, weil man in Japan häufig die Schuhe auszieht;
- tadellose Socken, in weiser Voraussicht für die vielen Male, wo man sie den Blicken der anderen aussetzen muss;
- kein Schlafsack, es sei denn, man möchte die Nächte unter freiem Himmel verbringen;
- eine Taschen- oder Stirnlampe, um in dunklen Tunnel auf sich aufmerksam zu machen;
- ein kleines Etui mit einer Notfallapotheke.

Die Ausstattung eines Pilgers auf Shikoku
Auf Shikoku machen die Kleider den Pilger! Man kann die Pilgerausstattung in Tempel 1, Ryōzen-ji, erwerben.

Der Pilger ist ganz in Weiß gekleidet, die Farbe der Trauer in Japan. Das steht für seinen Tod auf der Welt, solange seine

Pilgerreise andauert, die nach ihrer Vollendung eine Wiedergeburt darstellt.

Die traditionelle Kleidung ist nicht obligatorisch, aber wenn man mit einigen Attributen ausgestattet ist (mindestens mit dem weißen Obergewand und dem Stock), werden Sie als *henro** erkannt und erfahren eine Aufmerksamkeit, die einem gewöhnlichen, anonymen Wanderer nicht zuteilwird, sowie die uneingeschränkte Hilfe durch die Einwohner Shikokus mit jeder Menge *o-settai**.

① Der Hut: *sugegasa* (菅笠), 1500 bis 3000 Yen
Mit der traditionellen Kegelform dient dieser Strohhut dazu, vor Regen wie vor Sonne zu schützen. Man muss ihn in den Tempeln nicht abnehmen. Oben steht *Dōgyō Ninin*, das heißt: »Die beiden schreiten gemeinsam«, was bedeutet, dass Kūkai den Pilger begleitet und an seiner Seite wandelt.

② Das weiße Obergewand: *hakui* (白衣), 2000 bis 3500 Yen
Das Obergewand gibt es mit langen und mit kurzen Ärmeln. Im Allgemeinen trägt es die religiöse Aufschrift *Namu Daishi Henjō Kongō* (wörtlich: »Ehre gebührt Daishi, dem alles erleuchtenden Diamanten«), eine Lobpreisung von Kūkai, darunter steht *Dōgyō Ninin*, wie auf dem Hut.

③ Die Gebetskette: *juzu* (数珠), 2000 bis 6500 Yen
Die buddhistische Gebetskette wird zwischen die gefalteten Hände des Pilgers gewickelt, damit alle Täuschungen verschwinden und ihm die göttliche Gnade zuteilwird.

④ Die Glocke: *jirei* (持鈴), 1000 bis 1500 Yen
Man lässt sie beim förmlichen Aufsagen eines Sutras erklingen.

⑤ Die Tasche: *zudabukuro* (頭陀袋), 1000 bis 2500 Yen
Sie dient dazu, die religiösen Gegenstände zu verwahren, die man während der Pilgerreise braucht: Kalligrafiebüchlein, Räucherstäbchen, Kerzen, *fuda** etc.

⑥ Die Stola: *wagesa** (輪袈裟), 2000 bis 3500 Yen
Die Stola wird um den Hals getragen und kann mit der Aufschrift versehen sein *Shikoku hachijūhakkasho junpai* (»Pilgerschaft der 88 Tempel von Shikoku«) und dem heiligen Mantra *Namu Daishi Henjō Kongō* (»Ehre gebührt Daishi, dem alles erleuchtenden Diamanten«).

⑦ Der Stock: *kongozue* (金剛杖), 1500 bis 2500 Yen
Der hölzerne Pilgerstab ist am oberen Ende mit goldfarbenem Stoff umhüllt, außerdem ist daran ein Glöckchen befestigt. Er hat die offensichtliche praktische Funktion, das Voranschreiten zu erleichtern und bei den steilen Steigungen der Berge von Shikoku zu stützen. Aber er hat auch eine symbolische Bedeutung: Er verkörpert Kūkai, der an der Seite des *henro** wandelt, so wie der Pilgerstab von Compostela den heiligen Jakobus darstellt.

Man sollte ihn gut pflegen und mit dem größten Respekt behandeln: immer gut auf ihn aufpassen, ihn sanft ablegen, noch ehe man sich selbst hinsetzt, und ihn, wenn man betet, sorgfältig in eine Urne stellen, die eigens dafür am Eingang der Tempel aufgestellt ist.

Außerdem darf man ihn nicht auf einer Brücke aufsetzen (vgl. Kapitel 10).

Darüber hinaus ist es üblich, die folgenden Dinge zu besorgen und bei sich zu haben:

- die Papierstreifen: *osamefuda* (納札), 100 Yen für 200 weiße Papierstreifen
Diese weißen Zettel, auf die man seinen Namen, sein Alter, seine Adresse und seine Wünsche schreibt, werden im *hondō** und im *daishidō** eines jeden Tempels abgelegt. Man verschenkt sie auch, um sich zu bedanken und als Glücksbringer für diejenigen, die einem etwas schenken oder einen Dienst erweisen.
- das Kalligrafiebüchlein: *nōkyōchō** (納経帳), 2000 bis 3500 Yen
Dieses Büchlein ist dafür gedacht, es im Kalligrafiebüro jedes Tempels für 300 Yen abstempeln zu lassen, ähnlich wie der Pilgerpass auf dem Jakobsweg (300 x 88 Tempel = 26 400 Yen).
- weiße Kerzen zum Entzünden in kleinen Glasbehältern vor dem *hondō** und dem *daishidō**
- Räucherstäbchen, von denen man immer drei auf einmal vor dem *hondō** und dem *daishidō** anzündet und dann in den Sand eines dafür vorgesehenen Gefäßes steckt.

Unterkunft
Es gibt keine Schlafsäle oder Gemeinschaftsunterkünfte wie auf dem Jakobsweg. Dem Pilger von Shikoku bieten sich folgende Möglichkeiten:

- *ryokan**: traditionelle japanische Herberge mit *tatami*-Matten auf dem Fußboden, Futons, japanischem Bad, inklusive Abendessen und Frühstück. Die Mahlzeit kann auf dem Zimmer eingenommen werden;
- *minshuku**: einfachere Version des *ryokan** in der Art einer Familienpension, aber die Zimmer und das Bad sind immer japanisch eingerichtet. Man breitet sich seinen Futon selbst aus und räumt ihn am Morgen wieder weg. Er befindet sich in einem Wandschrank oder liegt zusammengerollt im Zimmer bereit: Matratze, Auflage, Laken, Steppdecke und Kopfkissen. Der Preis ist manchmal günstiger als in den *ryokan** (um die 6000 Yen für die Nacht, mit Bad und zwei Mahlzeiten);
- *shukubo**: Unterkunft in einem Tempel, inklusive Abendessen und Frühstück, Gemeinschaftsbad. Man darf auch der Morgenzeremonie beiwohnen;
- *zenkonyado** oder *tsuyado*: kostenlose oder sehr günstige Unterkunft für die *henro**, die zu Fuß unterwegs sind. Sie sind inzwischen selten geworden;
- Hotels findet man vor allem in größeren Städten, im Allgemeinen rund um den Bahnhof, aber manchmal auch an der Straße. Das Abendessen ist nicht im Preis inbegriffen, aber das Frühstück;
- manche staatlichen Herbergen oder Jugendherbergen;
- es ist immer noch möglich, wild zu campen.

Öffnungszeiten

Man sollte in den Unterkünften vor siebzehn Uhr eintreffen, damit man noch Zeit für ein Bad vor dem Abendessen hat, das im Allgemeinen um 17.30 Uhr oder achtzehn Uhr serviert wird. Um zwanzig Uhr schlafen bereits alle!

Preise

Der übliche Preis für eine Übernachtung mit zwei Mahlzeiten (Abendessen und Frühstück) liegt bei den *ryokan**, *minshuku** und *shukubo** zwischen 6000 und 7500 Yen.

Für eine Nacht im Hotel muss man mit 6000 bis 9000 Yen rechnen, das Abendessen ist nicht eingeschlossen, dafür das Frühstück.

Man sollte vielleicht noch betonen, dass in Japan in jeder Art von Unterkunft die Preise pro Person gelten, egal, wie viele Leute in einem Zimmer nächtigen.

Reservierung

Aus Höflichkeit und aus Respekt vor den geltenden Umgangsformen ist es unabdingbar, am Vortag zu reservieren. Wenn Sie kein Japanisch sprechen, bitten Sie einen anderen *henro** oder den Wirt der aktuellen Unterkunft, in Ihrem Namen ein Zimmer zu reservieren.

Japanisches Bad
Für ein japanisches Bad betritt man einen ersten Raum, in dem man sich vollständig auszieht, die Kleider lässt man in den dafür vorgesehenen Körbchen oder Kästchen. Dann betritt man den Raum des *o-furo**. An den Wänden befinden sich eine Reihe von Wasseranschlüssen mit Hähnen und Duschköpfen. Man nimmt sich einen Hocker und eine Wanne und wäscht sich bei den Wasseranschlüssen. Pflegeprodukte stehen bereit.

Sobald man sauber und abgespült ist, taucht man in das sehr heiße Bad ein, allein oder in Gesellschaft mit anderen.

Wäsche
Man kann in den meisten Unterkünften seine Wäsche waschen: Waschmaschinen und Trockner stehen zur Verfügung.

Essen und Trinken

Verpflegung
Man kann sich unterwegs problemlos verpflegen. Es gibt zahlreiche *konbini** (Minimarkets), die rund um die Uhr und jeden Tag geöffnet haben. Ihre bunten Ladenschilder sind auch für jemanden erkennbar, der keine *kanji** beherrscht: Seven Eleven, Lawson, Family Mart, Sunkus / Circle K. Sie verfügen über kostenlos nutzbare Toiletten.

Restaurants
In regelmäßigen Abständen findet man kleine Restaurants, in denen man zu vernünftigen Preisen essen kann (zwischen 400 und 700 Yen).

Getränke
Es gibt zahlreiche Getränkeautomaten auf Shikoku, sogar auf dem Land, daher muss man nicht viel Wasser mit sich herumschleppen (normalerweise 130 Yen pro Getränk).
Das Leitungswasser ist unbedenklich genießbar.

Budget
Rechnen Sie mit durchschnittlich 1000 Yen pro Tag für Getränke und Verpflegung.

Geld

Vor der Abreise
Klären Sie vor der Abreise mit Ihrer Bank:

- ob Sie mit Ihrer Karte in Japan Geld abheben können;
- die wöchentliche Gesamtsumme, die im Ausland abgehoben werden darf.

Japanische Währung
Die japanische Währung ist der Yen (¥). In Japan wird häufig in bar bezahlt. Daher besorgen Sie sich vor der Abreise am besten eine entsprechende Summe Bargeld und eine Kreditkarte. Man sollte auch Summen dabeihaben, mit denen man in Europa nicht mehr unterwegs wäre. Aber keine Sorge: Japan ist ein sehr sicheres Land, in dem es kaum Diebstähle gibt.

Geldautomaten
Auf Shikoku weisen die Geldautomaten der Banken ausländische Karten zurück. Die Geldautomaten (*ATM: Automated Teller Machine*) der Post dagegen akzeptieren sie. Man muss nur den englischen Anweisungen auf dem Bildschirm folgen. Es gibt zahlreiche Postämter auf Shikoku, sie sind in dem bereits erwähnten Wanderführer mit einem kleinen Umschlag gekennzeichnet. Normalerweise haben sie wochentags von neun Uhr bis siebzehn Uhr, am Samstag von neun Uhr bis zwölf Uhr geöffnet. Achten Sie also auf Sonn- und Feiertage.

Travellerschecks
Es ist nicht einfach, Travellerschecks auf Shikoku einzulösen. Das sollte man am besten bei der Ankunft am Flughafen machen.

Budget

Die einzukalkulierenden Kosten hängen vor allem von der Anzahl der Übernachtungen ab: etwa fünfzig, wenn man wandert, etwa dreißig, wenn man mit dem Rad unterwegs ist, und entsprechend weniger, wenn man die Pilgerreise mit dem Auto oder Bus antreten möchte.

Man sollte mit etwa 8000 Yen pro Tag rechnen, es sei denn, Sie möchten einige Nächte unter dem Sternenzelt verbringen. Das heißt also durchschnittlich 400 000 Yen (etwa 3000 Euro) für fünfzig Tage, ohne Flugticket.

Das ist nur eine Schätzung, wegen der Schwankungen des Yen-Kurses und der Wechselkurse kann sich zum Zeitpunkt Ihrer Reise eine andere Summe ergeben. Aktuell entspricht ein Euro etwa 130 Yen.

Kommunikation

Die meisten Japaner verstehen keine europäischen Sprachen, auch kein Englisch. Aber seien Sie beruhigt: Die Sprachbarriere stellt kein großes Hindernis dar. Der menschliche Erfindungsreichtum ist unerschöpflich, wenn man sich miteinander verständigen möchte. Und die Bewohner von Shikoku bemühen sich sehr, Sie zu verstehen und Ihnen höflich und mit unendlicher Geduld zu antworten.

Es ist allerdings äußerst ratsam, sich einen kleinen japanischen Sprachführer zu besorgen oder eine entsprechende Übersetzungs-App aufs Smartphone zu laden.

Bibliografie

Guide

Der *henro** sollte unbedingt den einzigen Wanderführer auf Englisch dabeihaben, den es zu dieser Pilgerreise gibt: *Shikoku Japan 88 Route Guide* von Tateki Miyazaki, Naoyuki Matsushita und David C. Moreton, Buyodo Co. Ltd., 2013 (3. Ausgabe). Neben der Wegstrecke sind darin auf Japanisch und Englisch die Telefonnummern der Unterkünfte und der wichtigsten Sehenswürdigkeiten angegeben. So können Sie notfalls nach Ihrem Weg fragen, indem Sie diesen Führer den Japanern zeigen.

Man kann ihn sich über das Internet besorgen:

www.shikokuhenrotrail.com (unter *Books, papers & videos*, Unterkategorie *Guidebooks*).

Kontakte und Internet-Adressen

Organisationen
Japanische Botschaft

- in Deutschland:
  Hiroshimastr. 6
  10785 Berlin
  Tel. 0049-30-210940
  www.de.emb-japan.go.jp

- in Österreich:
  Heßgasse 6
  1010 Wien
  Tel. 0043-1-531920
  www.at.emb-japan.go.jp

- in der Schweiz:
  Engestr. 53
  3012 Bern
  Tel. 0041-31-3002222
  www.ch.emb-japan.go.jp

NPO
(Network for Shikoku Henro Pilgrimage and Hospitality)
  www.omotenashi88.net
  info@omotenashi88.sakura.ne.jp

Organisation für Tourismusförderung auf Shikoku
  www.tourismshikoku.org
  info@shikoku.gr.jp

Shikoku District Transport Bureau
(Regierungsorganisation)
www.mlit.go.jp/Shikoku/88navi/en/
www.facebook.com/88navi

Pilger

Die Webseite von Alain Thierion, einem ehemaligen Shikoku-Pilger, ist ein Schatz an Informationen:
http://henro.free.fr

Auf der Webseite von Dave Turkington, auch er ist ein ehemaliger Shikoku-Pilger, finden sich zahlreiche praktische Hinweise auf Englisch:
www.shikokuhenrotrail.com

An die Rucksäcke ...
   Fertig?
   Looos!

Danksagung

Ich möchte zunächst ganz speziell Marguerite Kardos danken, denn ihre Reden sind wahrhaftige Engelsworte. Sie gehört zu den Menschen, die Flügel verleihen. Sie hat mir sehr dabei geholfen, das vorliegende Buch zu verfassen.

Ein großes Dankeschön geht an alle Mitarbeiter des Verlags Le Passeur, für ihren warmherzigen Empfang, den sie mir bereitet haben, und ihr bedingungsloses Vertrauen. Sie bei diesem großen Abenteuer an meiner Seite zu haben war sehr wohltuend.

Ich danke aus tiefstem Herzen Gaële de La Brosse, die sich mit Überzeugung und Begeisterung für mein Buch eingesetzt und sein Erscheinen mit Geduld und unendlicher Güte begleitet hat. Tausend Dank für ihre beständige Unterstützung, die liebevollen Ermutigungen, die kompetente Durchsicht des Textes und ihre klugen Anregungen, die mich beim Schreiben angespornt und inspiriert haben.

Ein herzliches Dankeschön geht an Christophe Rémond, der immer für einen geistreichen Scherz zu haben ist und der so wagemutig war, meinem Manuskript eine Chance zu geben.

Ich danke Pascaline Giboz, Estelle Drouard und Angélique Dubost für ihre Kompetenz und ihre Begeisterungsfähigkeit.

Danke an mein tolles Lesekomitee, insbesondere an meine Eltern, Christiane und Charles Laval, sowie Stéphane Laval und Stéphanie Faguer, für die Zeit, die sie mir gewidmet haben, und für ihre klugen Bemerkungen.

Meine aufrichtige Zuneigung gilt Léo Gantelet, der für mich ein Fährmann zu diesen unbekannten Gefilden am anderen Ende der Welt war, sowie seinem Verlag Éditions de l'Astronome, der mir freundlicherweise erlaubt hat, die Karte aus seinem Buch zu übernehmen.

Mein aufrichtiger Dank geht auch an die Shikoku-Pilgervereinigung NPO (Network for Shikoku Henro Pilgrimage and Hospitality) und dabei insbesondere an Aya Sogawa, meinen ersten Kontakt in Japan, an Harunori Shishido für seine freundschaftliche Zusammenarbeit, an Herrn Matsuoka für seinen Empfang bei meiner Ankunft und die persönliche Übergabe des Schlüssels zu meinem Paradies.

Ein großes Dankeschön auch an Mie Ozaki für ihre liebevolle Unterstützung während meiner Pilgerreise und für unsere Bande, die hoffentlich über die Grenzen hinweg bestehen bleiben.

Mein Dank geht zudem an die Organisation für Tourismusförderung auf Shikoku für ihren großzügigen Beitrag zum praktischen Teil im Anhang.

Ich danke aus vollem Herzen all jenen, die mir wie Brüder oder Schwestern auf meinen Pfaden in Japan begegnet sind, die mir ihre Türen geöffnet, mir Zeit geschenkt, mir Hilfe gewährt und ihre Großzügigkeit unter Beweis gestellt haben. Du und ich, wir sind eins.

Ich danke auch allen *henro**, die mir auf den Pfaden Shikokus vorangegangen sind und diese Orte mit ihrer leuchtenden Energie durchdrungen haben.

Vielen Dank an Kūkai, dass er über meine Schritte gewacht und mich Tag für Tag geführt hat.

Unendliche Dankbarkeit gilt meinen Eltern, meinen Großeltern und der ganzen unendlichen »Kette von Liebenden«, denen ich dieses Leben verdanke, das wunderbarste Geschenk aller Zeiten!

Danke auch an Stéphane, Sophie, Xavier, meine Brüder und meine Schwester, sowie Maria, meine Schwägerin, für ihre Ermutigungen und ihre verständnisvolle Präsenz. Vielen Dank an Ambre, Timothée, Louis, Alizée und Rose, meine Nichten und Neffen, für ihre sprudelnde Lebensfreude, ein Quell immerwährender Heiterkeit.

Vielen Dank an meine Seelen- und Herzensfreunde, diese Lichtwesen, die das Leben mir geschickt hat. Die Liste aller Namen wäre zu lang, aber ich bin sicher, dass ein verständnisinniger Funke zu ihnen überspringt. Danke für die Unterstützung durch ihre Anwesenheit, ihre Gedanken oder ihre Gebete. Danke für den unermesslichen Schatz ihrer Freundschaft.

Danke auch an Priscille Mas, meine kostbare Mitarbeiterin, die meine Praxis meisterlich weitergeführt hat, während ich dieses Buch niederschrieb.

Ein Dankeswort auch für Gilles Donada, der meine ersten Schritte in der Welt der Blogger begleitet hat.

Dank gilt auch meinen Patienten, meinen alltäglichen Lehrmeistern.

Und schließlich wieder und immer wieder Danke für das Leben und das Wunder, lebendig zu sein!

Fluchtweg, Ankunftsland
Wege aus Lehm
Die dem Gewohnten das Totenglöckchen läuten
Ausbruch aus der Routine des Daseins
Fern von der Erstarrung in der Bedeutungslosigkeit
Des Sumpfes des Gewöhnlichen

Anderswo
Atmen
Sehnsucht nach der Unendlichkeit
Schwebend in einer Zwischen-Zeit
Bruchstelle zu einem Anderen
Blick auf ein Zwischen-Dasein
Auf der Suche nach einem Angelpunkt

Funkeln von unendlichen Möglichkeiten
Das Leben vor sich, das Leben an sich
Unbegrenztheit im Herzen des Seins

In der Welt sein
Fülle des Augenblicks
Verbindung von Flüchtigem mit der Ewigkeit
Verschmelzung von Ton und Himmel
Feier

Offenes Fenster
Allee der Sinne
Schweigen, Zuhören, Wachsamkeit, Erschaudern
einer großzügigen Natur
Reiz des Azurblau
Nacht, Sterne, Sonne, Morgendämmerung,
   Lebensfunken
Trunkenheit des Lebendigseins

Den Horizont erreichen, um sich selbst zu
   verwirklichen
Die Ausrichtung seines Lebens festlegen
Sich seinen Weg durch die Tiefen bahnen
Frühling der Seele
Erneuerung.

Ein berührendes Buch über Abschied und Neubeginn

Georg Koeniger
Trauer ist eine lange Reise
Für dich auf den Jakobsweg

Malik, 256 Seiten
€ 19,99 [D], € 20,60 [A]*
ISBN 978-3-89029-467-4

Die Frau des Kabarettisten Georg Koeniger – sportlich, kerngesund und Nichtraucherin – erkrankt im September 2012 an Lungenkrebs. Ihr größter Wunsch ist es, auf dem Jakobsweg bis nach Santiago de Compostela zu radeln. Doch so weit kommt es nicht mehr, die Krankheit ist stärker. Und so setzt sich Georg Koeniger aufs Fahrrad und fährt für sie los. Eine Reise, die Abenteuer, Selbstbesinnung und Neuanfang ist und bei der – aller Trauer zum Trotz – Georg Koenigers Humor immer wieder aufblitzt.

Leseproben, E-Books und mehr unter www.malik.de